高等职业教育课程改革项目研究成果系列教材
"互联网+" 新形态教材

电工技术应用

主　编　庞广富

主　审　陶　权

副主编　韦蔚萍　牙源毅　韦　颖
　　　　杨　铨　陈治先　潘冬喜

参　编　李可成　梁倍源　刘英佳
　　　　庞广胜　唐荣芳

课程学习网站　　　微课学习资源

北京理工大学出版社
BEIJING INSTITUTE OF TECHNOLOGY PRESS

图书在版编目（CIP）数据

电工技术应用 / 庞广富主编. --北京：北京理工
大学出版社，2022.8 (2024.8重印)
ISBN 978-7-5763-1590-5

Ⅰ.①电… Ⅱ.①庞… Ⅲ.①电工技术–高等职业教
育–教材 Ⅳ.①TM

中国版本图书馆 CIP 数据核字（2022）第 141566 号

出版发行 /	北京理工大学出版社有限责任公司
社　　址 /	北京市海淀区中关村南大街 5 号
邮　　编 /	100081
电　　话 /	（010）68914775（总编室）
	（010）82562903（教材售后服务热线）
	（010）68944723（其他图书服务热线）
网　　址 /	http：//www.bitpress.com.cn
经　　销 /	全国各地新华书店
印　　刷 /	河北盛世彩捷印刷有限公司
开　　本 /	787 毫米×1092 毫米　1/16
印　　张 /	19
字　　数 /	435 千字
版　　次 /	2022 年 8 月第 1 版　2024 年 8 月第 2 次印刷
定　　价 /	57.00 元

责任编辑 / 张鑫星
文案编辑 / 张鑫星
责任校对 / 周瑞红
责任印制 / 施胜娟

前言

本书根据 2017 年国务院印发《关于加强和改进新形势下高校思想政治工作的意见》，指出"充分发掘和运用各学科蕴含的思想政治教育资源，健全高校课堂教学管理办法"为教材指导方针，充分应用思想政治教育贯穿整个教材。

同时根据教育部《国家中长期教育改革和发展规划纲要（2010—2020年）》，以及《教育部关于"十二五"职业教育教材建设的若干意见》（教职成〔2012〕9 号）要求，配合《高等职业学校专业教学标准（试行）》贯彻实施，按"项目为载体，任务引领，行动导向"的职业教育教学理念而编写的。同时该教材充分利用现代信息技术通过"线上-线下-线上、课前-课中-课后、传授-内化-再内化"等阶段教学过程实践，完成知识传授与知识内化的重心翻转，同时实现开放性在线学习和信息监控，改变现有"以教师为中心"的教学模式，实现真正意义上的基于"以学生为中心"的项目一体化职业教育课程教学。

本书采用活页式教材的模式设计，在内容设计上考虑了学生胜任职业岗位所需的知识和技能，直接反映职业岗位或职业角色对从业者的能力要求，以工作中实际应用的经验与策略的习得为主，以适度的概念和原理的理解为辅，依据职业活动体系的规律，采取以工作过程为中心的行动体系，以项目为载体，以工作任务为驱动，以学生为主体，做、学、教一体的项目化教学模式，在内容安排和组织形式上做了新的尝试，突破了常规按章节顺序编写知识与训练内容的结构形式，以工程项目为主线，按项目教学的特点分三个部分组织教材内容，方便学生学习和训练。

全书共分为七个项目，每个项设有多个模块，并配有十五个技能训练和一定量的思考与练习题，以供学生复习、巩固所学内容。本书的编写工作是在全国化工名师——广西工业职业技术学院陶权教授指导下进行展开的。由广西工业职业技术学院庞广富、杨铨、韦蔚萍、韦颖、牙源毅和广西制造职业技术学院陈治先、广西建设职业技术学院潘冬喜老师以及广西建机培训部主任庞广胜工程师、广西玉柴重工"广西工匠"刘英佳工程师一起编写。全书由庞广富通稿并修改。广西工业职业技术学院何琳教授给予信息化课件技术支持。

在编写本书的过程中，编写参阅和引用相关的技术资料，在此向其作者表示诚挚的感谢。

由于编者水平有限，书中不妥、疏漏之处在所难免，恳请读者给予指正或者提出修改意见。

编　者

目 录

项目 1

安全用电、电工工具及测量仪表的使用

模块 1.1 安全用电知识及触电急救

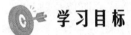 **学习目标**

1. 认识电的常识。
2. 掌握安全用电常识，学会安全用电。
3. 掌握触电急救技能。
4. 认识电的标志。

安全用电

建议学时

4 学时

思政学习

安全第一，预防为主

随着我国社会主义经济体制改革的不断深入和社会主义市场经济制度的不断向前推进，我国国民经济呈现出高速稳定的发展态势。电的应用也越来越广泛，给生活和生产带来很大方便，同时也存在一定的安全隐患。在用电过程中，必须特别注意用电安全，麻痹或疏忽都可能造成触电事故或者重大损失。

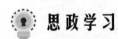 **理论知识**

1.1.1 安全用电常识

人体接触或接近带电体，而引起受伤或死亡的现象称为触电。

按人体受伤害的程度，触电可分为电伤和电击两种。电伤是指人体外部受伤，如电弧灼伤，与带电体接触后的皮肤红肿，大电流下熔化金属飞溅烧伤皮肤等。电击则是指人体内部器官受损伤的现象。电击是电流流过人体而引起的，人体常因电击而死亡，是最危险的触电事故。电击伤人的程度，与流过人体电流的频率、电压的高低、电流流经的途径、持续时间长短以及触电者本身的健康状况有关。实践证明，频率为 25~300 Hz 的电流最危险，随着频率的增加，危险减小。人体通过 1 mA 的工频电流，就有针刺的感觉，电流大于 30 mA，就会有生命危险，50 mA 的工频电流则足以致人死亡。电流通过心脏和大脑易发生死亡事故，所以头部触电或左手到右脚触电最危险。人体通电时间越长，危险性越大。

1. 电流对人体伤害的相关因素

1）通过人体电流的大小

根据电击事故分析得出：当工频电流为 0.5~1 mA 时，就有麻或刺痛的感觉；当电流增至 8~10 mA 时，针刺感、疼痛感增强发生痉挛而抓紧带电体，但尚能自主摆脱带电体；当接触电流达到 20~30 mA 时，会使人迅速麻痹不能摆脱带电体；当电流为 50 mA 时，就会使人呼吸麻痹，心脏颤动甚至停止。通过人体电流越大，人体生理反应越强烈，病理状态越严重，致命的时间就越短。

2）通电时间的长短

电流通过人体的时间越长后果越严重，50 mA 电流流经心脏 1 s 可造成心脏停止跳动。

3）电流通过人体的途径

当电流通过人体的内部重要器官时，例如通过头部，会破坏脑神经，使人死亡；通过脊髓，会破坏中枢神经，使人瘫痪；通过肺部会使人呼吸困难；通过心脏，会引起心脏颤动或停止跳动而死亡。这几种伤害中，以心脏伤害最为严重。事故案例得出：通过人体途径最危险的是从手到脚，其次是从手到手、从脚到脚。

4）电流的种类

电流可分为直流电、交流电。交流电可分为工频电和高频电。这些电流对人体都有伤害，但伤害程度不同。人体忍受直流电、高频电的能力比工频电强。所以，工频电对人体的危害最大。

5）触电者的健康状况

电击的后果与触电者的健康状况有关。根据案例显示，肌肉发达者、成年人比儿童摆脱电流的能力强，男性比女性摆脱电流的能力强。电击对患有心脏病、肺病、内分泌失调及精神病等患者触电死亡率最高。电流对人体的作用如表 1-1 所示。

表 1-1　电流对人体的作用

电流/mA	50 Hz 交流电表现特征	直流电表现特征
0.6~1.5	手指开始感觉麻	没有感觉
2~3	手指感觉强烈麻	没有感觉
5~7	手指感觉肌肉痉挛	感到灼热和刺痛
8~10	手指关节与手掌感觉痛，手已难以脱离电源，但仍能摆脱电源	灼热增加
20~25	手指感觉剧痛，不能摆脱电源，呼吸困难	手的肌肉开始痉挛
50	呼吸、心跳停止	强烈灼痛、手的肌肉开始痉挛、呼吸困难

2. 触电原因及方式

常见的触电原因有三个方面：

（1）缺乏电气知识，如用潮湿的手去开关电灯。接触电器或者发现有人触电时，不去迅速拉断电源，直接去拉触电者而造成触电。

（2）违章操作、违章指挥而冒险进行操作，结果酿成触电事故。

（3）导线或电气设备的绝缘老化或破损，造成漏电，人体触碰时造成触电事故。触电有两种，单相触电和两相触电。

如图1-1（a）所示，在三相四线制配电中，触及一根相线的触电称为单相触电。这时人体处在相电压下，这是最常见的触电形式。

在三相三线制的配电线路中，没有中性线，输电线与大地之间存在电容，触及任一相线时能形成单相触电，如图1-1（b）所示。

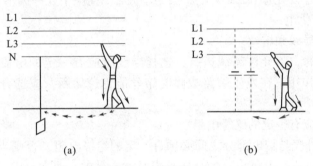

图1-1 单相触电

（a）三相电源中性点接地；（b）三相电源中性点不接地

在三相电路中若人体与两根相线接触，图1-2所示为两相触电，此时，人体在线电压作用下，危险性变大。

另一种触电方式是与正常工作的不应带电的金属部分接触而触电。例如，电动机金属外壳。由于定子绕组绝缘损坏，漏电绕组与外壳相碰，人体触及电动机金属外壳时，会使人体触电，如图1-3所示。

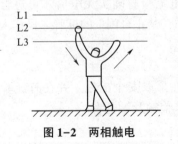

图1-2 两相触电

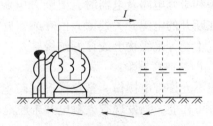

图1-3 人体触及漏电金属外壳触电

除上述两种触电情况外，还有高压电弧触电和跨步电压触电。高压电弧触电是人体接近高压带电体时，由于两者电位差很大而引起电弧，使人触电伤亡。

当高压线破断落地时，以高压线为中心在其周围形成一个强电场，如图1-4所示。当人或牲畜走入断线点8 m以内的电场时，由于前后脚之间有较高的电压引起触电，这种触电称为跨步触电。

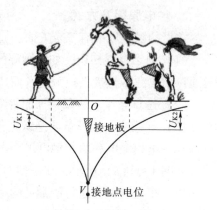

图1-4 跨步触电

3. 安全用电措施

安全用电的基本原则是不接触带电体，不靠近高压带电体。常用的安全用电措施如下：

（1）火线必须进开关。

在开关处于分断状态时，用电器不带电，有利于维修和避免触电。

（2）合理选择照明电压。

一般工厂和家庭照明选用220 V电压供电。机床照明决不允许选用220 V电压供电，而应选36 V以下电压供电。

（3）合理选择导线和熔丝。

导线通过电流时，不允许超载运行，选择导线时应有一定的电流预留值。而熔丝在电路中起短路保护作用，在发生短路故障时熔丝能迅速熔断，应选合适的熔丝来作短路保护。

（4）电气设备应有一定的绝缘电阻。

电气设备金属外壳与带电部分之间必须有一定的绝缘电阻，否则当人体触及正在工作的电气设备（如电动机、电风扇）的金属外壳时就会触电。通常要求固定电气设备的绝缘电阻不应低于1 MΩ，可移动的电气设备绝缘电阻应大于1 MΩ。

（5）电气设备的安装要正确。

电气设备应根据安装说明书进行安装。带电部分应加防护罩，高压带电体更应有效防护，使一般人无法靠近高压带电体，必要时应加联锁装置以防触电。

（6）采用各种保护用具。

如绝缘手套、绝缘鞋、绝缘钳、棒、垫等，以保证工作人员安全操作。

（7）正确维修操作流程。

安装和维修电路及电器时，要断开电源，并用验电笔检验确实无电后才可进行。必要时，可在断开的电源开关处留人值守或安放"有人工作，禁止合闸"的标牌。操作人员应踩在木板或木凳等绝缘物上或穿好绝缘鞋。

（8）严禁违章冒险。

一般不允许带电操作，紧急情况需带电工作时，在采取安全措施、并在有经验的人员监护下方可作业。当发现有人触电并未脱离电源时，严禁触及触电者。

1.1.2 触电急救

凡遇到触电者，救护人员要采取最快的办法使触电者迅速脱离电源。如果距离电源开关或插座较近，当立即切断电源或者用干燥的竹竿或木棒打掉带电体使触电者脱离电源；救护者也可用绝缘钳或戴绝缘手套、穿绝缘鞋将触电者拉离电源，千万不能赤手去拉触电者！

在触电者脱离电源后，应立即进行现场紧急救护并及时报告医院。当触电者还未失去知觉时，应将他抬到空气流通的地方休息，不能让他乱走乱动。当触电者出现心脏停搏、无呼吸等假死现象时，应在现场采用人工呼吸或胸外按压法进行抢救，决不能给休克者注射强心针剂。

1. 使触电者尽快脱离危险的方法

1）拉闸断电

拉开控制电源的开关或拔下熔断器盖，使电路中断，如图1-5（a）所示。

2）挑线断电

用木棒或其他绝缘工具挑电源线，使其离开触电者，如图1-5（b）所示。

3）断线断电

用带绝缘柄套的钢丝钳、木柄刀、镐、锹等工具掐断或砍断压在或绕在触电者身上不易用其他方法轻易拿脱的电源线，如图1-5（c）所示。

4）移动人体脱离电源

救援人员对地绝缘或穿戴好绝缘用品（绝缘手套和绝缘鞋等）去拉触电者使其脱离电源，如图1-5（d）所示。

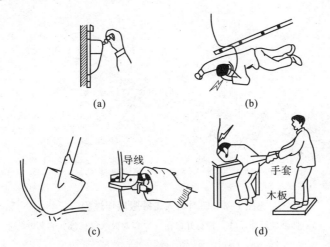

(a)　　　　　　　　　(b)

(c)　　　　　　　　　(d)

图1-5　几种使触电者脱离电源的方法

（a）拉闸断电；（b）挑线断电；（c）断线断电；（d）移动人体脱离电源

2. 现场急救方法

　　使触电者脱离电源后，应尽快就地抢救，不应消极地等待医生，而应在抢救的同时派人去请医生或拨打急救电话"120"或"110"，并做好送触电者去医院的准备工作。现场抢救人员应熟悉以下抢救知识：

1）触电者未失去知觉的抢救措施

触电者神志尚清醒，只是心悸、头晕、出冷汗、恶心、呕吐、四肢发麻或全身无力，甚至虽一度昏迷但未失去知觉，应让其在通风处静卧休息，同时派人去请医生或准备去医院的用具，发现病情恶化时，尽快送医院抢救。

2）对失去知觉但心肺仍工作的触电者的抢救措施

应使其平卧，解开衣服以利呼吸，同时与医院联系并做好去医院的准备，在必要时尽快送医院抢救。在此期间应随时观察其心跳及呼吸的情况。

3）人工呼吸操作方法及注意事项

对呼吸停止的触电者，可采用人工呼吸的方法使其恢复。人工呼吸是一项用途广泛的急救方法，掌握好此项技能十分有用。

人工呼吸的方法有多种，其中最简单易行又效果好的是口对口人工呼吸法。其操作步骤及注意事项如下：

（1）将触电者口腔中杂物清除干净后，使其仰卧并将头后仰，解开衣扣、裤带和紧身衣，使其呼吸通畅，如图1-6（a）所示。

（2）救护人员位于触电者头部一侧。用一只手捏紧其鼻孔，保持不漏气；另一只手将其下颌拉向身体一方，使其口张开，如图1-6（b）所示。

（3）救护人员深吸一口气后，用嘴紧贴触电者的嘴，向其大口吹气，为时约2 s，如图1-6（c）所示。

（4）吹气完毕，立即离开触电者的嘴，并松开捏紧的鼻孔，让触电者靠其自身脑部和肺部的压力，自动呼吸约3 s。同时应注意倾听其呼气声，观察有无气道梗阻现象，如图1-6（d）所示。

（a） （b） （c） （d）

图1-6　口对口人工呼吸操作过程
（a）仰卧头后仰；（b）捏鼻开口；（c）口对口吹气；（d）自行呼气

（5）按上述过程不断反复进行，每分钟12～16次，直至触电者能开始自行呼吸时为止。

如遇触电者牙关紧闭，不能使其口张开时，可采用将其嘴封闭、由鼻吹气的方法，即口对鼻法。

4）体外心脏按压操作方法及注意事项

对心脏停止跳动者，应采用体外心脏按压法使其恢复跳动。其操作步骤及注意事项如下：

（1）对触电者按上述口对口呼吸法进行安置和处理。

（2）确定按压部位。胸外心脏按压法首先解开患者衣服露出胸部，选择按压部位，在两乳头之间进行胸外按压，一手掌底部紧贴于胸部按压部位，另一手掌放在手背上，两手平行重叠且手指交叉互握稍抬起，使手臂垂直向下，如图1-7（a）所示。

（3）抢救者双臂应绷直，双肩中点垂直于按压部位，按压应有规律地进行，不能间断。在过程当中不能进行过重的手法，因为可能会导致骨折。

（4）以髋关节为支点，利用上身的重力，通过两臂和手掌根加在压于触电者胸部的压点上，如图 1-7（b）所示。

触电者为正常成人时，应压陷 30~50 mm，若为瘦弱者或儿童，压力应酌减。

（5）压到要求程度后，应立即提上身，带动手掌上提（但不要离开触电者胸膛），使触电者胸膛恢复原状。

（6）以每分钟 100 次的频率均匀压放，若触电者颈动脉跳动（颈动脉位置见图 1-8），则按压有效。重复上述操作，直至触电者心跳恢复为止。

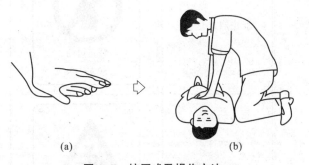

图 1-7　按压式及操作方法

（a）两手叠放姿势；（b）按压用力姿势及要求

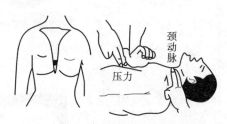

图 1-8　确定按压部位颈动脉位置

5）对心跳及呼吸均停止者的抢救方法

对心跳和呼吸均已停止的触电者，应同时对其进行人工呼吸和体外心脏按压。其操作方法如下：

（1）单人救护时，以每按压心脏 30 次后，吹气 2 次的周期循环进行。

（2）双人救护时，以一人按压 15 次后，再由另一人吹气 2 次的周期循环进行。

6）现场抢救的其他要求

（1）在抢救过程中，要每隔数分钟，用看、听、试的方法判定一次触电者的呼吸和心跳情况。每次判定时间不得超过 5 s。

（2）在医务人员未来接替抢救之前，现场抢救人员不得随意放弃抢救，也不要随意转移触电者。

（3）应慎用药物。一般不应用药，若用，则必须由医生决定。

1.1.3　常用电气安全标示牌

为了安全生产，特种作业场所设置了很多安全标识，常用电气安全标示牌如表 1-2 所示。

表 1-2　常用电气安全标示牌

名　称	样　式	名　称	样　式
禁止合闸，线路有人工作	禁止合闸 线路有人工作	已接地	接地
禁止合闸，有人工作	禁止合闸 有人工作	禁止启动设备	禁止启动 No staring
在此工作	在此工作	当心电缆	当心电缆 Caution cable
从此上下	从此上下	禁止触摸	禁止触摸 No touching
从此进出	从此进出	电力高压设备禁止靠近	禁止靠近 No nearing

续表

名　称	样　式	名　称	样　式
止步，高压危险	止步 高压危险	禁止用水灭火	禁止用水灭火 No watering to put out the fire
禁止操作， 有人工作	禁止操作 有人工作	禁止攀登， 高压危险	禁止攀登 高压危险

想一想 做一做

一、选择题

1. 下列电流中数值最大的是（　　）。

A. 感知电流　　　　B. 摆脱电流　　　　C. 致命电流

2. 下面电流中对人体伤害最大的是（　　）。

A. 25 Hz 以下的电流　　　　　　　B. 150 Hz 的电流

C. 350 Hz 的电流　　　　　　　　D. 1 000 Hz 的电流

3. 下面通电途径中对人体伤害最大的是（　　）。

A. 从左手到右手　　　　　　　　　B. 从左脚到右脚

C. 从左手到胸部　　　　　　　　　D. 从右手到胸部

4. 人体发生触电事故，主要是指（　　）。

A. 人体带了电　　　　　　　　　　B. 人体中有电流流过

C. 人体上有电压　　　　　　　　　D. 人体中流过的电流超过了一定值

5. 小鸟停留在高压线上为什么不触电？（　　）

A. 小鸟的电阻很大，通过导体的电流很小

B. 小鸟的脚是绝缘体

C. 小鸟只停在一根电线上，两脚之间的电压很小

D. 小鸟的天性不会触电

二、问答题

1. 心脏骤停的临床表现：

2. 心脏复苏成功的有效指征：

工作任务　人工急救心肺复苏考核

班级：　　　　　　学号：　　　　　　成绩：

实训目的： 以徒手操作来恢复触电者的自主循环、自主呼吸和意识，抢救发生突然、意外触电的患者。

实训器材： 人工急救模拟人、数字秒表 1 只，酒精卫生球（签），一次性 CPR 屏障消毒面膜，干燥木棒、金属杆各 1 根，2 m 及以上无卷曲电线 1 根。

考核评分标准如表 1-3 所示。

触电急救

表 1-3　考核评分标准

序号	考试项目	考试内容	配分	评分标准
1	使触电者脱离电源	解救触电者脱离低压电源	2	评估触电现场，确保自身安全，根据现场的具体情况，迅速、可靠、安全地使触电者脱离低压电源。救护人出现不安全的行为或未能在 1 min 内使触电者脱离电源，终止该项项目考核，计 0 分
2	判断意识	拍触电者肩膀，两耳侧大声呼叫触电者	4	一项做不到扣 2 分
3	呼救	环顾四周，请人协助救护（拨打 120），解衣扣、松腰带、摆体位	4	不呼救扣 1 分；未解衣扣、腰带各扣 1 分；未述摆体位或体位不正确扣 1 分
4	判断心跳呼吸情况	手法正确（试听看，时间各不得少于 5 s）	6	颈动脉位置或试听呼吸方法不正确扣 2 分；触摸或试气时不停留或停留时间不足扣 2 分；大于 20 s 扣 2 分
5	定位	两乳连线中心点放一指定位，另一只手的掌根，置于定位点	6	位置靠左、右、上、下扣 2 分，一次不定位扣 1 分，定位方法不正确扣 2 分
6	胸外按压	跪在一侧，两手相叠，掌根贴压点，身体稍向前倾，两臂伸直，垂直均匀力度向下按压，压后即松（但手不能离开胸部），每分钟压 100 次，成人压下 5~6 cm（每个循环按压 30 次，时间 15~18 s）	30	节律不均匀扣 5 分；一次小于 15 s 或大于 18 s 扣 5 分；1 次按压幅度小于 5 cm 扣 2 分；一次胸壁不回弹扣 2 分

序号	考试项目	考试内容	配分	评分标准
7	畅通气道	摘掉假牙，清理口腔	4	不清理口腔扣1分；未述摘掉假牙扣1分；头偏向一侧扣2分
8	打开气道	一手置于触电者前额使其头部后仰，另一手食指与中指置于下颌骨近下颏或下颏角处，抬起下颏（颌）	6	未打开气道不得分；过度后仰或程度不够均扣4分
9	吹气	深吸一口气，捏鼻吹2 s，停3 s。吹气时看到胸廓起伏，吹气毕，立即离开口部，松开鼻腔，视触电者胸廓下降后，再吹气（每个循环吹气2次）	20	吹气量不足扣2分；一次未捏鼻孔扣1分；两次吹气间不松鼻孔扣1分；不看胸廓起伏扣1分（共10次20分）
10	判断	完成5个循环后判断有无自主呼吸、心跳，观察双侧瞳孔	4	一项不判断扣1分；判断呼吸心跳方法扣分同上；少观察一侧瞳孔扣0.5分
11	整理质量判定有效指征	有效吹气10次，有效按压150次，并判断效果（从判断呼吸心跳情况开始到最后一次吹气，总时间不超过130 s）	10	掌根不重叠扣1分；手指不离开胸壁扣1分；每次按压掌根离开胸壁扣1分；按压时间过长（少于放松时间）扣1分；按压时身体不垂直扣1分；一项不符要求扣1分；少按、多按压1次各扣1分；少吹、多吹气1次各扣1分；总时间每超5 s扣1分
12	整理	安置触电者，整理服装，摆好体位，整理用物	4	一项不符合要求扣1分
13		合计	100	

模块 1.2　电气的防火与防雷

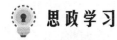 **学习目标**

电气火灾及逃生

1. 了解电气火灾的原因，掌握电气设备过热的原因及危害。
2. 认识危险物质的性能参数和危害。
3. 掌握电气防爆知识和防止电气火灾、预防爆炸的措施。
4. 了解雷电产生的原因、种类；认识雷电的危害性和掌握防雷的措施。

建议学时

2 学时

思政学习

"安全无小事，事事要安全"

通过对防止电火灾和防雷知识的学习，了解电气火灾的特殊性，认识电气火灾扑救应首先考虑保证人员的安全，及时采取正确的方法扑救，使国家和人民财产少受损失。在教学过程中创造和谐，结合实际的学习氛围让学生掌握电气安全知识，提高安全意识和自护能力，强化"安全无小事，事事要安全"的意识。

理论知识

采取正确的方法扑救，使国家和人民财产少受损失。在用电中，除了前面所述的防止触电事故外，还有两个很重要的注意事项是防止用电引起的火灾和雷击事故。

1.2.1　电气火灾及防范

1. 发生电气火灾的原因

（1）线路或用电器因老化、失修、过载、故障等原因，出现相线与零线或相线与地短路（或接近短路），使线路或用电器内部出现很大的电流，若此时熔断器或过载保护开关使用的熔体过粗（甚至使用了铜丝等）或选用容量过大而未动作，会使线路或用电器过热，引燃电线的外层绝缘或相邻的可燃物起火。

（2）线路或用电器因绝缘损伤或所处场所过于潮湿等原因，造成线路或用电器出现较大的漏电电流，若此时漏电保护开关等不起作用，也会因过热而引起火灾。

（3）电器的负载超过导线的安全载流量允许值过多，使导线急剧发热，引起火灾。

（4）电源电压过高或电压过低使电动机堵转不能启动，电流也会很大，亦会引起电动机、导线过热而起火。

（5）将通电的电热器具如电烙铁、电熨斗、取暖器、电吹风、电炉等，放在可燃物上或其附近，能很快将这些可燃物烤热，可能引燃而发生火灾，这种火灾在家庭常有发生。

2. 电气防火措施

（1）合理选用用电设备：有易燃易爆物品的场所，安装使用电气设备时，应优先选用防爆电器，将绝缘导线敷设于钢管内，并按照爆炸危险场所等级选用、安装电气设备。

（2）电气设备的安装位置应适当：为防止电气火花和危险高温引起火灾，凡能产生火花及危险高温的电气设备之间应保持一定的安全间距，并且设备周围不应堆放易燃易爆物品。

（3）检查电气设备的运行情况：经常检查电线接头是否松动，有无电火花产生；电气设备的过载、短路保护装置是否有效；设备绝缘是否良好等。

（4）通风、散热：在易燃易爆危险场所运行的电气设备，应有良好的通风，以降低爆炸性混合物的浓度。

（5）接地保护：在易燃易爆危险场所，设备的接地电阻应比一般场所要求标准高。无论其电压高低，正常带电装置外壳都应按规定可靠接地。

实践证明，合理的防火措施能够很大程度地减少火灾事故的发生。尽管如此，电气火灾事故还是时有发生。那么，电气发生火灾怎么办呢？首先立刻切断电源，同时拨打119报警，迅速灭火、自救。

3. 扑灭电气火灾的办法和注意事项

发生电气火灾后，应保持清醒的头脑，不要慌乱，要冷静地根据现场情况采取适当的处理措施。

（1）电气设备发生火灾时，着火的电器及线路可能会带电，为防止火情蔓延和灭火时发生触电事故，发生电气火灾时应立即切断电源。

（2）因特殊原因不能停电，必须带电灭火时，应选择不导电的灭火剂，比如二氧化碳灭火器、二氟二溴甲烷灭火器等。灭火时救火人员必须穿绝缘鞋和戴绝缘手套。

（3）当变压器、油开关等电器着火时，有喷油和爆炸的可能，最好在切断电源后灭火。

（4）灭火时，用不导电灭火剂灭火时，10 kV 电压，喷嘴至带电体的最短距离不应小于0.4 m，35 kV 电压，喷嘴至带电体间的最短距离应不小于 0.6 m；若用水灭火，电压 110 kV及以上时，喷嘴与带电体之间需保持 3 m 以上，220 kV 以上时，应不小于 5 m。

1.2.2　防雷

自然界雷电威力之大，是现今人类不可抗拒的，它可劈开一棵大树，击倒一座高塔，使人瞬间丧命。由于输电线路需要高架，导线、用电设备都是导体，使雷击事故经常发生。

1. 雷电的种类

（1）直击雷：雷云在地面凸出物上感应出异性电荷，造成与地面凸出物之间的放电。

（2）雷电感应：雷云在地面凸出物上感应出异性电荷，当雷云与其他部位或雷云放电后，凸出物顶部电荷以雷电波形式高速传播。

（3）球形雷：雷电时形成红光或白光的火球。

（4）雷电侵入波：雷电在架空线路或空中管道上产生冲击电压，沿线路侵入室内，危及人身安全和损坏设备。

2. 雷电人身安全防护

雷击时，人员应立即蹲下，双手抱膝，寻找有防雷保护的建筑物及构筑物、大型金属框架的建筑物及构筑物、有金属顶的各种车辆及有金属壳体的船舶等地方掩蔽。

雷电天气时不应在下列地方停留：

（1）小型无保护的建筑物、车库或车棚。

（2）非金属顶或敞开式的各种车辆及船舶。

（3）山顶、山脊或建筑物和构物的顶部。

（4）开旷的田野，各种停车场、运动场。

（5）游泳池、湖泊、海滨或孤立的树下。

（6）铁栅栏、金属晒衣绳、架空线、铁路轨道附近。

3. 其他防雷方法

以避雷针、避雷带作为接闪器的防雷装置：避雷针通过导线接入地下的接地极，当发生雷击时将雷电电流引入大地，达到避雷效果。

避雷器：可将侵入电气线路的雷电电流，引入大地的接地极，避免保护对象遭受雷击。

避雷针和引线要有良好的截面和导电性，接地网要保证合适的接地电阻。避雷针如图1-9所示。

不管有没有避雷针，在强烈的雷雨发生时，都不要使用电视机，以避免雷电经天线进入电视机使其损坏。对使用室外天线的用户，应设置一个双向刀开关，其中心接线端接电视天线，两端分别接电视机和地线。有雷雨时，将开关合在地线端，这样，一旦雷电由天线引下时，可通过该开关流入大地，使电视机免遭损坏。

进户和接户的输电线路，有可能成为引雷电入室的通路，特别是在雷电高发地区，这种可能性会更大。其防雷电的措施是：按照电压等级选用相应电压等级的避雷器，接地线如图1-10所示。

图1-9 避雷针

图1-10 接地线

想 — 想 做 — 做

1. 雷电造成灾害的主要形式有哪些呢?

2. 雷雨季节家用电器如何防雷呢?

3. 看一看生活中哪些地方需要保护接地。

模块 1.3　常用电工工具和电工材料的使用

 **学习目标**

1. 了解电工工具的种类和用途。
2. 了解电工材料的种类和用途。
3. 学会电工工具的使用方法。
4. 掌握电工常用工具的注意事项及安全。

电工常用工具　　电工的十八般兵器
　　　　　　　　——常用电工工具

建议学时

2 学时

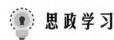 **思政学习**

工欲善其事必先利其器

　　葡萄藤借助竹竿，盘桓而上、生机勃勃；蒲公英借助徐徐春风，随遇而安、繁衍生息；鲲鹏借巨风扶摇直上九万里，而行至南海；荀子的《劝学》中这样写道："登高而招，臂非加长也，而见者远；顺风而呼，声非加疾也，而闻者彰。假舆马者，非利足也，而致千里；假舟楫者，非能水也，而绝江河。君子生非异也，善假于物也。"善于借助外力和工具，可以帮助我们更加快速地达成目标。工具，不仅是我们达成目标的介质或手段，也可以提高我们的生产力。在日常工作中，可以借用思维导图、网盘工具、时间管理、清单工具等作为提升工作效率的工具，使工作内容变得简单明晰，可以高效完成；在日常管理中，企业或公司会用到 OA 系统、多终端协作办公软件、共享平台等，方便上传下达，责任落实，搭建高效的移动办公平台。在日常工作中，善用工具也可以提高施工效率，缩短工期，加快施工进度。例如工厂在进行设备安装时，单纯依靠人力无法完成安装作业，这时就可以借助轻小型起重工具手拉葫芦吊运设备进行安装作业，既省力又快速。手拉葫芦具有效率高、手链拉力小、自重较轻便于携带、尺寸较小、经久耐用的特点，广泛适用于工厂、矿山、建筑工地、码头、船坞、仓库等场地，能够进行重物的提升、下降、校准、牵引、固定等作业，节省人力劳动，提高工作效率。

　　俗话说"工欲善其事必先利其器"，随着时代的进步发展，各种工具带给我们绝大的便利，解决了我们在工作中遇到的困难，我们与时俱进，合理使用工具可以帮我们提高效率。

技能学习

1.3.1　试电笔

　　使用试电笔时，必须手指触及笔尾的金属部分，并使氖管小窗背光且朝自己，以便观察氖管的亮暗程度，防止因光线太强造成误判断，其使用方法如图 1-11 所示，其他类型试电笔如图 1-12 所示。

(a)　　　　　　　　　　(b)

图 1-11　试电笔的正确使用方法

（a）错误；（b）正确

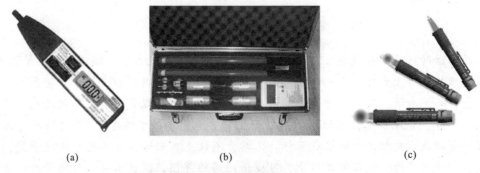

(a)　　　　　　　　　(b)　　　　　　　　　(c)

图 1-12　其他类型试电笔

（a）数字显示试电笔；（b）高压验电器；（c）感应试电笔

当用试电笔测试带电体时，电流经带电体、电笔、人体及大地形成通电回路，只要带电体与大地之间的电位差超过 60 V，试电笔中的氖管就会发光。低压验电器检测的电压范围为 60～500 V。

注意事项：

使用前，必须在有电处对验电器进行测试，以证明该验电器确实良好，方可使用。低压验电时，手指必须触及笔尾的金属体，否则带电体也会误判为非带电体。要防止手指触及笔尖的金属部分，以免造成触电事故。高压验电时，应使验电器逐渐靠近被测物体，直至蜂鸣器报警，不可直接接触被测体。

1.3.2　电工刀

在使用电工刀（见图 1-13）时，不得用于带电作业，以免触电。应将刀口朝外剖削，并注意避免伤及手指。剖削导线绝缘层时，应使刀面与

图 1-13　电工刀

导线成较小的锐角，以免割伤导线。使用完毕，随即将刀身折进刀柄。

1.3.3 螺丝刀

螺丝刀较大时，除大拇指、食指和中指要夹住握柄外，手掌还要顶住柄的末端以防旋转时滑脱。螺丝刀较小时，用大拇指和中指夹住握柄，同时用食指顶住柄的末端用力转动。

螺丝刀较长时，用右手压紧手柄并转动，同时左手握住螺丝刀的中间部分（不可放在螺钉周围，以免将手划伤），以防止螺丝刀滑脱。

注意事项：

带电作业时，手不可触及螺丝刀的金属杆，以免发生触电事故。不能使用无绝缘手柄的螺丝刀。为防止金属杆触到人体或邻近带电体，金属杆应套上绝缘管。

1.3.4 钢丝钳

钢丝钳在电工作业时，用途广泛。钳口可用来弯绞或钳夹导线线头；齿口可用来紧固或起松螺母；刀口可用来剪切导线或钳削导线绝缘层；铡口可用来铡切导线线芯、钢丝等较硬线材。钢丝钳各用途的使用方法如图1-14所示。

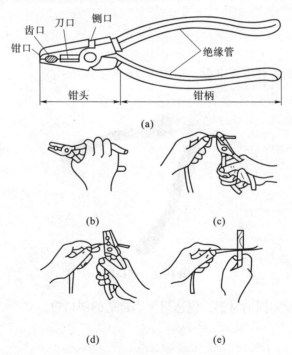

图1-14 钢丝钳各用途的使用方法
（a）结构；（b）紧固螺母；（c）弯绞导线；（d）剪切导线；（e）铡切钢丝

注意事项：

使用前，应检查钢丝钳绝缘是否良好，以免带电作业时造成触电事故。

在带电剪切导线时，不得同时剪切不同电位的两根线（如相线与零线、相线与相线等），以免发生短路事故。

1.3.5　尖嘴钳

尖嘴钳因其头部尖细，适用于在狭小的工作空间操作，如图 1-5 所示。

图 1-15　尖嘴钳

尖嘴钳可用来剪断较细小的导线，也可用来夹持较小的螺钉、螺帽、垫圈、导线等，或对单股导线整形（如平直、弯曲等）。若使用尖嘴钳带电作业，应检查其绝缘是否良好，并在作业时金属部分不要触及人体或邻近带电体。

1.3.6　斜口钳

斜口钳专用于剪断各种电线电缆，如图 1-16 所示。

图 1-16　斜口钳

对粗细不同、硬度不同的材料，应选用大小合适的斜口钳。

1.3.7　剥线钳

剥线钳是专用于剥削 1 mm^2、4 mm^2 导线绝缘层的工具，其外形如图 1-17 所示。使用剥线钳剥削导线绝缘层时，先将要剥削的绝缘长度用标尺定好，然后将导线放入相应的刃口中（比导线直径稍大），再用手将钳柄一握，导线的绝缘层即被剥离。

图 1-17 剥线钳外形

1.3.8 绝缘胶布

　　绝缘胶布如图 1-18 所示，是一种性能优良、经济实用的聚氯乙烯绝缘胶带。它具有良好的防潮性、耐酸碱的能力；有很强的绝缘性能，能够防止漏电，常用于破损修复、电动机、导线连接头的绝缘防护工作；还可以用于固定、捆绑、搭接、密封、修补、保护的一些场合。作为恢复绝缘使用时，应将绝缘胶布一圈圈缠绕到导线的金属裸露部分，缠绕层数应与导线绝缘厚度相匹配，使其绝缘强度不比原导线的绝缘差，每层叠压上层的二分之一，并且松紧适度、缠绕均匀、平整美观，缠好之后应检查是否缠绕稳固。

图 1-18 绝缘胶布

想一想做一做

　　试电笔测试训练：
　　（1）区别相线与零线。
　　在交流电路中，正常情况下，当试电笔触及相线时氖管会发亮，触及零线时氖管不会发亮。
　　（2）区别电压的高低。
　　氖管发亮的强弱由被测电压高低决定，电压高氖管亮，反之则暗。
　　（3）区别直流电与交流电。
　　交流电通过试电笔时，氖管中的两个电极同时发亮；直流电通过试电笔时，氖管中只有一个电极发亮。

（4）区别直流电的正负极。

把试电笔连接在直流电的正负极之间，氖管发亮的一端即为直流电的负极。

（5）识别相线碰壳。

用试电笔触及未接地的用电器金属外壳时，若氖管发亮强烈，则说明该设备有碰壳现象；若氖管发亮不强烈，搭接接地线后亮光消失，则该设备存在感应电。

（6）识别相线接地。

在三相三线制星形交流电路中，用试电笔触及相线时，有两根比通常稍亮，另一根稍暗，说明亮度暗的相线有接地现象，但不太严重。如果有一根不亮，则这一相已完全接地。在三相四线制电路中，当单相接地后，中性线用试电笔测量时，也可能发亮。

模块 1.4　导线连接与绝缘的恢复

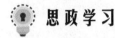

学习目标

1. 掌握使用电工常用工具剥削导线的方法。
2. 掌握单股铜芯导线的直接连接方法。
3. 掌握单股铜芯导线的 T 形分支连接方法。
4. 掌握单股铜芯导线弯制羊眼圈的方法。
5. 掌握 7 股铜芯导线的直接连接方法。

电工材料

建议学时

4 学时

思政学习

"学技术是其次，学做人是首位，干活要凭良心"

导线引起的电气事故，有导线超负荷而引起的，也有因导线接头不符合规范造成的。在没有负载时，看似正常，但只要带上负载就会发出"啪啪"声响并冒火，引起自动开关跳闸，这类故障很多是导线的接触不良造成的。

导线连接是电工重要的基本操作。连接的质量关系到线路能否安全、可靠运行。对导线连接的基本要求是：连接牢固可靠、接触电阻小、不降低机械强度、防腐蚀防氧化、确保绝缘性能好。要保证导线良好的运行送电，导线的连接必须严格按照规范操作。通过本节学习，让学生了解导线的连接在电气作业中的重要意义，要仔细、有耐心、有责任心，力求做到精益求精，工作中不留任何的隐患。"学技术是其次，学做人是首位，干活要凭良心"！

技能知识

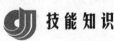

1.4.1　导线线头绝缘层的剖削

电工必须学会用电工刀或剥线钳来剖削导线绝缘层。

1. 塑料硬线绝缘层的剖削

（1）用剥线钳剖削。芯线截面为 4 mm² 及以下的塑料硬线，一般用剥线钳进行剖削，剖削方法如下：

用左手捏住导线，根据线头所需长度用剥线钳相应钳口切割绝缘层。

（2）用电工刀剖削。芯线截面大于 4 mm² 的塑料硬线，可用电工刀来剖削绝缘层，方法如图 1-19 所示。

①根据所需的长度用电工刀以 45°角倾斜切入塑料绝缘层，如图 1-19（b）所示。

②接着刀面与芯线保持 25°角左右，用力向线端推削，不可切入芯线，削去上面一层塑料绝缘层，如图 1-19（c）所示。

③将下面塑料绝缘层向后扳翻，如图 1-19（d）所示，最后用电工刀齐根切去。

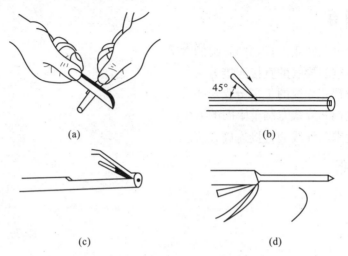

（a）　　　　　　　　　　　　　　　　（b）

（c）　　　　　　　　　　　　　　　　（d）

图 1-19　用电工刀剖削塑料硬导线绝缘层

（a）握刀姿势；（b）刀以 45°切入；（c）刀以 25°倾斜推削；（d）扳翻塑料层并在根部切去

2. 塑料软线绝缘层的剖削

塑料软线绝缘层只能用剥线钳或钢丝钳剥削，不可用电工刀剖削，用钢丝钳剖削绝缘层的方法如图 1-20 所示。

（1）用左手拇食两指先捏住线头，按连接所需长度，用钳头刀口轻切绝缘层，如图 1-20（a）所示。刀口轻切时不可用力过大，只要切破绝缘层即可。因软线每股芯线较细，极易被切断。

（2）接着应迅速移动握位，从柄部移至头部，在移动过程中不可松动已切破绝缘层的钳头。同时，左手食指应绕上一圈导线，然后握拳捏导线，再两手反向同时用力，右手抽左手勒，即可把端部绝缘层剥离芯线，如图 1-20（b）所示。剥离绝缘层时右手用力要大于左手。

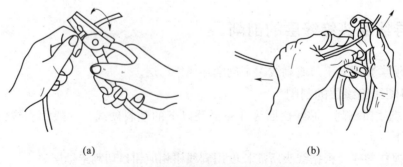

（a）　　　　　　　　　　　　　　　　（b）

图 1-20　钢丝钳剖削塑料软线绝缘层

（a）钳头刀口轻切绝缘层；（b）把端部绝缘层剥离芯线

3. 塑料护套线绝缘层的剖削

塑料护套线的绝缘层必须用电工刀来剖削，剖削方法如下：

（1）按所需长度用电工刀刀尖对准护套线缝隙，划开护套层，如图1-21（a）所示。

（2）向后扳翻护套层，用刀齐根切去，如图1-21（b）所示。

（3）在距离护套层5~10 mm处，用电工刀以45°角倾斜切入缘绝层，剖削方法同塑料硬线。

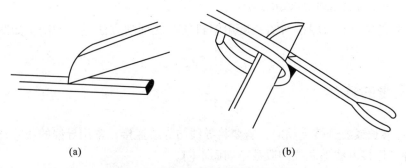

(a)　　　　　　　　　　　(b)

图2-21　塑料护套线绝缘层的剖削

（a）刀尖对准护套线缝隙划开护套层；（b）扳翻护套层并齐根切去

4. 橡皮软线绝缘层的剖削

橡皮软线又称橡套软线，因它的护套层呈圆形，不能按塑料护套线的方法来剖削。其剖削方法如图1-22所示。

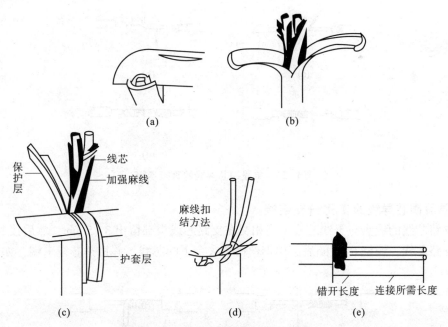

(a)　　　　　　　　　(b)

保护层　　线芯
　　　　　加强麻线

麻线扣
结方法

错开长度　　连接所需长度

护套层

(c)　　　　　　　　(d)　　　　　　　　(e)

图1-22　橡皮软线绝缘层的剖削方法

（1）用电工刀从橡皮软线端头任意两芯线缝隙中割破部分橡皮护套层，如图1-22（a）所示。

（2）把已分成两半的橡皮护套层反向分拉，撕破护套层，如图 1-22（b）所示。当撕拉难以破开护套层时，再用电工刀补割，直到所需长度为止。

（3）扳翻已被分割的橡皮护套层，在根部分别切断，如图 1-22（c）所示。

（4）由于这种橡皮软线一般均作为电源引线，受外界的拉力较大，故在护套层内除有芯线外，还有 2~5 根加强麻线。这些麻线不应在橡皮护套层切口根部同时剪去，应扣结加固，如图 1-22（d）所示。扣结后的麻线余端应固定在插头内的防拉压板中，使这些麻线来承受外界拉力，保证导线端头不遭破坏。

（5）每根芯线的绝缘层按所需长度用塑料软线的剖削方法进行剖削，如图 1-22（e）所示。

1.4.2　导线的连接

当导线不够长或要分接支路时，就要将导线与导线连接。常用导线的线芯有单股、7 股和 19 股多种，连接方法随芯线的股数不同而不同。

1. 单股铜芯导线的直接连接

（1）把两线头的芯线成 X 形相交，互相绞绕 2~3 圈，如图 1-23（a）所示。

（2）然后扳直两线头，如图 1-23（b）所示。

（3）将两个线头在芯线上紧贴并绕 6 圈，用钢丝钳切去余下的芯线，并钳平芯线的末端，如图 1-23（c）所示。完成结果如图 1-23（d）所示。

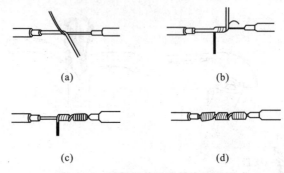

(a)　　　　　　　　　　(b)

(c)　　　　　　　　　　(d)

图 1-23　单股铜芯导线的直接连接

2. 单股铜芯导线的 T 形分支连接

将支路芯线的线头与干线芯线十字相交在支路芯线根部留出 3~5 mm，然后按顺时针方向缠绕支路芯线，缠绕 6~8 圈后，用钢丝钳切去余下的芯线，并钳平芯线末端，如图 1-24 所示。

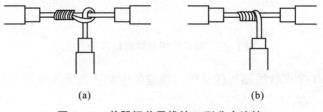

(a)　　　　　　　　　　(b)

图 1-24　单股铜芯导线的 T 形分支连接

3. 单股铜芯导线与多股铜芯导线的 T 形分支连接

（1）按单股铜芯导线芯线直径约 20 倍的长度剖削多股铜芯导线连接处的绝缘层，并在离多股铜芯导线的左端绝缘层切口 3~5 mm 处的芯线上，用螺钉旋具把多股铜芯导线分成均匀的两组，如图 1-25（a）所示。

（2）按多股铜芯导线的单根铜芯线直径约 100 倍长度剖削单股铜芯导线端的绝缘层，并勒直芯线，把单股铜芯线插入多股铜芯线的两组芯线中间，但单股铜芯线不可插到底，应使绝缘层切口离多股芯线约 5 mm，如图 1-25（b）所示。

（3）用钢丝钳把多股铜芯线的插缝钳平钳紧，并把单股芯线按顺时针方向紧缠在多股芯线上，务必要使每圈直径垂直于多股芯线的内轴心，并应圈圈紧挨密排，绕足 10 圈，钳断余端，钳平切口毛刺，如图 1-25（c）所示。

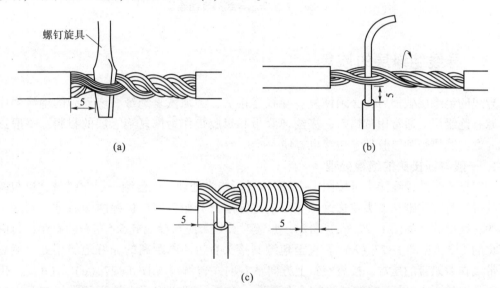

图 1-25　单股铜芯导线与多股铜芯导线的 T 形分支连接

4. 7 股铜芯导线的直线连接

（1）先将割去绝缘层的芯线头散开并拉直，接着把离绝缘层最近的 1/3 线段的芯线绞紧，然后把余下的 2/3 芯线头按图 1-26（a）所示方法分散成伞状，并将每根芯线拉直。

（2）把两个伞状芯线线头隔根对插，并捏平两端芯线，如图 1-26（b）所示。

（3）把一端的 7 股芯线按 2、2、3 根分成三组，把第一组的 2 根芯线扳起垂直于导线，并按顺时针方向缠绕，如图 1-26（c）所示。

（4）缠绕 2 圈后，将余下的芯线向右扳直，再把下边第二组的 2 根芯线扳起垂直于导线，也按顺时针方向紧紧压住前 2 根扳直的芯线缠绕，如图 1-26（d）所示。

（5）缠绕 2 圈后，将余下的芯线向右扳直，再把下边第三组的 3 根芯线扳起，按顺时针方向紧压前 4 根扳直的芯线向右缠绕，如图 1-26（e）所示。

（6）缠绕 3 圈后，切去每组多余的芯线，钳平线端，如图 1-26（f）所示。

（7）用同样方法再缠绕另一边芯线。

起始的 2 根线应是前一边起始的 2 根线后边的 2 根；方向相反。

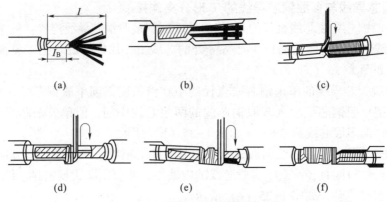

图 1-26 7 股铜芯导线的直线连接

1.4.3 导线绝缘层的恢复

导线的绝缘层破损后，必须恢复；导线连接后，必须恢复绝缘。恢复后的绝缘强度不小于原有绝缘层。通常用黄蜡带、涤纶薄膜带和黑胶带作为恢复绝缘层的材料，一般选用 20 mm 宽的黄蜡带和黑胶带，包缠也方便。

1. 一般导线接头的绝缘处理

一字形连接的导线接头可按图 1-27 所示进行绝缘处理，先包缠一层黄蜡带，再包缠一层黑胶带。将黄蜡带从接头左边绝缘完好的绝缘层上开始包缠，包缠两圈后进入剥除了绝缘层的芯线部分，如图 1-27（a）所示。包缠时黄蜡带应与导线成 55°左右倾斜角，每圈压上带宽的 1/2 ［见图 1-27（b）］，直至包缠到接头右边两圈距离的完好绝缘层处。然后将黑胶带接在黄蜡带的尾端，按另一斜上方向从右向左包缠 ［见图 1-27（c）、（d）］，仍每圈压上带宽的 1/2，直至将黄蜡带完全包缠住。包缠处理中应用力拉紧胶带，注意不可稀疏，更不能露出芯线，以确保绝缘质量和用电安全。对于 220 V 线路，也可不用黄蜡带，只用黑胶带或塑料胶带包缠两层。在潮湿场所应使用聚氯乙烯绝缘胶带或涤纶绝缘胶带。

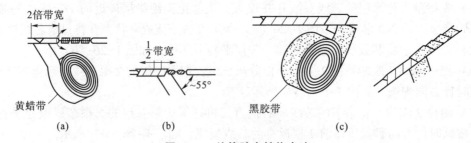

图 1-27 绝缘胶布缠绕方法

2. T 形分支接头的绝缘处理

导线分支接头的绝缘处理基本方法同上，T 形分支接头的包缠方向如图 1-28 所示，走一个 T 形的来回，使每根导线上都包缠两层绝缘胶带，每根导线都应包缠到完好绝缘层的 2 倍带宽处。

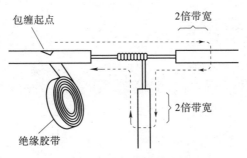

图 1-28　T 形分支接头的绝缘处理

3. 十字分支接头的绝缘处理

对导线的十字分支接头进行绝缘处理时，包缠方向如图 1-29 所示，走一个十字形的来回，使每根导线上都包缠两层绝缘胶带，每根导线也都应包缠到完好绝缘层的 2 倍带宽处。

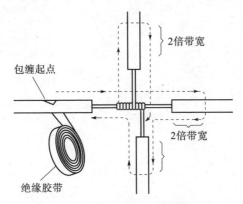

图 1-29　十字分支接头的绝缘处理

4. 技术要求

（1）用在 380 V 线路上的导线恢复绝缘时，必须先包缠 1~2 层黄蜡带，然后再包缠一层黑胶带。

（2）用在 220 V 线路上的导线恢复绝缘时，先包缠一层黄蜡带，然后再包缠一层黑胶带；也可只包缠两层黑胶带。

（3）绝缘带包缠时，不能过疏，更不允许露出芯线，以免造成触电或短路事故。

（4）绝缘带不可存放在高温的地方，也不可浸染油类。

工作任务　导线连接与连接后的绝缘恢复

班级：　　　　　　学号：　　　　　　成绩：

实训目的： 学会剖削常用导线绝缘层、连接导线线头并恢复其绝缘层。

实训器材： 电工刀、钢丝钳、剥线钳、塑料硬线、塑料软线、塑料护套线、橡皮线、花线、橡套电缆、铅包线、7 股铜芯绞线、1 mm² 漆包线、沟线夹。

实训内容

1. 练习用电工刀剖削废塑料硬线、塑料护套线和橡皮软线。

2. 练习用钢丝钳剖削塑料软线绝缘层。

3. 练习用剥线钳剥削塑料硬线。

4. 练习导线连接与连接后的绝缘恢复。

注意事项

1. 用电工刀剖削时，刀口应向外并注意安全，不要伤手。

2. 用电工刀或钢丝钳剖削导线绝缘层时，不得损伤芯线，若损伤较多应重新剖削。

3. 用剥线钳剥线时，线径与切口对应。

（1）导线绝缘层剖削训练。剖削导线绝缘层，并将有关数据记入表 1-4 中。

表 1-4　电工刀剖削

导线种类	导线规格	剖削长度	剖削工艺要点
塑料硬线			
塑料软线			
塑料护套线			
橡皮线			
花线			
橡套电缆			
铅包线			
漆包线			

（2）导线线头连接训练。将常用导线进行连接，并将连接情况记入表 1-5 中。

表 1-5　导线线头连接

导线种类	导线规格	连接方式	线头长度	绞合圈数	密缠长度	线头连接工艺要点
单股线芯		直连				
单股线芯		T 形连				
7 股线芯		直连				
7 股线芯		T 形连				
漆包线		直连				

（3）线头绝缘层的恢复。在连接完工的线头上用符合要求的绝缘材料包缠绝缘层，并将包缠情况记入表1-6中。

表1-6　线头绝缘层恢复

线路工作电压/V	所用绝缘材料	各自包缠层数	包缠工艺要点
380			
220			

实训工艺要点或结果分析：

（1）7股芯线T形连接时的工艺特点是什么？你用什么办法实现连接的牢固和美观？

（2）恢复导线绝缘层时你是怎样做到保证它的绝缘强度和外形美观的？

导线连接与连接后的绝缘恢复评分如表1-7所示。

表1-7　导线连接与连接后的绝缘恢复评分

考核项目	考核内容及要求	配分	评分标准	考评结果	扣分	得分
安全生产操作	按安全生产操作规程考核	20	违规操作，每违反一项扣4分。作业完毕，不清理现场扣4分。发生安全事故，此项不得分			
绝缘剥削	剥削导线绝缘方法正确，不损伤线芯	20	剥削绝缘皮方法不对，扣5分。损伤线芯，每处扣5分。本项扣完为止			
导线连接	导线连接牢固、整齐、规范	30	导线缠绕方法不正确，扣5分；缠绕圈数不够，扣5分；缠绕不整齐，扣5分；连接不紧密，扣5分；连接处变形，扣5分。本项扣完为止			
恢复绝缘	包缠方法正确，叠压严密	20	包缠方法不正确，扣5分。绝缘层叠压不够，扣5分。本项扣完为止			
备注	超时操作扣分	10	每超5分钟扣5分，限10分钟内。本项扣完为止			
合计		100				

模块 1.5　万用表的工作原理及使用

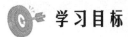 **学习目标**

1. 掌握万用表直流电压挡的特点及直流电压的测量方法。
2. 掌握万用表交流电压挡的特点及交流电压的测量方法。
3. 掌握万用表直流电流挡的特点及直流电流的测量方法。
4. 掌握万用表电阻挡的特点及电阻的测量方法。

电工测量　　万用表

建议学时

6 学时

电工测量必备
神器——万用表

思政学习

极深研几、不差毫发

陈永龄（1910 年 11 月 8 日—2004 年 8 月 15 日），男，北京市人，中国科学院院士，天文、大地测量专家，教育家，原国家测绘总局总工程师，曾任国家测绘局科学技术委员会顾问、教授。1939 年获德国柏林理工大学工学博士学位。1980 年当选为中国科学院学部委员（院士）。2004 年 8 月 15 日逝世。陈永龄长期从事测绘学的教学和研究工作，以大地测量见长，是中国大地测量学的开拓者和奠基人。1965 年由陈永龄提出的测定珠峰海拔高程的技术方案，解决了求定观测珠峰时的大气折光和推求珠峰海拔高度的技术难题，使测定方案的科学性和测定结果的精度都超过了中国国外历次测定的水平，继而在他的指导下成功地完成了施测。当时整个高程测定的设计、施工、数据处理这一系列方案都是由他一手制定。他利用已有的珠峰高程测定的方法，同时吸收国外先进的测绘技术，由登山运动员带一个觇标到珠峰顶上去，在测量珠峰高程时瞄准觇标来测，再量出觇标的高度，用总高程减去觇标高度。同时还考虑到珠峰顶上的积雪问题，最终测出珠峰高程 8 848.13 m 这个数字，并由新华社向全世界公布，当时就得到了全世界的公认。他因此被誉为"珠峰测高第一人"。

我们学习万用表的使用，也要秉承这种细致做事的风格，认真对待测量上的工作，相信事情也能做得更加好。

 技能知识

1.5.1　指针万用表基本介绍

万用表，因其能够完成的测量项目比较多而得名。一般的万用表都能够进行交流电压、直流电压、直流电流、电阻的测量，有的万用表还能够进行更多项目的测量，比如 MF-

47D 还能够进行三极管放大倍数、电容量、电感量等其他项目的测量。

1. 万用表使用前的准备

万用表使用前，要装好干电池，电池分别为 1.5 V、9 V 两种规格，如图 1-30 所示。

图 1-30 万用表电池仓

2. 表笔的插接

万用表配有两支表笔（黑、红各一支），使万用表时，要将黑表笔插入 MF-47D 万用表左下角的"COM"插孔内，红表笔一般情况下插入标有"+"符号的正极插孔内，如图 1-31 所示。

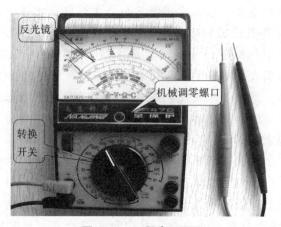

图 1-31 万用表正面图

3. 刻度盘

刻度盘上有多条对应于不同测量项目的刻度线，同时为了减少读数误差而设置了反光镜。当万用表测量过程中读数时，眼睛、万用表的实际指针、反光镜中的指针三者要在一条直线上（读数时眼睛要在指针的正上方，看不到反光镜中的指针即说明三者在一条直线上），如图 1-31 所示。

4. 机械零位

万用表的机械零位，也叫作电压（或电流）零位，如图 1-31 所示。它是指万用表在不进行任何测量项目时，指针应该在表盘刻度线左边的零位，如果有较大距离的偏离，则需要调整"机械调零螺口"，如图 1-31 所示。一般情况下，此螺口尽量不要动，如果万用表使用两三年以后，确实偏离零位较多，则可以适当进行调整，但是调整时，螺口在一个方向上的旋转最好不要超过 90°。

5. 转换开关

万用表的转换开关是使用万用表进行不同项目的测量时，用来转换测量项目以及一个项目内的不同量程的，如图 1-32 所示。例如：如果需要测量墙内插座的电压是否正常，首先要知道测量项目是：交流电压，然后选择合适的量程，即 250 V，这些需要通过旋转转换开关来完成。

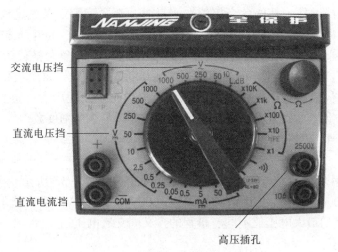

图 1-32　仪表盘

6. 交流电压挡位

MF-47D 万用表的交流电压挡共有 6 个挡位，分别为：10 V、50 V、250 V、500 V、1 000 V、2 500 V，如图 1-32 所示。不同的挡位能够测量的最大电压值不同，例如，当将转换开关转换到 50 V 挡位，能够测量的最大电压为 50 V，亦即当万用表的指针满偏时，电压值是 50 V。

1）高电压插孔

当用万用表测量高于 1 000 V 而低于 2 500 V 的较高电压时，需要将万用表的红表笔从正极插孔拔出，插入 2 500 V 电压专用插孔，黑表笔保持不动。此时，表的量程要旋至交流电压 1 000 V 量程位置。

2）量程的选择

测量时，要选择合适的量程，量程太大影响测量精度，太小又不能读出其确切值。具体的选择方法是：如果已知被测电压的大概值，可以选择和它最接近（但要大于该值）的量程；而完全不知道被测电压值时，应该选择最大量程，然后根据指针的偏转情况，适当地改变量程。

3）红、黑表笔测量时的区别

测量交流电压时，红、黑表笔是不做任何区分的，也就是说，测量时两支表笔任意分别接触测量信号的一端即可。

4）万用表和电路的连接方式

在进行交流电压的测量时，要将万用表和被测电路并联。

5）10 V 交流挡专用刻度线

当万用表转换到 10 V 交流挡位进行测量时，对应的刻度线是：万用表刻度盘上的第二条（从外向里数）刻度线，即红色的那条。此刻度线共有 10 个大格，也就是说每一个大格所代表的电压是 1 V。每个大格又分为 5 个小格，一个小格的电压就是 0.2 V。其对应的刻度数在第三条刻度线的下方（即和第三条刻度线共用刻度数）。此条刻度线的特点是，刻度线起始部位稍微有些不均匀。

6）通用刻度线

除 10 V 交流挡以外，其他各个挡位在测量时，都要读第三条刻度线。此条刻度线有 10 个大格，每个大格又分为 5 个小格，当使用不同的量程时，每个大格或者小格所代表的电压数值是不同的，例如，当万用表为 50 V 量程时，每个大格代表的电压值是 5 V，每个小格代表的电压值是 1 V，而当万用表为 1 000 V 量程时，每个大格代表的电压值是 100 V，每个小格代表的电压值就变成了 20 V，所以这一点使用者一定要搞清楚。

为了使用者方便、快捷地读数，此刻度线下方标注了 3 个刻度数。

7. 直流电压挡

1）挡位

MF-47D 万用表的直流电压挡共有 8 个挡位，如图 1-32 所示，分别为：0.25 V、0.5 V、2.5 V、10 V、50 V、250 V、500 V、1 000 V、2 500 V。和交流电压挡一样，不同的挡位所能够测量的最大电压值不同。量程的含义同交流电压挡。

2）高电压插孔

当用万用表测量高于 1 000 V 而低于 2 500 V 的较高直流电压时，需要将万用表的红表笔从正极插孔拔出，插入 2 500 V 电压专用插孔，黑表笔保持不动。此时，表的量程要旋至直流电压 1 000 V 量程位置。

3）量程的选择

和交流电压挡量程的选择原则一样。

4）万用表和电路的连接方式

在进行直流电压的测量时，和测量交流电压一样，要将万用表和被测电路并联。

5）红、黑表笔测量时的区别

在进行直流电压的测量时，必须区分黑、红两支表笔，也就是说，测量时要让红表笔接触被测电压的高电位端，黑表笔接触低电位端，表针才能够正偏而进行测量数值的读取。

当事先不知道被测电压哪一端电位高（低）时，要采用"试触"的方法，确定出高、低电位端方可进行测量。

6）刻度线

测量直流电压时，读刻度盘上的第三条刻度线（也就是和交流电压的通用刻度线共用）。读数方法同测量交流电压。

8. 直流电流挡

1）挡位

MF-47D 万用表的直流电流挡共有 5 个挡位，分别为：0.05 mA、0.5 mA、5 mA、50 mA、500 mA。和交流（或者直流）电压挡一样，不同的挡位所能够测量的最大值（电流）不同。量程的含义同交流电压挡。

2）大电流插孔

当用万用表测量高于 500 mA 而低于 10 A 的较大直流电流时，需要将万用表的红表笔从正极插孔拔出，插入 10 A 电流专用插孔，黑表笔保持不动。此时，表的量程要旋至直流电流 500 mA 量程位置。

3）量程的选择

和交流（或直流）电压挡量程的选择原则一样。

4）万用表和电路的连接方式

在进行直流电流的测量时，和测量电压不同，这里要将万用表和被测电路串联。

5）红、黑表笔测量时的区别

在进行直流电流的测量时，必须区分黑、红两支表笔，也就是说，测量时要让电流从红表笔流入万用表，从黑表笔流出，表针才能够正偏而进行测量数值的读取。

当事先不知道被测电流的实际流向时，要采用"试触"的方法确定出实际流向方可进行测量。

6）刻度线

测量直流电流时，读刻度盘上的第三条刻度线（也就是和交流电压、直流电压共用）。读数方法同测量交流（直流）电压。

9. 电阻挡

万用表的电阻挡和其他挡位具有非常大的差异，其中之一是：万用表内不装电池可以进行电压、电流的测量，而无法进行电阻的测量。换句话说，万用表内的电池是为电阻挡使用。

1）挡位

MF-47D 万用表的电阻挡共有 5 个挡位，分别为：×1、×10、×100、×1k、×10k。万用表电阻挡量程的含义和交流（或者直流）电压挡完全不同，电阻挡的量程是电阻指针在电阻刻度线上指示数值的倍率，即电阻的测量值=指针指示数值×量程（倍率）。

2）刻度线

测量电阻时，读刻度盘上的第一条刻度线，如图 1-33 所示。

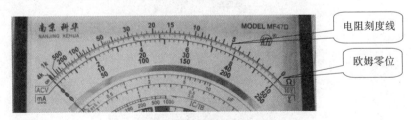

图 1-33 欧姆挡刻度线

3）量程的选择

在测量电阻时，为了减小测量以及读数误差，应尽可能地通过改换量程，使指针指示在万用表刻度线的中间部位（中间 3/5 范围内）。

4）欧姆调零

万用表在使用电阻挡进行电阻测量时，一定要进行欧姆调零。具体方法是：把万用表的红、黑表笔短接（笔尖捏在一起），看万用表的指针是否在欧姆零位（注意：电阻挡的欧姆零位在刻度线的最右端），如果不在要通过旋转欧姆调零旋钮，使指针指示在欧姆零位。

尤其注意的是：在电阻的某个挡位欧姆调零完毕，如果需要改换量程测量时，必须进行重新调零，也就是说，万用表欧姆挡测试时，要进行欧姆调零，而且每改换一个量程都要重新进行欧姆调零。

如果调整调零旋钮不能使指针调整到欧姆零位，说明电池电量不足，这时要更换表内电池。×1、×10、×100、×1k 四个挡位（尤其小挡位）不能调零的话，需更换表内 1.5 V 电池，×10k 不能调零的话，则需要更换表内 9 V 叠层电池。

5）读数方法

万用表电阻挡进行电阻测量时的读数方法和电压、电流挡完全不同，测量值=指针的指示数值×量程（倍率）。

6）表笔的输出电压

万用表打在电阻挡，红、黑两支表笔之间是有直流电压存在的，也就是说，可以把打在电阻挡的万用表看成一个电源，切记：黑表笔输出的是电压的正极，红表笔输出的是电压的负极。

1.5.2　数字万用表

数字万用表具有测量精度高、显示直观、功能全、可靠性好、小巧轻便以及便于操作等优点。

1. 面板结构与功能

图 1-34 所示为 UT-52 型数字万用表，包括 LCD 液晶显示器、电源开关、量程选择开关、表笔插孔等。

图 1-34　UT-52 型数字万用表

液晶显示器最大显示值为 1 999，且具有自动显示极性功能。若被测电压或电流的极性为负，则显示值前将带"–"号。若输入超量程时，显示屏左端出现"1"或"–1"的提示字样。电源开关可根据需要，分别置于"ON"（开）或"OFF"（关）状态。测量完毕，应将其置于"OFF"位置，以免空耗电池。数字万用表的电池盒位于后盖的下方，采用 9 V 叠层电池。电池盒内还装有熔丝管，起过载保护作用。旋转式量程开关位于面板中央，用以选择测试功能和量程。若用表内蜂鸣器做通断检查时，量程开关应停放在标有"•ッ)"符号的位置。

h_{FE} 插口用以测量三极管的 h_{FE} 值时，将其 B、C、E 极对应插入。

输入插口是万用表通过表笔与被测量连接的部位，设有"COM""V·Ω""mA""10 A"四个插口。使用时，黑表笔应置于"COM"插孔，红表笔依被测种类和大小置于"V·Ω""mA"或"10 A"插孔。在"COM"插孔与其他三个插孔之间分别标有最大（MAX）测量值，如 10 A、200 mA、交流 750 V、直流 1 000 V。

2. 使用方法

测量交、直流电压（ACV、DCV）时，红、黑表笔分别插入"V·Ω"与"COM"插孔，旋动量程选择开关至合适位置（200 mV、2 V、20 V、200 V、700 V 或 1 000 V），红、黑表笔并接于被测电路（若是直流，注意红表笔接高电位端，否则显示屏左端将显示"—"），此时显示屏显示出被测电压数值。若显示屏只显示最高位"1"，表示溢出，应将量程调高。

测量交、直流电流（ACA、DCA）时，红、黑表笔分别插入"mA"（大于 200 mA 时应接"10 A"）与"COM"插孔，旋动量程选择开关至合适位置（2 mA、20 mA、200 mA 或 10 A），将两表笔串接于被测回路（直流时注意极性），显示屏所显示的数值即为被测电流的大小。

测量电阻时，无须调零。将红、黑表笔分别插入"V·Ω"与"COM"插孔，旋动量程选择开关至合适位置（200、2k、200k、2M、20M），将两笔表跨接在被测电阻两端（不得带电测量），显示屏所显示数值即为被测电阻的数值。当使用 200 MΩ 量程进行测量时，先将两表笔短路，若该数不为零，仍属正常，此读数是一个固定的偏移值，实际数值应为显示数值减去该偏移值。进行二极管和电路通断测试时，红、黑表笔分别插入"V·Ω"与"COM"插孔，旋动量程开关至二极管测试位置。正向情况下，显示屏即显示出二极管的正向导通电压，单位为 mV（锗管应在 200~300 mV，硅管应在 500~800 mV）；反向情况下，显示屏应显示"1"，表明二极管不导通，否则，表明此二极管反向漏电流大。正向状态下，若显示"000"，则表明二极管短路，若显示"1"，则表明断路。在用来测量线路或器件的通断状态时，若检测的阻值小于 30 Ω，则表内发出蜂鸣声以表示线路或器件处于导通状态。

进行晶体管测量时，旋动量程选择开关至"h_{FE}"位置（或"NPN"或"PNP"），将被测三极管依 NPN 型或 PNP 型将 B、C、E 极插入相应的插孔中，显示屏所显示的数值即为被测三极管的"h_{FE}"参数。

进行电容测量时，将被测电容插入电容插座，旋动量程选择开关至"CAP"位置，显示屏所示数值即为被测电容的容量值。

3. 注意事项

当显示屏出现"LOBAT"或"←"时，表明电池电压不足，应予更换。

若测量电流时，没有读数，应检查熔丝是否熔断。测量完毕，应关上电源；若长期不用，应将电池取出。数字万用表不宜在日光及高温、高湿环境下使用与存放（工作温度为0~40 ℃，湿度为80%），使用时应轻拿轻放。如果无法预先估计被测电压或电流的大小，则应先拨至最高量程挡测量一次，再视情况逐渐把量程减小到合适位置。测量完毕，应将量程开关拨到最高电压挡，并关闭电源。满量程时，仪表仅在最高位显示数字"1"，其他位均消失，这时应选择更高的量程。测量电压时，应将数字万用表与被测电路并联。测电流时应与被测电路串联，测直流量时不必考虑正、负极性。当误用交流电压挡去测量直流电压或误用直流电压挡去测量交流电压时，显示屏将显示"000"或低位上的数字出现跳动。禁止在测量高电压（220 V 以上）或大电流（0.5 A 以上）时换量程，以防止产生电弧，烧毁开关触点。当万用表的电池电量即将耗尽时，液晶显示器左上角会有电池符号显示，此时电量不足，若仍进行测量，测量值会比实际值偏高。

 活学活用

电路故障的种类和判断

电路的故障现象一般归纳为两类：

（1）开路（亦作"断路"）。所有用电器都不工作，电流表无示数，只有跨在断点两边的电压表有示数，且示数接近（或等于）电源电压。

（2）短路。被短路的部分用电器不工作，电流表有示数，接在被短路用电器两端的电压表无示数，接在其他用电器两端的电压表有示数。若电源短路，电源将被烧坏。

1. 断路故障

1）断路的主要特征

断路最显著的特征是电路（并联的干路）中无电流（电流表无读数），且所有用电器不工作（通常是灯不亮），电压表读数接近电源电压。如果发现这种情况，则电路发生了断路。

2）判断的具体方式

采用小灯泡法、电压表法、电流表法、导线法等与电路的一部分并联。原理：在并联的部分断路时，用小灯泡法、电压表法、电流表法、导线法等与电路的一部分并联再造一条电流的路径，若这条路径搭在哪里使电路恢复通路，则与之并联的部分就存在断路。

（1）电压表检测法。把电压表分别与逐段两接线柱之间的部分并联，若有示数且比较大（常表述为等于电源电压），则和电压表并联的部分断路（电源除外）。电压表有较大读数，说明电压表的正负接线柱已经和相连的通向电源的部分与电源形成了通路，断路的部分只能是和电压表并联的部分。

（2）电流表检测法。把电流表分别与逐段两接线柱之间的部分并联，如果电流表有读数，其他部分开始工作，则此时与电流表并联的部分断路。注意：电流表要用试触法选择合适的量程，以免烧坏电流表。

（3）导线检测法。将导线分别与逐段两接线柱之间的部分并联，如其他部分能开始工作，则此时与电流表并联的部分断路。

（4）小灯泡检测法。将小灯泡分别与逐段两接线柱之间的部分并联，如果小灯泡发光

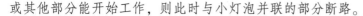

或其他部分能开始工作，则此时与小灯泡并联的部分断路。

2. 短路故障

1）短路的表现

（1）整个电路短路。电路中电表没有读数，用电器不工作，电源发热，导线有糊味等。

（2）串联电路的局部短路。某用电器（发生短路）两端无电压，电路中有电流（电流表有读数）且较原来变大，另一用电器两端电压变大，一盏电灯更亮等。

2）判断方法

短路情况下，是"导线"成了和用电器并联的电流的捷径，电流表、导线并联到电路中的检测方法已不能使用，因为，它们的电阻都很小，并联在短路部分对电路无影响。并联到其他部分则可引起更多部位的短路，甚至引起整个电路的短路，烧坏电流表或电源。所以，只能用电压表检测法或小灯泡检测法。

（1）电压表检测法。把电压表分别和各部分并联，导线部分的电压为零表示导线正常，如某一用电器两端的电压为零，则此用电器短路。

（2）小灯泡检测法。把小灯泡分别和各部分并联，接到导线部分时小灯泡不亮（被短路）表示导线正常。如接在某一用电器两端小灯泡不亮，则此用电器短路。

3. 二极管极性的判断

首先将数字万用表的红表笔插入 $V \cdot \Omega$ 孔，黑表笔插入 COM 孔，将旋钮调至专用的测二极管的挡位，再取一个二极管，首先检查二极管是否完好，然后将红表笔接二极管左端，黑表笔接二极管右端，读出电阻值为 1.1 MΩ，再交换两表笔位置，黑表笔接二极管左端，红表笔接二极管右端，万用表上显示数字为 1。由此可判断二极管良好，未损坏，且可以得出二极管的正负极，按当前位置放置的二极管，右端为正极，左端为负极。

工作任务　万用表的使用考核

姓名：　　　　**班级：**　　　　**学号：**　　　　**成绩：**

目的：识别常用电子元器件，学习使用万用表测量电阻、电感、电容和二极管的方法。学习使用万用表测量直流电压和直流电流的方法。

实验器材：

数字万用表一只（UT39A 型），机械万用表一只 MF47，二极管一只，电阻箱一个（J2361-1 型），四色环电阻两个，导线若干，干电池一个。

一、电阻色环学习

1. 色环电阻的读法

色环颜色代表的数字：

黑 0、棕 1、红 2、橙 3、黄 4、绿 5、蓝 6、紫 7、灰 8、白 9。

色环颜色代表的倍率：

黑×1、棕×10、红×100、橙×1k、黄×10k、绿×100k、蓝×1M、紫×10M、灰×100M、白×1 000M、金×0.1、银×0.01。

2. 四色环电阻

四色环电阻是指用四条色环表示阻值的电阻，从左向右数（四条色环中，有三条之间的距离比较近即左端，而第四环稍远即右端。同时第四环不是金色就是银色，也可判断为右端），第一条色环表示阻值的最大一位数字；第二条色环表示阻值的第二位数字；第三条色环表示阻值倍乘的数；第四条色环表示阻值允许的偏差（精度），金色的误差为 5%，银色的误差为 10%，如图 1-35 所示。

二、实验步骤

1. 色环电阻误差检验

（1）选用两个四色环电阻，检查色环电阻是否完好。根据上面色环电阻的读法，正确读出这两个色环电阻分别的电阻值。

（2）用数字万用表测定第一个色环电阻的电阻值。首先将红表笔插入 V·Ω 孔，黑表笔插入 COM 孔，量程旋钮打到"Ω"量程，选择×2 kΩ 挡（注意：在选择量程时在不知道选择什么量程时，先将红、黑表笔分别接到色环电阻两端金属部分，观察万用表上显示的读数，若屏幕上显示"1"则换取较大的量程，若显示为"0"，则换取较小的量程）。

（3）选择好量程后，依据数字万用表上的读数，准确读出第一个色环电阻的实测值。

（4）再用机械万用表测定第二个色环电阻的阻值。首先检查指针是否指在机械零位上，如不指在零位，可旋转表盖的调零旋钮使指针指示在零位上（机械调零），将红黑表笔分别插入"+""–"插座中，先将表笔搭在一起短路，使指针向右偏转，随即调整"Ω"调零旋钮（称欧姆调零），使指针恰好指到 0（若不能指示欧姆零位，则说明电池电压不足，应更换电池）。

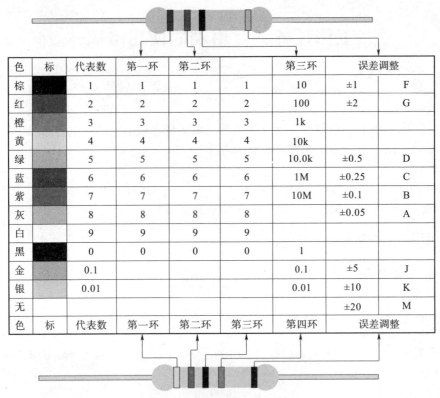

色	标	代表数	第一环	第二环		第三环	误差调整	
棕		1	1	1	1	10	±1	F
红		2	2	2	2	100	±2	G
橙		3	3	3	3	1k		
黄		4	4	4	4	10k		
绿		5	5	5	5	10.0k	±0.5	D
蓝		6	6	6	6	1M	±0.25	C
紫		7	7	7	7	10M	±0.1	B
灰		8	8	8	8		±0.05	A
白		9	9	9	9			
黑		0	0	0	0	1		
金		0.1				0.1	±5	J
银		0.01				0.01	±10	K
无							±20	M
色	标	代表数	第一环	第二环	第三环	第四环	误差调整	

图 1-35　色环电阻阻值读取

（5）机械万用表检查调整好之后，将旋钮调至欧姆挡最大量程处，将色环电阻置于红、黑表笔之间（注意：手不能触碰表笔的金属部分），根据指针偏转情况，最终选择×10 Ω 挡位，再根据指针位置准确读出这个色环电阻的电阻值。

（6）根据上述实验可得出相应数据，填入表 1-8 中。

表 1-8　电阻测量

色环电阻	标准电阻值	测定电阻值	允许误差	实验误差
1				
2				

实验证明，该色环电阻的实测误差在允许误差范围内，即该色环电阻属于标准试件。

2. 直流电压、直流电流、交流电压的测定

红表笔插入 V·Ω 孔，黑表笔插入 COM 孔。选择合适的挡位，在老师的指导下，分别将红黑两支表笔插入插孔，把测量的值填入表 1-9 中。

表 1-9　测量数据表

检查项目	检测数据	判断标准	鉴定结果
直流电压测量			
直流电流测量			

续表

检查项目	检测数据	判断标准	鉴定结果
电阻测量			
交流电压测量			

实验结束后，将两个万用表的旋钮分别调至交流电压最大挡位处，将各实验仪器放回原位，并将实验台整理干净。根据表 1-10 进行自我评分并整改。

表 1-10 万用表的使用与鉴定实践操作考核评分

序号	考核内容	考核要点	配分	考核标准	扣分	得分
1	准备工作	穿戴劳保用品	3	未穿戴整齐扣 3 分		
		了解万用表测量范围（交、直流电压，交、直流电流，电阻值）工具、用具准备	3	工具选择不正确扣 3 分		
2	使用测量	直流电压测量	25	挡位选错扣 5 分，量程选取不适合扣 5 分，表笔位置错误扣 5 分，表笔极性错误扣 5 分，测量并联电路电压方法错误扣 5 分，读数错误扣 5 分		
		直流电流测量	25	挡位选错扣 5 分，量程选取不适合扣 5 分，表笔位置错误扣 5 分，表笔极性错误扣 5 分，测量串联电路电流方法错误扣 5 分，读数错误扣 5 分		
		电阻测量	17	挡位选错扣 5 分，量程选取不适合扣 4 分，表笔位置错误扣 4 分，读数错误扣 4 分		
		交流电压测量	17	挡位选错扣 5 分，量程选取不适合扣 4 分，表笔位置错误扣 4 分，读数错误扣 4 分		

序号	考核内容	考核要点	配分	考核标准	扣分	得分
3	安全及其他	按国家法规或企业规定	5	违规一次总分扣5分；严重违规停止操作		
		在规定时间内完成操作	5	每超过1 min总分扣5分，超时3 min停止操作		
4	合计		100			

单元测试题

姓名：　　　　　**班级：**　　　　　**学号：**　　　　　**成绩：**

一、填空题

1. 人体触电有＿＿＿＿＿＿和＿＿＿＿＿＿两类。

2. 人体触电的方式主要分为＿＿＿＿＿＿和＿＿＿＿＿＿。另外，高压电场、高频磁场、静电感应、雷击等也能对人体造成伤害。

3. 间接接触触电包括＿＿＿＿＿＿触电、＿＿＿＿＿＿触电等。

4. 决定触电伤害程度的因素有＿＿＿＿＿＿、＿＿＿＿＿＿、＿＿＿＿＿＿、＿＿＿＿＿＿、＿＿＿＿＿＿、＿＿＿＿＿＿。

5. 成年男性的平均感知电流约为＿＿＿＿＿＿mA，成年女性约为＿＿＿＿＿＿mA。

6. 人触电后能自主摆脱电源的最大电流，称为＿＿＿＿＿＿，成年男性的平均摆脱电流为＿＿＿＿＿＿mA，成年女性约为＿＿＿＿＿＿mA。

7. 在较短时间内引起触电者心室颤动而危及生命的最小电流，称为致命电流，一般通电 1 s 以上＿＿＿＿＿＿mA 的电流就足以致命。

8. ＿＿＿＿＿＿Hz 的交流电对人体危害最大。

9. 为了保障人身安全，避免发生触电事故，将电气设备在正常情况下不带电的金属部分与大地做电气连接，称为＿＿＿＿＿＿。它主要应用在＿＿＿＿＿＿的电力系统中。它的原理是利用＿＿＿＿＿＿的作用。

10. 在中性点不接地的 380/220 V 低压系统中，一般要求保护接地电阻 R_d 小于等于＿＿＿＿＿＿Ω。

11. 大接地短路电流（其值大于 500 A）接地电阻一般不超过＿＿＿＿＿＿Ω。

12. 把电气设备平时不带电的外露可导电部分与电源中性线连接起来，称为＿＿＿＿＿＿。它主要应用在＿＿＿＿＿＿的电力系统中。

13. 漏电断路器是一种高灵敏的控制电器，它与空气开关组装在一起，具有＿＿＿＿＿＿、＿＿＿＿＿＿、＿＿＿＿＿＿、＿＿＿＿＿＿等保护功能。

14. 常用的屏护装置有＿＿＿＿＿＿、＿＿＿＿＿＿、＿＿＿＿＿＿、＿＿＿＿＿＿。

15. 新标准下，我国交流电路三相线分别采用＿＿＿＿＿＿、＿＿＿＿＿＿和＿＿＿＿＿＿颜色标示。

16. 绝缘性能主要性能为＿＿＿＿＿＿和＿＿＿＿＿＿。

17. 绝缘材料的耐热等级有＿＿＿＿＿＿、＿＿＿＿＿＿、＿＿＿＿＿＿、＿＿＿＿＿＿、＿＿＿＿＿＿。

18. 脱离低压电源的方法可用＿＿＿＿＿＿、＿＿＿＿＿＿、＿＿＿＿＿＿等。

19. 验电器又称为试电笔，是用来＿＿＿＿＿＿、＿＿＿＿＿＿和＿＿＿＿＿＿是否带电的安全用具。除此之外还可以用来区分＿＿＿＿＿＿、＿＿＿＿＿＿。

20. 钢丝钳主要的用途是＿＿＿＿＿＿。

21. 剥线钳是用来_____的专用工具。它的手柄带有绝缘套,耐压(500 V)。

22. 电工刀是电工在安装和维修工作中用来_____的专用工具。

二、判断题

1. 安全用电是衡量一个国家用电水平的重要标志之一。 ( )

2. 触电事故的发生具有季节性。 ( )

3. 由于城市用电频繁,所以触电事故城市多于农村。 ( )

4. 电灼伤、电烙印和皮肤金属化属于电伤。 ( )

5. 跨步电压触电属于直接接触触电。 ( )

6. 两相触电比单相触电更危险。 ( )

7. 0.1 A 电流很小,不足以致命。 ( )

8. 交流电比同等强度的直流电更危险。 ( )

9. 在任何环境下,36 V 都是安全电压。 ( )

10. 因为零线比火线安全,所以开关大都安装在零线上。 ( )

11. 为使触电者气道畅通,可在触电者头部下面垫枕头。 ( )

12. 如果救护过程经历了 5 h,触电者仍然未醒,应该继续进行。 ( )

13. 触电者昏迷后,可以猛烈摇晃其身体,使之尽快复苏。 ( )

14. 电气设备必须具有一定的绝缘电阻。 ( )

15. 胸部按压的正确位置在人体胸部左侧,即心脏处。 ( )

16. 当触电者牙关紧闭时,可用口对鼻人工呼吸法。 ( )

17. 为了有效地防止设备漏电事故的发生,电气设备可采用接地和接零双重保护。 ( )

18. 在拉拽触电者脱离电源的过程中,救护人员应采用双手操作,保证受力均匀,帮助触电者顺利地脱离电源。 ( )

19. 触电者由于痉挛,手指紧握导线,可用干燥的木板垫在触电者身下,再采取其他办法切断电源。 ( )

20. 抢救时间超过 5 h,可认定触电者已死亡。 ( )

21. 防止电气设备如发电机、变压器免遭雷击应使用避雷针。 ( )

22. 避雷器可以防止高大建筑物免遭雷击。 ( )

23. 防止雷电侵入波可用接地保护。 ( )

24. 防止直击雷可用避雷针。 ( )

三、选择题

1. 在以接地电流入地点为圆心,( )m 为半径范围内行走的人,两脚之间承受的电压叫跨步电压。

A. 1 000   B. 100   C. 50   D. 20

2. 50 mA 电流属于( )。

A. 感知电流   B. 摆脱电流   C. 致命电流

3. 在下列电流路径中,最危险的是( )。

A. 左手→前胸   B. 左手→双脚   C. 右手→双脚   D. 左手→右手

4. 人体电阻一般情况下取( )考虑。

A. 1~10 Ω　　　　　B. 10~100 Ω　　　　　C. 1~2 kΩ　　　　　D. 10~20 kΩ

5. 下列导体色标，表示接地线的颜色是（　　　）。

A. 黄色　　　　　　B. 绿色　　　　　　C. 淡蓝　　　　　　D. 绿/黄双色

6. 检修工作时凡一经合闸就可送电到工作地点的断路器和隔离开关的操作手把上应悬挂：（　　　）。

A. 止步，高压危险！　　　　　　　　　B. 禁止合闸，有人工作！

C. 禁止攀登，高压危险！　　　　　　　D. 在此工作！

7. 低压照明灯在潮湿场所、金属容器内使用时应采用（　　　）安全电压。

A. 380 V　　　　　　　　　　　　　　B. 220 V

C. 等于或小于 36 V　　　　　　　　　D. 大于 36 V

8. 电器运行中发生火灾的直接原因是（　　　）。

A. 电流的热量和电火花或电弧　　　　　B. 电气设备绝缘老化

C. 电气设备绝缘被击穿

9. 电气设备发生短路、过负荷、接触不良、电火花等是造成电气设备发生（　　　）的主要原因。

A. 停电　　　　　　B. 电气火灾　　　　　C. 漏电　　　　　D. 短路

10. 在有粉尘或爆炸性混合物的场所内，电气设备外壳温度一般不越过（　　　）℃。

A. 65　　　　　　　B. 70　　　　　　　C. 100　　　　　　D. 125

11. 爆炸和火灾危险场所内的电气设备，应有（　　　）保护装置。

A. 过负荷和短路　　B. 过负荷　　　　　C. 短路　　　　　D. 漏电

12. 在爆炸危险场所，为了缩短短路故障持续时间，其最小单相短路电流不得小于该段线路熔断器额定电流的（　　　）倍。

A. 3　　　　　　　　B. 4　　　　　　　C. 5　　　　　　　D. 6

13. 带电灭火时应采用（　　　）灭火。

A. 泡沫灭火剂　　　B. 水　　　　　　　C. 1211 灭火剂

14. 发电机和电动机等旋转电气设备起火时，不宜选用（　　　）进行灭火。

A. 1211 灭火器　　B. 喷雾水　　　　　C. 干粉或砂子　　　D. 四氯化碳

15. 为了使电力设备免受雷电侵入波的危害应采用（　　　）进行保护。

A. 避雷针　　　　　B. 接地装置　　　　C. 避雷器　　　　　D. 接闪器

16. 为了使建筑物和构筑物免受直击雷的危害应采用（　　　）进行保护。

A. 避雷针　　　　　B. 接地　　　　　　C. 避雷器　　　　　D. 阀型避雷器

17. 防直击雷的接地电阻，对于第一类工业和第一类民用建筑物和构筑物，其大小不得大于（　　　）Ω。

A. 4　　　　　　　　B. 10　　　　　　　C. 30　　　　　　　D. 50

18. 万用表在使用时，必须（　　　），以免造成误差。同时，还要注意避免外界磁场对万用表的影响。

A. 水平放置　　　　B. 垂直放置　　　　C. 侧斜放置

19. 万用表使用完毕，应将转换开关置于（　　　）的最大挡。

A. 交流电流　　　　B. 交流电压　　　　C. 随便都可以

20. 选择合适的量程挡位，如果不能确定被测量的电流时，应该选择（　　）去测量。

A. 任意量程　　　　　　B. 小量程　　　　　　C. 大量程

21. 电流通过人体的任何一个部位都可能致人死亡，以下电流路径，最危险的是（　　），次危险的是（　　），危险性最小的是（　　）。

A. 右手到脚　　　　　　B. 一只脚到另一只脚　C. 左手到前胸

22. 同杆架设多种线路时，线路从上到下架设的顺序为（　　）。

A. 通信线路　　　　　　B. 高压线路　　　　　　C. 低压线路

四、简答题

1. 什么叫安全电压？安全电压分为哪些等级？

2. 如何应急处置触电事故？

3. 使用万用表时应该注意什么问题？

项目 2

直流电路的分析

模块 2.1　认识直流电路

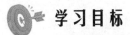 **学习目标**

1. 了解电路的基本组成。
2. 会识读基本的电气符号和简单的电路图。
3. 理解电路中电流、电压、电位的概念。
4. 理解电路中电动势、电能、电功率的概念。

电路及基本物理量

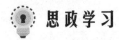 **建议学时**

4 学时

思政学习

千里之行始于足下

在信息化工业化高度发展的过程中，现在日常生活中人们所接触的各类电路很多，如家用电器：电磁炉、微波炉、电饭煲、电冰箱、空调、电吹风、无线通信工具等，这些电器因正常运行，需要其内部有不同的交直流电路，而家庭生活必备的手电筒则是最简单的直流电路。无论是由交流电路还是直流电路构成的电气设备、电子设备，都要了解它的使用电压、功率、电流等基本参数，因为了解了它们的基本参数才能合理的使用。目前成功着陆火星的天问一号和"祝融号"，登陆器包括雷达、通信导航与识别、大气数据等系统。从简单的登陆器照明电路到复杂的登陆器供电系统；从单个的机载通话设备到卫星通信网络，它们都是由电路元器件构成的，如电源、电阻、电容、电感、变压器、集成电路等元器件。它们同样也需要研究参考方向、电气设备额定值、功率、参考电位等问题。通过这些直流电路的概念学习，为复杂的电路分析方法作最基础研究。同样也是因为基础研究做好了才让华为通信科学技术、大疆创新科技、阿里巴巴、科大讯飞、富士康、比亚迪等企业科技位列全球前茅。

2.1.1　电路与电路模型

1. 电路及电路组成

电路，简单地说就是电流的通路，是为实现和完成人们的某种需求，由电源、导线、开关及负载等电气设备或元器件组合起来，能使电流流通的整体。电路的作用主要有两方面：一是能实现电能的传输、分配和转换，如图 2-1 所示；二是能实现信号的传递和处理，如图 2-2 所示。

电路的脾气——
开路、断路、负载

图 2-1　电路的传输、分配和转换　　　　　**图 2-2　信号的传递和处理**

电流流过的路径就是电路，例如把一个灯泡通过开关、导线和干电池连接起来，就组成了日常生活中最常见的手电筒电路，如图 2-3 所示，在这个电路中，把开关合上，电路中就有电流通过，灯泡点亮。

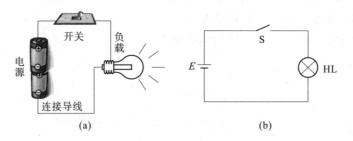

图 2-3　电路的组成

（a）示意图；（b）电路图

任何一个完整的实际电路，不论其结构和作用如何，通常都是由电源、负载和中间环节等基本部分组成。

1）电源

电源是提供电能的设备，它把其他形式的能转换为电能。例如，发电机、蓄电池、光电池等都是电源。发电机是将机械能转换成电能，蓄电池是将化学能转换成电能，光电池是将光能转换成电能。

2）负载

负载是消耗电能的装置，它把电能转换成其他形式的能量。例如，电灯泡、电炉、电动机等都是负载。电灯泡是将电能转换成光能，电炉是将电能转换成热能，电动机是将电能转换成机械能。

3）中间环节

中间环节是连接电源与负载的部分，它起到传输、分配和控制电路的作用。常见的中间环节有开关和导线，此外还有变压器、放大器等设备。

2. 电路模型及电路图

如图 2-3 （a）所示，用电气设备的实物图形表示实际电路。它的优点是很直观，但画的时候很复杂，不方便对电路进行分析研究。因此，我们在分析电路时，将要分析的电路抽象为理想化的模型，用规定的图形符号表示，如图 2-3 （b）所示。这种理想化的模型就是电路图。理想化的电路模型里所使用的理想化的电路元件有很多种，图 2-4 所示为几种常用的电路元件的电路符号。

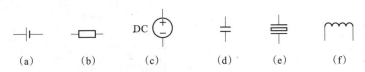

图 2-4   几种常用的电路元件的电路符号

（a）电源；（b）电阻；（c）直流电源；（d）电容；（e）晶体；（f）电感

2.1.2   电路的工作状态和电气设备的额定值

在照明电路中，用开关可以控制灯的亮灭；当直流电源（交流电路中为零线和火线）的正负极不经过用电器直接接在一起时，就会发生事故。几种常见现象，对应了电路的三种工作状态：通路（有载工作）状态、开路（断路）状态和短路状态。在日常生活中，各种电气设备和电路元件都在铭牌或外壳上标有额定值，只有按额定值使用，即处于额定工作状态，电气设备和电路元件的运行才能安全可靠，使用寿命才会长。

1. 电路的工作状态

1）通路

电路的通路状态，即电路的有载工作状态，如图 2-3 所示，当开关闭合时，电路中电源和负载相连通形成电流通路。需要特别注意的是，处于通路状态的各种电气设备的电压、电流和功率等数值不能超过其额定值。

2）开路

开路也称为断路，是指电源与负载未接成闭合电路时的工作状态，这时电路的特点是开路处电流为零，图 2-3 中开关断开时即为开路状态，此时开路处的端电压为电源的电动势。在实际电路中，电气设备与电气设备之间、电气设备与导线之间连接时的接触不良也会使电路处于开路状态。

3）短路

短路是指电源未经负载而直接由导线（导体）构成通路时的工作状态，如图 2-5 所示。电源处于短路状态时的特点是，短路处电压为零。此时，电路中流过的电流远大于正常工作时的电流，可能会烧坏电源和其他设备，所以，应严防电路发生短路。

实际电路中产生短路的原因大多是绝缘部分损坏或接线不良，因此，应经常检查电气设备和线路的绝缘情况。通常在电路中接入熔断器或自动断路器，起到短路保护作用。

2. 电气设备的额定值

电气设备的额定值，表示的是电气设备的正常工作条件、状态和容量。在电路中，各种电气设备和电路元件都有额定值，只有按额定值使用，即处于额定工作状态，电气设备和电路元件的运行才能安全可靠，使用寿命才会长；设备在超过额定工作状态下运行，会使设备发热、温度过高，降低使用寿命，甚至发生事故；设备在低于额定工作状态下运行，设备不仅未被充分利用，还会出现工作不正常的情况（如照明灯具亮度不足、电动机转速过低等），严重时也会损坏设备，发生事故。所以，生产厂家都会在电气设备和电路元件的铭牌或外壳上明确标出其额定数据，如额定电压 U_N、额定电流 I_N 和额定功率 P_N 等，如图 2-6 所示。

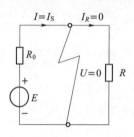

图 2-5 电路短路示意图

图 2-6 设备的铭牌

额定电压——电气设备或元器件在正常工作条件下允许施加的最大电压。

额定电流——电气设备或元器件在正常工作条件下允许通过的最大电流。

额定功率——在额定电压和额定电流下消耗的功率，即允许消耗的最大功率。

额定工作状态——电气设备或元器件在额定功率下的工作状态，也称满载状态。

轻载状态——电气设备或元器件在低于额定功率的工作状态，轻载时电气设备不能得到充分利用或根本无法正常工作。

过载（超载）状态——电气设备或元器件在高于额定功率的工作状态，过载时电气设备很容易被烧坏或造成严重事故。

轻载和过载都是不正常的工作状态，一般是不允许出现的。

2.1.3 电流、电压及电动势

1. 电流的形成

电流是由电荷的定向移动形成的。在金属导体中，电子在外电场作用下有规则地运动就形成了电流。而在某些液体或气体中，电流则是由正离子或负离子在电场作用下有规则的运动而形成的。

2. 电流的方向

在不同的导电物质中，形成电流的运动电荷可能是正电荷，也可能是负电荷，甚至两者都有。我们一般把正电荷移动的方向规定为正方向。

在分析电路时，常常要确定电流的方向。但在复杂电路里，电流的流通方向通常难以确定，此时，可以先假定电流的方向，然后进行电路分析。当我们求的电流值为正时，表示实际电流方向与假定的电流方向一致，如图 2-7（a）所示；当求得的电流值为负时，表示实际电流方向与假定的电流方向相反，如图 2-7（b）所示。这个假定的方向我们称之为参考方向。

3. 电流的大小

电流的大小也就是电流的值，取决于在一定时间内通过导体横截面电荷量的多少。在

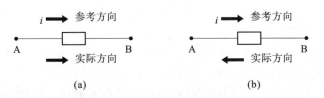

图 2-7 电流的方向

（a）电流方向与参考方向一致；（b）电流方向与参考方向相反

相同时间内通过导体横截面的电荷量越多，表示流过该导体的电流越强，反之越弱。

通常用单位时间内通过导体横截面的电荷量来表示电流的大小，对于直流电我们用字母"I"来表示。电流的公式为

$$I = \frac{q}{t} \tag{2-1}$$

电流的单位是安培，简称安，用符号"A"表示。电流常用的单位还有千安（kA）、毫安（mA）和微安（μA），其换算关系为

$$1 \text{ kA} = 1 \times 10^3 \text{ A}$$
$$1 \text{ A} = 1 \times 10^3 \text{ mA}$$
$$1 \text{ mA} = 1 \times 10^3 \text{ μA}$$

电流分直流和交流两大类。大小和方向都不随时间变化的电流，称为直流（简写为 DC）；大小和方向都随时间变化的电流，称为交流（简写为 AC）。

交流电的大小是随时间变化的，可以在一个很短的时间 Δt 内研究它的大小。在时间 Δt 内，若通过导体横截面的电荷量是 Δq，则瞬时电流强度为

$$i = \frac{\Delta q}{\Delta t} \tag{2-2}$$

一个实际电路中电流的大小可以用电流表（安培表）进行测量，测量时应注意以下几点。

对交、直流电流应分别采用交流电流表和直流电流表进行测量。

电流表必须串联在被测的电路中。直流电流表壳接线柱上标明的"+""-"号，应和电路的极性相一致，不能接错，否则指针反偏过久会损坏电流表，影响正常测量。直流电流表的接法如图 2-8 所示。合理选择电流表的量程，如果量程选用不当，例如，小量程测大电流，就会烧坏电流表；若用大量程测小电流，就会影响测量的准确度。测量时，一般要先估计被测电流的大小，再选择电流表的量程。若测量值无法估计，可先用电流表的最大量程挡，若指针偏转不到 1/3 刻度时，再改用较小量程去测量，直到测得正确数值为止。

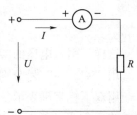

图 2-8 直流电流表的接法

4. 电压的基本概念

电压是用来衡量电场力对电荷做功能力大小的物理量。电路中 A、B 两点之间的电压在数值上等于电场力把单位正电荷从 A 点移动到 B 点所做的功。若电场力移动的电荷量为 q，所做的功为 W，那么 A 与 B 之间的电压为

$$U_{AB} = \frac{W}{q} \qquad\qquad (2-3)$$

式中，W 是电场力把正电荷从 A 点移到 B 点所做的功（单位为 J）；q 为被移动的正电荷的电荷量（单位为 C）；U_{AB} 为 A、B 两点之间的电压。

在直流电路中，任意两点的电压一般不随时间变化而变化，其值恒定，称为恒定电压或直流电压，用大写字母 "U" 表示。在交流电路中，任意两点之间的电压随时间变化而变化。

电压的单位为伏特，简称伏，用符号 "V" 表示。电压常用的单位还有千伏（kV）、毫伏（mV）和微伏（μV），其换算关系为

$$1 \text{ kV} = 1 \times 10^3 \text{ V}$$
$$1 \text{ V} = 1 \times 10^3 \text{ mV}$$
$$1 \text{ mV} = 1 \times 10^3 \text{ μV}$$

电压与电流一样，也分为直流和交流两大类。直流电压有正负极之分，而交流电压因方向随时间改变，无正负极之分。

5. 电压的方向

如果正电荷从 A 点移动到 B 点失去能量，则电位降低，即 A 点的电位高于 B 点；反之，A 点的电位低于 B 点。规定电压的实际方向为高电位点指向低电位点。

在分析电路时，和电流一样，在未知电压方向的情况下，要对电压规定假定参考方向。如图 2-9 所示电路，规定 A 为高电位点，用 "+" 表示，B 为低电位点，用 "−" 表示，即选取该段电路电压的参考方向从 A 指向 B。当电压的实际方向与参考方向一致时，电压为正值，如图 2-9（a）所示；反之，电压为负值，如图 2-9（b）所示。

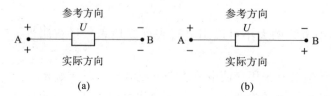

图 2-9　电压参考方向与实际方向的关系

（a）$U>0$；（b）$U<0$

这样，引入电压的参考方向后，电压作为一个代数量，它的表示方法有以下两种：

用 "+" "−" 号分别表示假设的高电位点和低电位点。

用双下标字母表示，如 U_{AB}，第一个下标字母 A 表示假设的高电位点，第二个下标字母 B 表示假设的低电位点。

例 2-1　在如图 2-10 所示的电路中，方框泛指电路中的一般元件，试分别指出图中各电压的实际极性。

解： 各电压的实际极性为：

图 2-10（a）中，上面的端点为高电位，因 $U = 30$ V>0，故电压参考方向与实际方向相同。

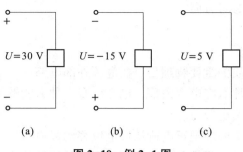

图 2-10 例 2-1 图

图 2-10（b）中，下面的端点为高电位，因 $U=-15$ V<0，故电压参考方向与实际方向相反。

图 2-10（c）中，虽然 $U=5$ V>0，但图中没有规定参考方向，故无法确定。

6. 电压的测量

电路中任意两点之间的电压大小，可用电压表进行测量，测量时应注意以下几点：

对交、直流电压应分别使用交流电压表和直流电压表。

电压表必须并联在被测电路的两端。

直流电压表测量表笔接线柱上标明的"+""−"号应和被测两点的电位相一致，即"+"端接高电位，"−"端接低电位，不能接错，否则指针反偏会损坏电压表。直流电压表的接法如图 2-11 所示。

合理选择电压表的量程，其方法和电流表相同。

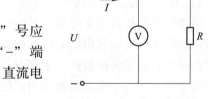

图 2-11 直流电压表的接法

7. 关联与非关联参考方向

在电路分析中，电流和电压的参考方向都是人为指定的，彼此之间互不相关。而在我们分析电路时，若电流和电压选取的参考方向相同，即电流由电源的正极流向负极，此时称为关联参考方向，如图 2-12（a）所示；反之，则为非关联参考方向，如图 2-12（b）所示。

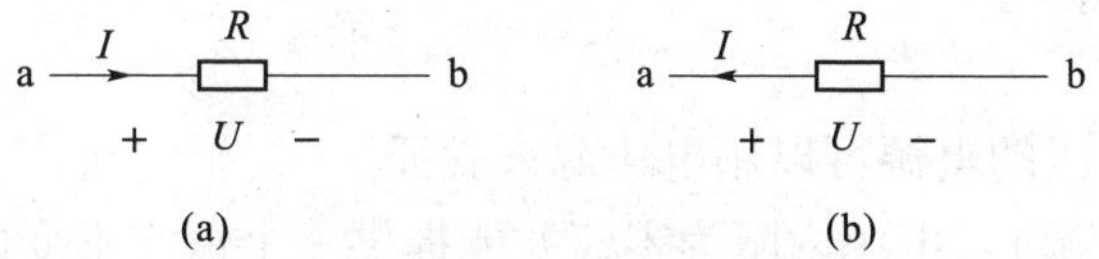

图 2-12 电流、电压的关联与非关联参考方向

（a）关联参考方向；（b）非关联参考方向

为了分析方便，对于同一段电路的电流和电压，我们往往采取关联参考方向。

电流、电压参考方向的几点说明如下：

电流、电压的实际方向是客观存在的，有时可以确定，有时难以确定。它们的参考方向是由于计算需要人为确定的，在电路分析计算过程中，以参考方向为基础。

同一段电路中电流参考方向选择不同，其数值相等但符号相反，电压的情况也一样，因此电流值、电压值的正负只有在选定参考方向的情况下才有意义。在电路分析和计算中，必须先标出电流和电压的参考方向，才能进行分析和计算。为了方便分析电路，电路上的电流和电压一般选择关联参考方向。

8. 电动势

1）电动势的基本概念

电动势是描述电源性质的重要物理量。在电源外部电路中，电场力把正电荷由高电位通过负载移动到低电位，那么在电源内部，也必定有一种力能够不断地把正电荷从低电位移到高电位，这个力称之为电源力。

在电源内部，电源力不断地把正电荷从低电位移到高电位。在这个过程中，电源力要反抗电场力做功，这个做功过程就是电源将其他形式的能转化为电能的过程。我们把这种衡量电源力做功能力大小的物理量称为电源电动势。

在电源内部，电源力把正电荷从低电位（负极）移到高电位（正极）反抗电场力做的功 W 与被移动电荷量 q 的比值就是电源电动势，用公式表示为

$$E = \frac{W}{q} \tag{2-4}$$

式中，E 为电源电动势，单位为伏特（V）。

2）电动势的参考方向

电动势的作用是把正电荷从低电位移动到高电位点，使正电荷的电势能增加，所以规定电动势的实际方向是由低电位指向高电位，即从电源的负极指向电源的正极。在电路中，电源的极性和电动势的数值一般都是已知的，所以一般电动势的参考方向都取与实际方向相同的方向，即由电源的负极指向正极。

3）电源端电压与电动势的关系

（1）电源端电压 U 反映的是电场力在外电路将正电荷由电源正极移向电源负极做功的能力。电动势反映的是电源内部电源力将正电荷由负极移向正极做功的能力，即电源将其他形式的能转化为电能的能力。

（2）若不考虑电源内耗，则电源电动势在数值上与它的端电压相等，但实际方向却相反，即 $E = -U$。

9. 电压源与电流源

1）电压源

为电路提供一定电压的电源可以用电压源来表征。

理想电压源（恒压源）：电源内阻为零，并能提供一个恒定不变的电压，所以也称为恒压源，如图 2-13（a）所示。

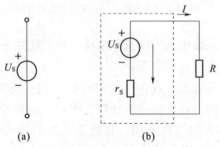

（a）   （b）

图 2-13 电压源

（a）理想电压源；（b）实际电压源

恒压源的两个特点：

（1）提供给负载的电压恒定不变；

（2）提供给负载的电流可任意。

实际电压源：可以用一个电阻（相当于内阻）与一个理想的电压源串联来等效。它提供的端电压受负载影响，如图 2-13（b）所示。

2）电流源

为电路提供一定电流的电源可用电流源来表征。

理想电流源（恒流源）：电源的内阻为无穷大，并能提供一个恒定不变的电源，所以也称为恒流源，如图 2-14（a）所示。

恒流源的两个特点：

（1）提供给负载的电流是恒定不变的；

（2）提供给负载的电压是任意的。

实际电流源：实际上电源的内阻不可能为无穷大，可以把理想电流源与一个内阻并联的组合等效为一个电流源，如图 2-14（b）所示。

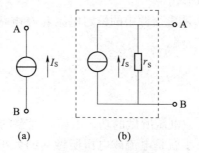

图 2-14　电流源

（a）理想电流源；（b）实际电流源

3）两种电源模型的等效变换

讨论问题：两种电源模型等效变换的条件是什么？

对外电路，只要负载上的电压与流过的电流是相等的，则两个不同的电源等效，如图 2-15 所示。

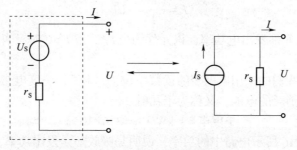

图 2-15　电源模型的等效变换图

$$r_0 = r_S; I_S = \frac{E}{r_0} = \frac{E}{r_S} \Longleftrightarrow E = I_S \times r_S \tag{2-5}$$

或者

（1）电压源等效为电流源：

$$I_S = \frac{E}{r_0} \qquad r_S = r_0 \tag{2-6}$$

（2）电流源等效为电压源：

$$E = I_S r_S \qquad r_0 = r_S \tag{2-7}$$

即：内阻相等，电流源的恒定电流等于电压源的短路电流；或电压源的恒定电压等于电流源的开路电压。

在进行电源的等效变换时必须注意：

（1）电压源与电流源的等效变换只是对外电路而言，两种电源内部并不等效。

（2）由于理想电压源的内阻定义为零，理想电流源的内阻定义为无穷大，因此两者之间不能进行等效变换。

（3）电源等效的方法可以推广运用，如果理想电压源与外接电阻串联，可把外接电阻看做电源内阻，即可互换为电流源形式。如果理想电流源与外接电阻并联，可把外接电阻看做电源内阻，互换为电压源形式。

（4）电压源中的电动势 E 和电流源中的恒定电流 I_S 在电路中应保持方向一致，即 I_S 的方向从 E 的"−"端指向"+"端。

2.1.4 电功与电功率

电功，简单地说就是电流或电压所做的功。电路在通路的情况下负载与电源之间会发生能量的转换，能量转换的大小就是电流或电压所做功的大小，用符号"W"表示，单位为焦耳（J）。能量转换的速率就是电功率，即单位时间内负载吸收或电源释放的电能，简称为功率。功率用符号"P"表示，单位为瓦（W）。在电流、电压关联参考方向下，功率的计算公式为

$$P = \frac{W}{t} = UI \tag{2-8}$$

在非关联参考方向下，功率的计算公式为

$$P = -\frac{W}{t} = -UI \tag{2-9}$$

当 $P<0$ 时，表示元件发出电功率，该元件为电源；当 $P>0$ 时，表示元件消耗（吸收）功率，该元件为负载。

在日常生活中，我们的家用电度表的读数单位为"度"，一度电是指电功率为 1 kW 的用电器使用 1 小时所消耗的电能，又称为千瓦时。

$$1\ 度电 = 1\ kW \cdot h = 3.6 \times 10^6\ J$$

例 2-2 求图 2-16 所示电路中的功率，说明是吸收还是发出功率，并判断元件类型。

解：（1）图 2-16（a）中，电流与电压为关联参考方向，故

$$P = UI = 5 \times 2 = 10\ (W) > 0$$

电路吸收功率，元件为负载。

（2）图 2-16（b）中，电流与电压为非关联参考方向，故

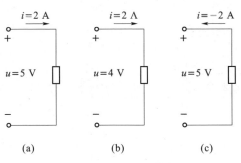

图 2-16 例 2-2 图

$$P = -UI = -(4×2) = -8 \ (W) < 0$$

电路发出功率，元件为电源。

图 2-16（c）中，电流与电压为非关联参考方向，故

$$P = -UI = -[5×(-2)] = 10 \ (W) > 0$$

电路为吸收功率，元件为负载。

2.1.5 学以致用

家用电器（如电灯泡、电烙铁、电磁炉）上都标明了额定电流、额定电压和额定功率，表示电气设备所允许的最大电流、最大电压和最大功率。如一只灯泡上标明"220 V　40 W"，说明这只灯泡接 220 V 电压，消耗功率为 40 W。若所接电压超过 220 V，灯泡消耗的功率将大于 40 W，可能会将灯泡烧坏；若所接电压低于 220 V，灯泡消耗功率小于 40 W，灯泡亮度较暗，不能正常使用。所以在实际设计装配电路时，不仅应按所需电阻值大小来选择电阻，还应根据电阻所消耗的功率适当选择电阻额定功率，一般额定功率应比实际消耗的功率大 1.5~2 倍，以保证元器件的可靠、耐用。

想一想做一做

1. 某用电器的电功率为 100 W，它正常工作 1 h 消耗的电能是＿＿＿＿kW·h；另一个用电器正常工作 40 h，消耗的电能是＿＿＿＿kW·h，则它的电功率是＿＿＿＿W；1 度电可以让"220 V　40 W"的灯泡正常工作＿＿＿＿h。

2. 如果有一个直流电源设备 400 V、功率 4 000 W，人体接触到它的正负极，请问安全吗？

3. 据《南国早报》7 月 7 日报道：我市大学西路开灯时间为晚上 7 时至次日早上 7 时，夏季天亮时间较早，每天早上 6 时天已大亮，还开着这么多路灯，真是太浪费了。有热心的市民到现场了解，大学西路共有路灯 116 盏，设每盏灯功率为 200 W，按每天少开 1.5 h 来计算，每天节约用电＿＿＿＿kW·h，按 0.5 元/（kW·h）的电费计算，每天能节约电费＿＿＿＿元。

模块 2.2　电阻、电感和电容元件

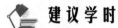 学习目标

1. 掌握电阻、电容、电感等常用电子元器件的作用、分类和标示。
2. 掌握电阻、电容、电感等常用电子元器件的测量方法。

电阻电容电感

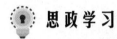 建议学时

2 学时

思政学习

克服阻力、容纳天下、感动世界

2020 年早春，一场突如其来的新冠肺炎疫情袭击了华夏大地，口罩下的中国人成为庚子年最突出的剪影。在这次疫情中，我们展示了无与伦比的动员力量，短时间内建起两所千张病床医院，可容纳数万人的、一系列方舱医院。全国调拨 2 万名专业医护人员，海陆空运送。封闭了千万级人口的城市，同时克服阻力还能保障基本供应。

中国抗击疫情中克服各种阻力把口罩生产能力大大提升，满足了中国的需求，而且为世界各国提供了大量口罩及抗击疫情所需的呼吸机。世界卫生组织将中国国药集团中国生物北京生物制品研究所研发的新冠疫苗列入紧急使用清单。这不仅丰富了全球新冠疫苗实施计划可采购疫苗的种类，而且为各国加快本国审批进程、进口和管理疫苗提供了信心。中国推进新冠疫苗作为全球公共产品特别是在发展中国家的可及性和可负担性的努力，又迈出了重要一步。中国的无偿奉献，做到了国强则容纳天下的心态。为控制疫情的严峻局面共产党带领广大人民群众克服各种阻力，取得了抗击疫情的重大成果。

理论知识

电阻元件、电感元件、电容元件都是理想的电路元件，它们均不发出电能，称为无源元件。它们有线性和非线性之分，线性元件的参数为常数，与所施加的电压和电流无关。本节主要分析讨论线性电阻、电感、电容元件的特性。

2.2.1　电阻元件

电阻是一种最常见的、用于反映电流热效应的二端电路元件。电阻元件可分为线性电阻和非线性电阻两类，如无特殊说明，本书所称的电阻元件均指线性电阻元件。在实际交流电路中，像白炽灯、电阻炉、电烙铁等，均可看成是线性电阻元件。图 2-17（a）所示为线性电阻的符号，在电压、电流关联参考方向下，其伏安特性为

$$u = Ri \qquad (2-10)$$

式中，R 为常数，用来表示电阻及其数值。

式（2-10）表明，凡是服从欧姆定律的元件即是线性电阻元件。图 2-17（b）所示为电阻元件的伏安特性曲线。若电压、电流在非关联参考方向下，伏安特性应写成：

$$u = -Ri \qquad (2-11)$$

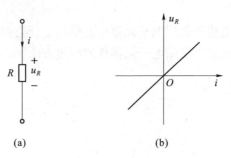

（a）　　　　　　　　　　　　（b）

图 2-17　电阻元件及其伏安特性曲线

（a）电阻元件；（b）伏安特性曲线

在国际单位制中，电阻的单位是欧姆（Ω），规定当电阻电压为 1 V、电流为 1 A 时的电阻值为 1 Ω。此外电阻的单位还有千欧（kΩ）、兆欧（MΩ）。电阻的倒数称为电导，用符号 G 来表示，即

$$G = \frac{1}{R} \qquad (2-12)$$

电导的单位是西门子（S），或 1/欧姆（1/Ω）。

电阻是一种耗能元件，当电阻通过电流时会把电能转换为热能。而热能向周围扩散后，不可能再直接回到电源而转换为电能。电阻所吸收并消耗的电功率可由式（2-13）计算得到：

$$p = ui = i^2R = \frac{u^2}{R} \qquad (2-13)$$

一般地，电路消耗或发出的电能可由以下公式计算：

$$W = \int_{t_0}^{t} uidt \qquad (2-14)$$

在直流电路中：

$$P = UI = I^2R = \frac{U^2}{R} \qquad (2-15)$$

$$W = UI(t - t_0) \qquad (2-16)$$

2.2.2　电感元件

由于电感是由美国的科学家约瑟夫·亨利发现的，所以电感的单位就是"亨利"。电感单位：亨（H）、毫亨（mH）、微亨（μH）、纳亨（nH），它们的换算关系为

$$1 \ H = 10^3 \ mH \qquad 1 \ mH = 10^3 \ \mu H$$

电感元件是实际的电感线圈，即电路元件内部所含电感效应的抽象，它能够存储和释放磁场能量。空心电感线圈常可抽象为线性电感，用图 2-18 所示的符号表示。

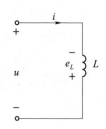

$$u = -e_L = L\frac{\mathrm{d}i}{\mathrm{d}t} \tag{2-17}$$

式（2-17）表明，电感元件上任一瞬间的电压大小，与这一瞬间电流对时间的变化率成正比。如果电感元件中通过的是直流电流，因电流的大小不变，即 $\mathrm{d}i/\mathrm{d}t = 0$，那么电感上的电压就为零，所以电感元件对直流可视为短路。

图 2-18　电感元件

在关联参考方向下，电感元件吸收的功率为

$$p = ui = Li\frac{\mathrm{d}i}{\mathrm{d}t} \tag{2-18}$$

当电流增大，$p>0$，电感吸收功率；当电流减小，$p<0$，电感发出功率。电感线圈在 $(0\sim t)$ 时间内，线圈中的电流由 0 变化到 I 时，吸收的能量为

$$W = \int_0^t p\mathrm{d}t = \int_0^I Li\mathrm{d}i = \frac{1}{2}LI^2 \tag{2-19}$$

即电感元件在一段时间内储存的能量与其电流的平方成正比。当通过电感的电流增加时，电感元件就将电能转换为磁能并储存在磁场中；当通过电感的电流减小时，电感元件就将储存的磁能转换为电能释放给电源。所以，电感是一种储能元件，它以磁场能量的形式储能，同时电感元件也不会释放出它多余吸收或储存的能量，因此它是一个无源的储能元件，它本身不消耗能量。

2.2.3　电容元件

电容单位是法拉，简称"法"，此单位是以发现电磁感应现象的英国物理学家迈克尔·法拉第的名字而命名的。1837 年他发现电介质对静电过程的影响，提出了以近距"邻接"作用为基础的静电感应理论。

电容单位换算：法（F）、毫法（mF）、微法（μF）、纳法（nF）、皮法（pF）。

$$1\ \mathrm{F} = 10^3\ \mathrm{mF} = 10^6\ \mathrm{\mu F} = 10^9\ \mathrm{nF} = 10^{12}\ \mathrm{pF}$$

电容种类很多，但从结构上都可看成是由中间夹有绝缘材料的两块金属极板构成的。电容元件是实际的电容器即电路器件的电容效应的抽象，用于反映带电导体周围存在电场，能够储存和释放电场能量的理想化的电路元件。它的符号及规定的电压和电流参考方向如图 2-19 所示。

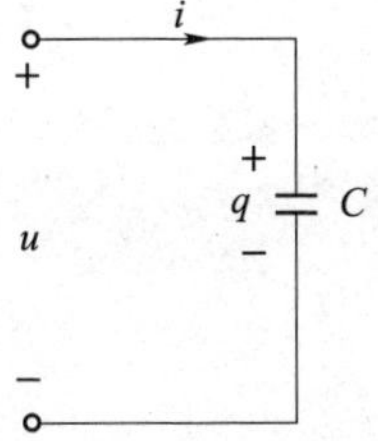

当电容接上交流电压 u 时，电容不断被充电、放电，极板上的电荷也随之变化，电路中出现了电荷的移动，形成电流 i。若 u、i 为关联参考方向，则有

图 2-19　电容元件

$$i = \frac{\mathrm{d}q}{\mathrm{d}t} = C\frac{\mathrm{d}i}{\mathrm{d}t} \tag{2-20}$$

式（2-20）表明，电容的电流与电压对时间的变化率成正比。如果电容两端加直流电压，因电压的大小不变，即 $du/dt = 0$，那么电容的电流就为零，所以电容元件对直流可视为断路，因此电容具有"隔直通交"的作用。

在关联参考方向下，电容元件吸收的功率为

$$p = ui = uC \frac{du}{dt} = Cu \frac{du}{dt} \qquad (2-21)$$

则电容器在（0~t）时间内，其两端电压由 0 V 增大到 U 时，吸收的能量为

$$W = \int_0^t p\,dt = \int_0^U Cu\,du = \frac{1}{2}CU^2 \qquad (2-22)$$

式（2-22）表明，对于同一个电容元件，当电场电压高时，它储存的能量就多；对于不同的电容元件，当充电电压一定时，电容量大的储存的能量多。从这个意义上说，电容 C 也是电容元件储能本领大小的标志。

当电压的绝对值增大时，电容元件吸收能量，并转换为电场能量；当电压减小时，电容元件释放电场能量。电容元件本身不消耗能量，同时也不会放出它多余吸收或储存的能量，因此电容元件也是一种无源的储能元件。

想－想做－做

1. 用万用表欧姆挡检测电容好坏时，如表针始终处在 0 Ω 处，则表示（　　　）。

A. 电容是好的   B. 电容已被击穿

C. 电容内部引线已断   D. 电容漏电

2. 把两个耐压值为 63 V，电容量分别为 $C = 60\ \mu F$、$C = 30\ \mu F$ 的两个电容器串联后，接于 90 V 直流电源上，其等效电容量 C 为_____，C 的工作电压为_____ V。（　　　）

A. 90 μF/60 V   B. 20 μF/30 V   C. 90 μF/30 V   D. 20 μF/60 V

3. 下列元件中，纯属于耗能元件或电器的是（　　　）。

A. 电容   B. 电感   C. 电阻   D. 变压器

模块 2.3　电阻串联、并联

电路地图——串并联
及混联电路分析

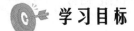 学习目标

1. 通过实验和推导理解串联电路和并联电路的等效电阻和计算公式。

2. 会利用串联、并联电路的知识，解答和计算简单的电路问题。

电路计算必备神器　　电路的串联、
——欧姆定律　　　　并联正式版

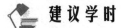 建议学时

2 学时

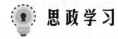 思政学习

因事制宜，定能事半功倍

这是一个凉爽的夜晚，你和家人一起沿着巷口码头漫步，夜色黑暗，前方的水面却很明亮，成千上万盏电灯勾勒出轮船高大的轮廓，构成了一幅美丽的风景画。走近时，你会发现有些电灯已熄灭了，而其余的灯还亮着。一盏电灯熄灭了，其余的灯为什么还会亮呢？这个问题的答案涉及电路的连接方法。电路连接有两种基本方法：串联和并联。串联电路：如果一个电路中所有元件逐个顺次加以连接，这个电路就是串联电路，在串联电路中，电流只有一条通路。开关和它所控制的电气设备都是以串联的方式连接在一起的。并联电路：轮船上的电灯能否用串联方法来连接呢？不可以，因为如果所有电灯串联连接，那么当一盏灯烧坏时，其余所有的灯都要同时熄灭。然而，你看到的是少数几盏灯烧坏，其余的灯却都亮着，说明轮船上的灯是用并联方式连接的。在并联电路中，电路的不同部分在各自独立的分支上。在并联电路中，电流有好几条路径可通过，通过本节课的学习，为下节电阻混联电路化简学习打下基础。通过课程学习，让我们明白在日常生活中做事情要因事制宜，不同的事情有不同的处理办法，这样事情的成功率才高。

理论学习

2.3.1　欧姆定律

欧姆定律是电路分析中的基本定律之一，是用来确定电路各部分电压与电流关系的。

1. 部分电路的欧姆定律

在一段不包括电源的电路中，电路中的电流 I 与加在这段电路两端的电压 U 成正比，与这段电路的电阻成反比，这一结论称为欧姆定律，它揭示了一段电路中电阻、电压和电流之间的关系。

图 2-20 所示为一段电阻电路，标出了电流、电压的参考方向，则 I、U、R 三者之间满足关系

$$I = \frac{U}{R} \tag{2-23}$$

式中，I 为电路中的电流（A）；U 为电路两端的电压（V）；R 为电路的电阻（Ω）。

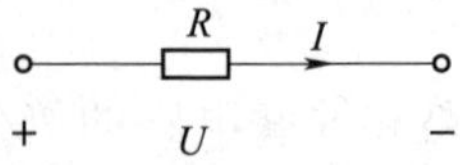

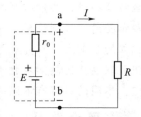

图 2-20　电阻电路

在交流电路中，欧姆定律同样成立，三者之间的关系为

$$i = \frac{u}{R} \tag{2-24}$$

因此，如果我们已知电压和电流，就可以利用欧姆定律求得电阻的值。

例 2-3　一个灯泡接入 220 V 的电源电路，流过灯丝的电流为 88 mA，求灯丝的电阻值。

解：根据欧姆定律，得

$$R = \frac{U}{I} = \frac{220}{0.088} = 2\ 500\ （Ω）$$

即灯丝的电阻为 2 500 Ω。

例 2-4　如果人体的最小电阻为 800 Ω，已知通过人体的电流为 50 mA 时，就会引起呼吸困难，不能自主摆脱电源，试求安全工作电压。

解：由欧姆定律，得

$$U = RI = 800 \times 0.05 = 40\ （V）$$

即人体的安全电压不应高于 40 V。

2. 全电路的欧姆定律

含有电源的闭合电路称为全电路，图 2-21 所示为最简单的全电路，图中虚线部分表示电源，电源内部电阻用"r_0"表示。电源内部的电路称为内电路，电源的外接电路称为外电路。

全电路的欧姆定律：全电路中的电流 I 与电源的电动势 E 成正比，与电路中的总电阻（外电路电阻 R 与内电路电阻 r_0 之和）成反比，即

图 2-21　最简单的全电路

$$I = \frac{E}{R + r_0} \tag{2-25}$$

式中，E 为电源电动势（V）；r_0 为电源内阻（Ω）。

由全电路的欧姆定律可得 $E = IR + Ir_0 = U + Ir_0$，式中 U 是外电路中的电压降，也是电源两端的电压，称为电路端电压，Ir_0 是电源内部的电压降，即电源的损耗电压。当外电路开路时，$I = 0$，电路端电压 $U = E$。

例 2-5　在图 2-21 所示电路中已知电源电动势 $E = 24$ V，内阻 $r_0 = 2$ Ω，负载电阻 $R = 10$ Ω。

试求：（1）电路中的电流；（2）电路的端电压；（3）负载电阻 R 上的电压；（4）电源的损耗电压。

解：根据全电路的欧姆定律，有如下关系式。

（1）电路中的电流

$$I=\frac{E}{R+r_0}=\frac{24}{10+2}=2 \text{（A）}$$

（2）电源的端电压

$$U=E-Ir_0=24-2\times2=20 \text{（V）}$$

（3）负载 R 上的电压

$$U=IR=2\times10=20 \text{（V）}$$

（4）电源内阻上的电压降

$$U_{r_0}=Ir_0=2\times2=4 \text{（V）}$$

科学家小传

乔治·西蒙·欧姆（Georg Simon Ohm，1787 年 3 月 16 日—1854 年 7 月 7 日），德国物理学家，如图 2-22 所示。他最主要的贡献是通过实验发现了电流公式，后来被称为欧姆定律。

1826 年，他把这些研究成果写成题目为《金属导电定律的测定》的论文，发表在德国《化学和物理学杂志》上。欧姆在 1827 年出版的《动力电路的数学研究》一书中，从理论上推导了欧姆定律。

图 2-22　乔治·西蒙·欧姆

2.3.2　电阻的串并联及等效变换

在电路中，电阻的连接形式是多种多样的，其中最常见的是串联连接、并联连接和混联连接。

1. 电阻串联电路

在电路中，若干个电阻依次连接，中间没有分叉支路的连接方式，称为电阻的串联。图 2-23 所示为 3 个电阻 R_1、R_2 和 R_3 组成的电阻串联电路。

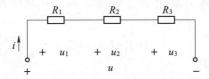

图 2-23　电阻串联电路

电阻串联电路有以下特点：

（1）在电阻串联电路中，不论各电阻的阻值是否相等，通过各电阻的电流为同一电流，即电流相等，这是判断电阻是否串联的一个重要依据。

（2）根据全电路的欧姆定律，电阻串联电路两端的总电压等于各电阻两端的分电压之和，电阻串联电路的总电压大于任何一个分电压，即串联电路有分压作用。

$$U = U_1 + U_2 + U_3 + \cdots + U_n \tag{2-26}$$

（3）串联电路的总电阻（等效电阻）等于各串联电阻阻值之和，电阻串联电路的总电阻大于任何一个分电阻。

$$R = R_1 + R_2 + R_3 + \cdots + R_n \tag{2-27}$$

（4）电阻串联电路中，各电阻上的电压与它们的阻值成正比。

$$U_n = R_n \frac{U}{R} = R_n \frac{U}{R_1 + R_2 + R_3 + \cdots + R_n} \tag{2-28}$$

（5）电阻串联电路的总功率 P 等于消耗在各串联电阻上的功率之和，且电阻值大者消耗的功率大。

$$P = P_1 + P_2 + P_3 + \cdots + P_n \tag{2-29}$$

例 2-6 两个电阻的串联电路，电阻阻值分别为 $R_1 = 10\ \Omega$、$R_2 = 20\ \Omega$，电路两端的总电压为 $U = 30\ V$，求两个电阻上对应的电压 U_1、U_2 和电路中的总电流 I 的值。

解： 由已知，得

$$U = U_1 + U_2 = IR_1 + IR_2 = I(R_1 + R_2)$$

所以，可得

$$I = \frac{U}{R_1 + R_2} = \frac{30}{10 + 20} = 1\ (A)$$

则

$$U_1 = \frac{U}{R_1 + R_2} R_1 = 10\ V \qquad U_2 = \frac{U}{R_1 + R_2} R_2 = 20\ V$$

2. 电阻并联电路

在电路中，将若干个电阻的一端共同连在电路的一点上，把它的另一端共同连在另一点上，这种连接的方式称为电阻的并联。图 2-24 所示为两个电阻的并联电路。日常生活中的并联电路很常见，我们的家用电器均为并联，断开其中一个电器，别的电器并不受影响。

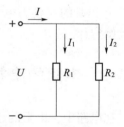

图 2-24　电阻并联电路

电阻并联电路具有以下特点：

（1）加在各并联电阻两端的电压为同一电压，电阻两端电压相等。

$$U = U_1 = U_2 = U_3 = \cdots = U_n \tag{2-30}$$

（2）电路的总电流等于各并联电阻分电流之和，并联电路的总电流大于任何一个分电流。

$$I = I_1 + I_2 + \cdots + I_N \tag{2-31}$$

（3）两个电阻并联总电阻：

$$R = \frac{R_1 R_2}{R_1 + R_2} \tag{2-32}$$

（4）电路的总电阻（等效电阻）R 的倒数等于各电阻的倒数之和，并联电路的总电阻比任何一个并联电阻的阻值都小。

$$\frac{1}{R} = \frac{1}{R_1} + \frac{1}{R_2} + \cdots + \frac{1}{R_n} \tag{2-33}$$

（5）流过各并联电阻上的电流与其阻值成反比。

上式表明电阻并联时，阻值越大的电阻分到的电流越小，阻值越小的电阻分到的电流越大，这就是并联电阻电路的分流原理。

（6）并联电阻电路的总功率 P 等于消耗在各并联电阻上的功率之和，且电阻值大者消耗的功率小。

例 2-7　某微安表头的满刻度电流 $I = 50$ μA，内阻 $r_0 = 1$ kΩ，若把它改装成量程为 10 mA 的电流表，问应并联多大的电阻？

解：表头的满刻度只有 50 μA，用它直接测量 10 mA 的电流量程并不合适，必须并联一个电阻进行分流以扩大量程，通过分流电阻 R_b 的电流为

$$I_b = I - I_g = 9\ 950 \text{ μA}$$

电阻 R_b 两端的电压 U_b 与表头两端的电压 U_g 是相等的，因此有

$$U_b = U_g = I_g r_g = 0.05 \text{ V}$$

所以

$$R_b = \frac{U_b}{I_b} \approx 5 \text{ Ω}$$

 学以致用

1. 串联电阻在生产中的应用

三相异步电动机转子串联电阻启动：第一，减小启动电流，由于电动机在启动的瞬间，电动机转子转速为零，也就是说转差率为 1，这时候在转子的两端会产生一个感应电压，由于转子内的绕组处于断路状态，那么，这时候就会有一个非常大的电流产生，转子上面有大电流，相对应的定子上面也会有大电流，这个电流是额定电流的 4~7 倍。为了减小启动电流，在转子绕组上串联电阻的方法是可行的，所以串联电阻可以起到减小启动电流的作用。第二，串联电阻可以使最大输出转矩下降，串联适当的电阻可以提高启动转矩。所以绕线式电动机一般都用于重载启动的场合，对于轻载启动一般很少选用。其实平常使用最多的还是鼠笼式电动机，这种电动机结构简单、造价低，所以应用比较普遍，但是这种电动机是无法进行转子串阻启动的，所以对这类电动机减小启动电流方法一般就是降压启动，如后面课程要学的星三角启动，还有自耦变压器降压启动、软启动器启动等。

2. 接地并联电阻保护人身安全

如果将外壳接地，人体与接地体相当于电阻并联，流过每一通路的电流值将与其电阻的大小成反比。人体电阻通常为 600~1 000 Ω，接地电阻通常小于 4 Ω，流过人体的电流很小，这样就完全能保证人体的安全。

国家在用电安全中有规定：电器外壳接地导线（铜芯）的截面积不小于 4 mm²，接地电阻不大于 4 Ω。600~1 000 Ω（未计人体接地电阻）与小于 4 Ω 的电阻并联。

"假设电压为 100 V，如果不将外壳接地，人体碰到的话，那就是 $i = 100$ V/人体电阻。如果将外壳接地的话相当于并联，人体电流 $i = 100$ V/人体电阻，两个数值有什么区别啊"。

接地电阻小于 4 Ω，并且接地导线（铜芯）的截面积不得小于 4 mm²，电器外壳一有电，其电流大部分经地线流走，这样就有很大的电压降。其电流值是大于用电器的额定电流的几倍甚至几十倍，这样，就能使线路上的熔丝熔断或使继电保护装置迅速动作，从而

切断电源，减少触电危害程度，对人起保护作用，所以国家对电器地线的敷设是有规定的。

想－想做－做

1. 电阻 $R_1 = 4\ \Omega$，$R_2 = 6\ \Omega$，它们串联总电阻为 _____ Ω，它们并联总电阻为 _____ Ω。

2. 某灯泡额定电压是 24 V，正常发光时灯丝电阻为 16 Ω，若想使该灯泡在电源电压为 36 V 的电路中正常发光，可在电路中串联一个阻值为 _____ Ω 的电阻；灯工作一段时间后，灯泡壁会变黑，这是 _____ 现象。

3. 如图 2-25 所示电路，电源电压保持不变，电阻 $R_1 = 30\ \Omega$。当开关 S1 闭合、S2 断开时，电流表的示数为 0.4 A；当开关 S1、S2 都闭合时，电流表的示数为 0.6 A。

求：（1）电源电压；（2）R_2 的阻值。

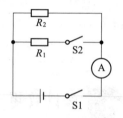

图 2-25　电路

4. 如图 2-26 所示电路，电源电压不变，变阻器的滑片 P 从中点移到 b 端时，电压表前后示数之比是 8∶5。已知变阻器的阻值 $R_{ab} = 60\ \Omega$。求：电灯 L 的电阻是多大？

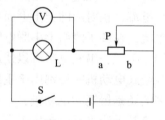

图 2-26　电路

工作任务　电阻串并联测试

班级：　　　　　　**学号：**　　　　　　**成绩：**

实验目的： 1. 加深理解电阻串联、并联电路的特点。

　　　　　　 2. 掌握串联电阻分压和并联电阻分流的电路知识。

实训器材： 万用表、电阻、直流电源、导线。

实验要求： 按图 2-27 所示电路图接线，并把结果填入表 2-1，深入了解串联电路的特性。按图 2-28 所示电路图接线并把结果填入表 2-2，深入了解并联电路的特性。

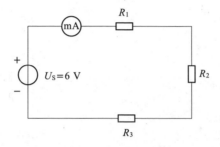

图 2-27　实验电路图

表 2-1　实验测量值

项目	I/mA	U_{R_1}/V	U_{R_2}/V	U_{R_3}/V	R/Ω
测量值					
计算值					

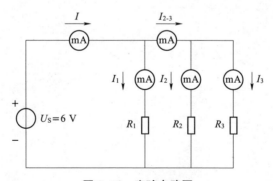

图 2-28　实验电路图

表 2-2　测量值

项目	I/mA	I_1/mA	I_2/mA	I_3/mA	$I_{2\text{-}3}$/mA	R/Ω
测量值						
计算值						

模块 2.4 混联电路的分析方法

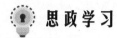 **学习目标**

1. 理解混联电路的概念。
2. 掌握混联电路的分析方法。
3. 培养学生对电路的分析能力。
4. 能进行简单混联电路的计算。

混联电路正式版本　电路地图——串并联
　　　　　　　　　　及混联电路分析

建议学时

2 学时

思政学习

人生要一步一步走，事情要一点一滴做

学习电气线路控制课程的排故技能时，同学们看见一个接线柜的线路密密麻麻纵横交错犹如蜘蛛网，不少同学没有耐心就放弃了。其实电气线路学习跟我们今天学习电阻混联一样，一个电路有串联又有并联。通过本节课的学习我们知道复杂的电路都是要一步一步地化简分析的，同时通过本节课程让我们知道做人做事也是一样，遇到复杂的事情不要放弃，要慢慢的一步一步走，事情要一点一滴地做，这样才能成为一个细心的大国工匠。

理论知识

在实际应用中，电路里所包含的电阻常常不是单纯的串联或并联，而是既有串联又有并联，电阻的这种连接方式称为电阻的混联。对于较为复杂的电阻混联电路，一般不容易判断出各电阻的串、并联关系，无法求得等效电阻。遇到这种情况，较为有效的办法就是画出等效电路图，即把原电路图整理为较为直观的串、并联关系的电路图，然后再计算其等效电阻。

2.4.1 化解办法

1. 串并联电路的特点和规律

表面上看似复杂的电路，最终都可简化为串联、并联或两者混联的方式。所以熟练掌握串联、并联电路的特点和规律，是识别和简化电路的基本出发点。特别要明确以下几个特点：

（1）串联电路中，电流处处相等，从电势上看，沿电流方向每经过一个电阻电势要降低。

（2）并联电路中，总电流等于各支路电流之和，从电势上看，各支路两端电势分别相等。

（3）导线理想化，即认为是"有电流、无电阻"，所以导线上各点是等势点。

2. 电路简化的等效处理原则

（1）无电流的支路除去。

（2）电势相等的各点合并。

（3）在电路中，若只有一处接地线，则只影响电路中各点的电势值，不影响电路结构和任意两点间的电势差；若电路中有两处或两处以上接地线，则除了影响电路中各点的电势外，还将改变电路结构，接地点之间认为是接在同一点。

3. 电路等效的常用方法与操作步骤

1）电流分支法

（1）先将各节点标上字母。

（2）判定各支路元件的电流方向（若电路原来无电流，可假设在总电路两端加上电压后判断）。

（3）按电流流向，自左向右将各元件、节点、分支逐一画出。

（4）将画出的等效电路加工整理。

2）节点法

（1）在原电路中标识端点、节点。

（2）正确判断相同节点。

（3）电流表视为短路，化简前先用导线代替，化简后在对应位置接入。电压表视为断路，化简前直接去掉，化简后在对应位置接入即可。

3）化简过程

罗列原电路中的端点和节点，关键步骤为：

（1）端点和节点的标识字母与原电路中的一一对应。

（2）端点标在两端，节点标在中间。

（3）相同节点必须标在同列，并用导线连接。

（4）把原电路中的元件分别对应连入排列好的端点和节点间，连接时以美观、直观的连接原则，不出现斜线连接的情况。

（5）元件连接完成后，电路结构就会一目了然。

2.4.2 应用示范

例 2-8 如图 2-29 所示，已知 $R_1 = 6\ \Omega$，$R_2 = 15\ \Omega$，$R_3 = R_4 = 5\ \Omega$，试求 ab 两端的等效电阻。

解：用节点法化简，由图 2-29 化简成图 2-30 再到图 2-31 然后计算等效电阻。

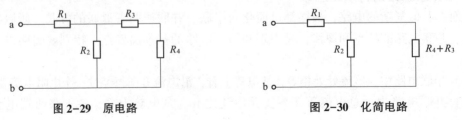

图 2-29 原电路　　　　　　　　　图 2-30 化简电路

$$R_3+R_4=10\ \Omega \qquad R_2//R_{34}=6\ \Omega$$
$$R_{ab}=6+6=12\ （\Omega）$$

例 2-9　图 2-32 所示电路由 7 个不同的电阻组成，已知每个 $R=10\ \Omega$，求测得 R_{AB} 之间总电阻。

解：用节点法化简，由图 2-32 化简为图 2-33，再化简为图 2-34 和图 2-35，最后得到图 2-36，然后计算等效电阻。

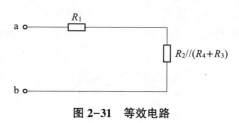

图 2-31　等效电路

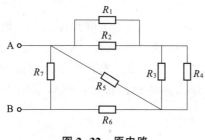

图 2-32　原电路

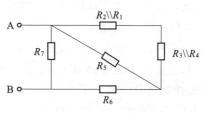

图 2-33　化简电路（1）

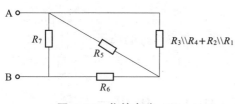

图 2-34　化简电路（2）

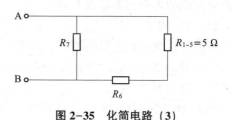

图 2-35　化简电路（3）

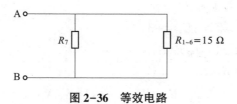

图 2-36　等效电路

解：并联 $R_{AB}=\dfrac{10\times15}{10+15}=6\ （\Omega）$

2.4.3　电位的概念及计算

1. 电位的概念

电流能够形成是因为电路中有电位差，即电压。在电路中任选一个参考点（该点的电位值为 0，又称为 0 点电位），电路中某一点到参考点的电压就称为该点的电位。电位的符号用"V"表示，如电路图中某点 a 和参考点 0 之间的电压为 a 点的电位 V_a，电位的单位也是伏特（V）。由电位的定义可知，电压和电位是密切联系的。电位实际就是电压，只不过

电路电位计算
正式版

77

电压是指任意两点之间，而电位则是指某一点和参考点之间。电路中任意两点之间的电压即为此两点之间的电位差，如 a、b 之间的电压可记为 $U_{ab} = V_a - V_b$。

根据 V_a 和 V_b 的大小，U_{ab} 有以下三种不同情况：

（1）当 $U_{ab} > 0$ 时，说明 a 点的电位 V_a 高于 b 点电位 V_b。

（2）当 $U_{ab} < 0$ 时，说明 a 点的电位 V_a 低于 b 点电位 V_b。

（3）当 $U_{ab} = 0$ 时，说明 a 和 b 两点等电位，即 $V_a = V_b$。

引入电位的概念后，电压的方向可以看做是电位降低的方向，因此电压也称为电位降。

2. 电位参考点的意义

参考点是计算电位的基准点，电路中各点电位都是针对这个基准点而言的。通常规定参考点的电位为零，因此参考点又称为零电位点，用接地符号表示，零电位点（参考点）的选择是任意的，一般在电子线路中常选择很多元件的汇集处，而且常常是将电源的一个极作为参考点；在工程技术中则选择大地、机壳作为参考点，若把电气设备的外壳"接地"，那么外壳的电位就为零。

1）电位的多值性

电路中各点的电位值是相对的，它与参考点的选择有关，选择不同的参考点，电路中各点电位值的大小和正负也不同。

2）电压的单一性

电路中任意两点之间的电压，即电位差是唯一的，与参考点的选择无关。如 $U_{ab} = 2$ V，当选择 a 点为参考点时，$V_a = 0$，$V_b = V_a - U_{ab} = -2$ V；当选择 b 点为参考点时，$V_b = 0$，$V_a = U_{ab} + V_b = 2$ V。

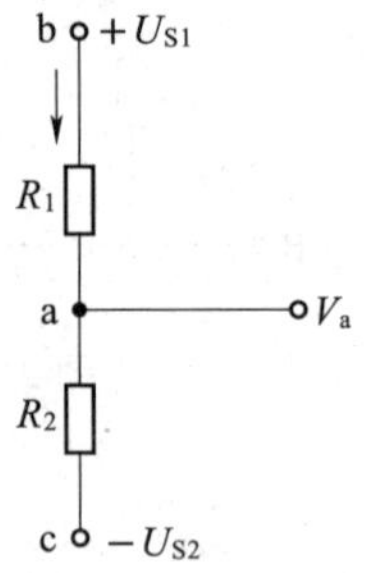

例 2-10 在图 2-37 所示电路中，已知 $R_1 = 1$ Ω，$R_2 = 2$ Ω，$U_{S1} = 6$ V，$U_{S2} = 3$ V，试求 a、b、c 点的电位 V_a、V_b、V_c 及 U_{ba}。

解：
$$V_b = U_{S1} = 6 \text{ V}$$
$$V_c = -U_{S2} = -3 \text{ V}$$
$$I = \frac{U_{S1} - (-U_{S2})}{R_1 + R_2} = \frac{6+3}{1+2} = 3 \text{ (A)}$$
$$V_a = U_{S1} - IR_1 = 6 - 3 \times 1 = 3 \text{ (V)}$$
$$U_{ba} = V_b - V_a = 6 - 3 = 3 \text{ (V)}$$

图 2-37　电路图

想一想做一做

1. 在图 2-38 所示的电路中，电阻 R_1、R_2、R_3 的阻值均为 2 Ω，电流表内阻不计，在 B、C 两点间加上 6 V 的电压时，电流表的读数为_____。

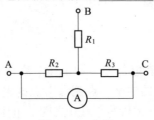

图 2-38　电路

2. 电饭锅是一种可以自动煮饭并自动保温，又不会把饭烧焦的家用电器。如图 2-39 所示，它的电路由控制部分 AB 和工作部分 BC 组成。K1 是限温开关，手动闭合，当温度达到 103 ℃时自动断开，不能自动闭合。K2 是自动开关，当温度超过 80 ℃时自动断开，温度低于 70 ℃时自动闭合。R_2 是限流电阻，阻值 2 140 Ω，R_1 是工作电阻，阻值 60 Ω。锅中放好适量的米和水，插上电源（220 V、50 Hz），手动闭合 K1 后，电饭锅就能自动煮好米饭并保温。

（1）简述手动闭合 K1 后，电饭锅加热、保温过程的工作原理。

（2）加热过程电饭锅消耗的电功率 P_1 是多大？K1、K2 都断开时消耗的电功率 P_2 是多大？

（3）若插上电源后没有手动闭合 K1，能煮熟饭吗？为什么？

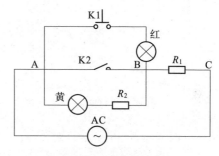

图 2-39　电饭锅电路

工作任务　电位、电压的测定及电路电位图的绘制

姓名：　　　　　　学号：　　　　　　班级：　　　　　　成绩：

实验目的：

1. 验证电路中电位的相对性、电压的绝对性。

2. 掌握电路电位图的绘制方法。

实训器材： 万用表、电阻、导线、稳压电源。

实训内容：

按图 2-40 所示电路图接线，并把结果填入表 2-3 中。

1. 分别将两路直流稳压电源接入电路，令 $U_1 = 6$ V，$U_2 = 12$ V。

2. 以图 2-40 中的 A 点作为电位的参考点，分别测量 B、C、D、E、F 各点的电位值及相邻两点之间的电压值 U_{AB}、U_{BC}、U_{CD}、U_{DE}、U_{EF} 及 U_{FA}，数据填入表 2-3 中。

3. 以 D 点作为参考点，重复测量，测得数据填入表 2-3 中。

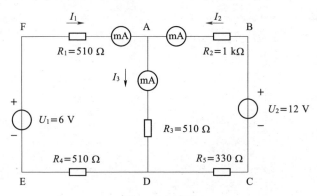

图 2-40　电路

表 2-3　测量值

参考点	V 与 U	V_A	V_B	V_C	V_D	V_E	V_F	U_{AB}	U_{BC}	U_{CD}	U_{DE}	U_{EF}	U_{FA}
A	计算值												
	测量值												
D	计算值												
	测量值												

模块 2.5　基尔霍夫定律应用

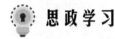

学习目标

1. 理解支路、节点、回路、网孔等基本概念。
2. 掌握基尔霍夫两定律所阐述的内容。
3. 应用基尔霍夫两定律进行计算。

基尔霍夫定律　　基尔霍夫定律
　　　　　　　　　说课课件

建议学时

4 学时

思政学习

一丝不苟、精益求精

19 世纪 40 年代，由于电气技术发展十分迅速，电路变得越来越复杂。某些电路呈现出网络形状，并且网络中还存在一些由 3 条或 3 条以上支路形成的交点（节点）。这种复杂电路不是串、并联电路的公式所能解决的。年仅 21 岁的德国人基尔霍夫在他的第 1 篇论文中提出了稳恒电路网络中电流、电压、电阻关系的两条电路定律，即著名的基尔霍夫电流定律（KCL）和基尔霍夫电压定律（KVL），该定律能够迅速地求解任何复杂电路，从而成功地解决了这个阻碍电气技术发展的难题。德国人的"工匠精神"，不仅在于勤于思考、善于学习、崇尚科学、乐于动手的社会氛围和民族特性，更在于其国家的管理体制与治理机制。一丝不苟、精益求精的"工匠精神"，已内化为德国人的思维模式，外化为行为准则，成为生活方式的有机组成部分，并潜移默化、代代相传。

理论知识

直流电阻电路的结构形式很多，有些电路只要运用欧姆定律和电阻串、并联电路的特点及其计算公式，就能对它们进行分析和计算，称之为简单直流电路。然而有的电路，如含有一个或多个直流电源则不能单纯地用欧姆定律简单的计算方式来进行分析，如图 2-41 所示，称之为复杂直流电路。基尔霍夫定律是分析复杂直流电路最基本的定律之一，它分为基尔霍夫电流定律和基尔霍夫电压定律。

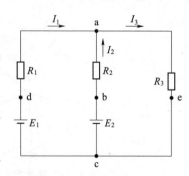

图 2-41　复杂直流电路

2.5.1　电路结构中的几个名词

1. 支路

电路中每个流过同一个电流的分支称为支路，图 2-41 中 abc、adc、aec 分别组成了三条支路。支路 abc、adc 中有电源,称为有源支路;支路 aec 中没有电源,称为无源支路。

2. 节点

三条或三条以上支路的公共连接点称为节点,图 2-41 中 a 和 c 为节点,b、d、e 不是节点。可以看出,支路是两节点之间的最短分支。

3. 回路

电路中任一闭合的路径称为回路,图 2-41 中 abcda、abcea、adcea 都是回路。只有一个回路的电路称为单回路。

4. 网孔

内部不含有支路的回路称为网孔,图 2-41 中 abcda 和 abcea 两个回路中均不含有支路,是网孔,而 adcea 中含有支路 abc,因而不是网孔。注意:网孔一定是回路,而回路不一定是网孔。

2.5.2 基尔霍夫电流定律 (KCL)

基尔霍夫电流定律简称 KCL,又称节点电流定律,是反映电路中与同一节点相连的支路中电流之间关系的定律。其内容是:在任一时刻,流入电路中任一节点的电流和恒等于流出该节点的电流之和,即

$$\sum I_{流入} = \sum I_{流出} \tag{2-34}$$

在电路图 2-42 中,对于节点 A,应用基尔霍夫电流定律有

$$I_1 + I_4 = I_2 + I_3 + I_5 \tag{2-35}$$

应用基尔霍夫电流定律时要注意以下几点:

(1) KCL 具有普遍意义,它通常用于电路中的节点,也可以推广到广义节点,即电路中一个闭合的假定封闭面,那么流入封闭面的电流等于流出封闭面的电流,即 $I_1 + I_2 = I_3$,如图 2-43 所示。

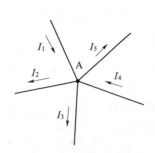

图 2-42 基尔霍夫电流定律

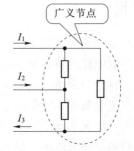

图 2-43 电路的广义节点

(2) 应用 KCL 列写节点或闭合面电流方程时,首先要设定每一条支路电流的参考方向,然后根据参考方向是流入流出写出 KCL 方程,当某支路电流的参考方向与实际方向相同时,电流为正,反之为负。

(3) 节点电流定律对于电路中每个节点都适用。如果电路中有 n 个节点,即可列出 $(n-1)$ 个独立的 KCL 方程。

例 2-11　如图 2-44 所示的电路节点 O 处，$I_1 = 2$ A、$I_2 = -3$ A、$I_3 = -2$ A，求 I_4。

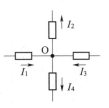

解： 由基尔霍夫电流定律对节点 O 列方程，得

$$I_1 - I_2 + I_3 - I_4 = 0$$

即

$$I_4 = I_1 - I_2 + I_3$$
$$= 2 - (-3) + (-2)$$
$$= 3 \text{（A）}$$

图 2-44　电路节点

2.5.3　基尔霍夫电压定律（KVL）

**基尔霍夫电压
定律 KVL**

基尔霍夫电压定律简称 KVL，又称回路电压定律，它反映了回路中各电压之间的相互关系。其基本内容是：在任意时刻，沿电路中任意回路绕行一周，各段电压的代数和恒等于零，即

$$\sum U = 0 \tag{2-36}$$

KVL 规定了电路中任一回路内电压必须服从约束关系，至于回路中是什么元件与定律无关。因此，KVL 不只适用于直流线性电路，对于非线性电路和交流电路也是适用的。如图 2-45 所示，选取顺时针方向为绕行方向，可列出 KVL 方程 $U_1 + U_2 + U_3 - U_4 - U_5 = 0$，其中 $U_1 = I_1 R_1$，$U_2 = I_2 R_2$，$U_3 = I_3 R_3$，$U_4 = E_1$，$U_5 = E_2$，则方程可转化为

$$I_1 R_1 + I_2 R_2 + I_3 R_3 = E_1 + E_2 \tag{2-37}$$

由此可以看出

$$\sum E = \sum IR \tag{2-38}$$

即在任一回路中，电源电压的代数和恒等于各电阻上电压的代数和，这是 KVL 的另一种表达形式。

应用基尔霍夫电压定律时，需要说明以下几点：

（1）列方程时，我们首先要选取回路的绕行方向，可规定顺时针方向为正方向，也可规定逆时针方向为正方向，然后确定回路中各段电压的参考方向。这里规定，回路中各段电压的参考方向和规定的绕行方向一致时电压为正，反之为负。

要注意，在回路中电源电压的正负值判定和负载电压的正负值判定有两种方法。电源电压用电位高低来判定参考方向，负载电压由电流方向来判定参考方向。

（2）KVL 不仅可以用于闭合回路，也可以应用于任一不闭合电路，即广义回路。如图 2-46 所示电路，其中 a、b 两处没有闭合。可假设该电路闭合，a、b 间有电压 U_{ab}，此假设回路依旧符合基尔霍夫电压定律，可列出完整的 KVL 方程。由此可得基尔霍夫电压推广定律：电路中某两点 a、b 之间的电压等于从 a 到 b 所经径上全部电压的代数和。

（3）基尔霍夫电压定律对于电路中任一回路都适用，如果电路中有 m 个网孔，则可列出 m 个独立的 KVL 方程，但要特别注意的是，若回路中有理想电流源，该回路不能使用基尔霍夫电压定律，因为理想电流源两端的电压是由外电路决定的，它本身并不输出电压。

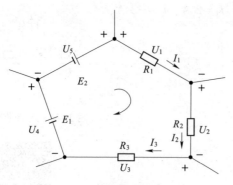

图 2-45　基尔霍夫电压定律

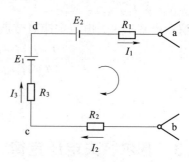

图 2-46　不闭合的电路

例 2-12　电路如图 2-47 所示，电流表的读数为 0.2 A，电源电动势 $E_1 = 12$ V，外电路电阻 $R_1 = R_2 = 10$ Ω，$R_3 = R_4 = 5$ Ω，请用基尔霍夫电压定律求 E_2 的大小。

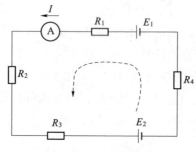

图 2-47　单回路电路

解：任意选定绕行方向，如图 2-47 所示，据回路电压定律得

$$IR_1 + IR_2 + IR_3 + E_2 + IR_4 - E_1 = 0$$

$$E_2 = -IR_1 + E_1 - IR_2 - IR_3 - IR_4$$

$$E_2 = -0.2 \times 10 + 12 - 0.2 \times 10 - 0.2 \times 5 - 0.2 \times 5$$

$$= 6 \ (\text{V})$$

2.5.4　支路电流法

支路电流法是分析复杂电路的基本方法，分析电路时，以支路电流为未知量，应用基尔霍夫定律列出与支路电流数目相等的独立方程式，再联立求解。

运用支路电流法分析的一般步骤如下（以图 2-48 所示电路为例）：

（1）确定各个支路电流的参考方向，并在图中标出；

（2）根据 KCL 列节点电流方程，n 个节点的电路可列出 $(n-1)$ 个独立方程。在图 2-48 中有 2 个节点 a 和 b

对节点 a：$I_1 + I_2 - I_3 = 0$

对节点 b：$-I_1 - I_2 + I_3 = 0$

节点 b 方程不是独立方程，它是节点 a 方程的同解方程。2 个节点只能列出 1 个独立的节点电流方程。

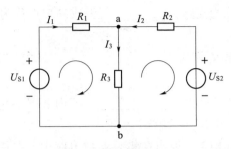

图 2-48 支路电流法

（3）根据 KVL 列回路电压方程。为保证所列方程为独立方程，每次选取回路时最少应包含一条前面未曾用过的新支路，最好选用网孔作为回路。如果电路有 m 个网孔则可列出 m 个独立的回路电压方程。

在图 2-48 中有 2 个网孔，标出网孔的绕行方向。

对左边网孔：$R_1I_1+R_3I_3-U_{S1}=0$

对右边网孔：$-R_3I_3-R_2I_2+U_{S2}=0$

（4）联立求解方程式，即可求出各支路电流。

例 2-13 在图 2-49 所示电路，若 $R_1=5\ \Omega$，$R_2=10\ \Omega$，$R_3=15\ \Omega$，$E_1=180\ \text{V}$，$E_2=80\ \text{V}$，求各支路电流。

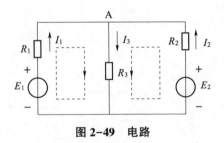

图 2-49 电路

解：待求支路电流有三个。

（1）设各支路电流参考方向和回路绕行方向，如图 2-49 所示。

（2）对节点 A 列 KCL 方程：$I_1+I_2-I_3=0$。

（3）选网孔绕行方向列 KVL 方程：$-E_1+R_1I_1+R_3I_3=0$

$$-E_2+R_2I_2+R_3I_3=0$$

（4）联立解方程组：

$$I_1+I_2-I_3=0$$

$$-180+5I_1+15I_3=0$$

$$-80+10I_2+15I_3=0$$

求得 $I_1=12\ \text{A}$，$I_2=-4\ \text{A}$，$I_3=8\ \text{A}$。

💿 想一想做一做

1. 电路中的_____称为支路，_____所汇成的交点称为节点，电路中_____都称为回路。

2. 基尔霍夫第一定律又称为_____，其内容是：_____，数学表达式：_____。

3. 基尔霍夫第二定律又称为_____，其内容是_____，数学表达式：_____。

4. 基尔霍夫电流定律（KCL）说明在集总参数电路中，在任一时刻，流出（或流入）任一节点或封闭面的各支路电流的_____。

5. 基尔霍夫电压定律（KVL）说明在集总参数电路中，在任一时刻，沿任一回路绕行一周，各元件的_____代数和为零。

工作任务　验证基尔霍夫定律

姓名：　　　　**学号：**　　　　**班级：**　　　　**成绩：**

实训目的：

1. 验证基尔霍夫定律，加深对基尔霍夫定律的理解。

2. 学习检查、分析电路简单故障的能力。

实训器材： 万用表、电阻、导线、稳压电源。

考核评分标准如表 2-4 所示。

表 2-4　考核评分标准

工作规范及要求
1. 基尔霍夫定律——基尔霍夫电流定律和电压定律是电路的基本定律，它们分别用来描述节点电流和回路电压，即对电路中的任一节点而言，在设定电流的参考方向下，应有 $\sum I = 0$；对任何一个闭合回路而言，在设定电压的参考方向下，绕行一周，应有 $\sum U = 0$。

　　2. 在实验前，必须设定电路中所有电流、电压的参考方向，其中电阻上的电压方向应与电流方向一致，如图 2-50 所示。

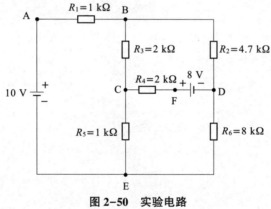

图 2-50　实验电路

3. 出现下列任意一种情况考核成绩记为"不合格"

考核内容	考核要求	评分标准	得分
KVL 测量实验 （50 分）	（1）用万用表 DC 挡测量各个电阻电压； （2）计算出各支路电流	（1）万用表挡位正确（10 分）。 （2）根据实验内容，填写表 2-5。每一格数据正确得 5 分（共 40 分）	
KCL 测量实验 （50 分）	（1）用万用表 DC 挡测量各个电阻电压； （2）计算出各支路电流	（1）万用表挡位正确（10 分）。 （2）根据实验内容，填写表 2-6。每一格数据正确得 5 分（共 40 分）	
合计总分			

　　用万用表 DC 挡测量各个电阻电压。数据记录于表 2-5 中，同时计算出各支路电流并记录于表 2-6 中，验证 KVL、KCL。

表 2-5　电压测量值

电压	U_{AE}	U_{FD}	U_{AB}	U_{BC}	U_{BD}	U_{CF}	U_{CE}	U_{DE}
测量值								

表 2-6　电流测量值

电流	I_{AE}	I_{FD}	I_{AB}	I_{BC}	I_{BD}	I_{CF}	I_{CE}	I_{DE}
测量值								

（1）根据上述数据和计算结果验证 KCL：$\sum I = 0$。

（2）根据上述数据和计算结果验证 KVL：$\sum U = 0$。

模块 2.6　叠加定理的应用

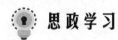 **学习目标**

1. 掌握电压源与电流源及其等效变换。
2. 使学生掌握叠加定理的内容。
3. 使学生能够正确应用叠加定理求解复杂直流电路。
4. 通过叠加与分解应用，来提高学生的学习兴趣。

可以叠加定理　电路计算破解利器
　　　　　　　　　——叠加原理

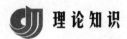 **建议学时**

2 学时

思政学习

成功来源于诸多要素的几何叠加

"有一分劳动就有一分收获，日积月累，积少成多。"鲁迅的这句名言带给了我们深刻的启迪：成功源自积累。杰克·伦敦依靠自修与点滴的积累才促使他成为一个大文豪，恰恰印证了"积薄而为厚，聚少而为多"这句古训名言，正是因为杰克·伦敦不断地积累才让他走向铺满鲜花的康庄大道，让他走向了成功。

"积沙成塔，集腋成裘"这是一条最原始的谚语，但却铸就了几代人的成功。看来量的积累能够取得质的飞跃，试问，纵观古今，文坛之名士，哪一个不是依其积累才走向成功的？

理论知识

2.6.1　叠加原理

叠加原理也是线性电路的基本分析方法，它的定义为：在具有几个电源的线性电路中，各支路的电流或电压等于各电源单独作用时，在此支路中所产生的电流或电压的代数和。

应用叠加原理求复杂电路，可将电路等效变换成几个简单电路，然后将计算结果叠加求得原来电路的电流、电压。在等效变换过程中，要保持电路中所有电阻不变（包括电源内阻），假定电路中只有一个电源起作用，而将其他电源做多余电源处理，多余电压源做短路处理，多余电流源做开路处理。

这里要注意以下几点：

（1）"代数和"中的各个分电流、分电压，若分电流、分电压与总电流、总电压方向一致时取值为正，反之为负。

（2）叠加定理只能叠加电流、电压，不适用于功率，因为功率与电流、电压之间的关系不是线性关系。

例 2-14 电路如图 2-51（a）所示，已知 $U_S = 6$ V、$I_S = 3$ A、$R_1 = 2$ Ω、$R_2 = 4$ Ω、$R_3 = 6$ Ω，试用叠加原理求各支路电流，并计算 R_2 上消耗的功率。

解： 由电路结构可知，电路中有两个独立电源，应分为两个电路进行计算，根据叠加定理，每个电源单独作用的电路如图 2-51（b）、（c）所示，假定各支路电流参考方向如图 2-51 所示。

在图 2-51（b）所示电路中，各支路电流为

$$I_1' = I_2' = \frac{U_S}{R_1 + R_2} = \frac{6}{2+4} = 1 \ (\text{A}); \ I_3' = 0 \text{ A}$$

在图 2-51（c）中，各支路电流为

$$I_3'' = 3 \text{ A}$$

$$I_1'' = -\frac{R_2}{R_1 + R_2}I_3'' = -\frac{4}{2+4} \times 3 = -2 \ (\text{A})$$

$$I_2'' = \frac{R_1}{R_1 + R_2}I_3'' = \frac{2}{2+4} \times 3 = 1 \ (\text{A})$$

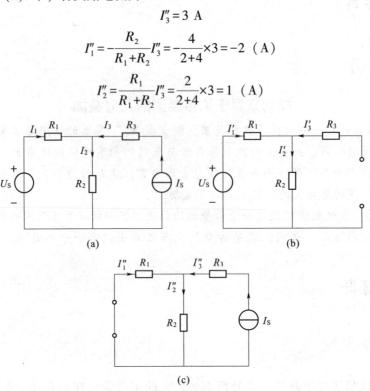

图 2-51 电路

根据叠加定理有

$$I_1 = I_1' + I_1'' = -1 \text{ A}$$
$$I_2 = I_2' + I_2'' = 2 \text{ A}$$
$$I_3 = I_3' + I_3'' = 3 \text{ A}$$

R_2 上消耗的功率为

$$P_2 = I_2^2 R_2 = 16 \text{ W}$$

想－想 做－做

1. 用叠加定理求图 2–52 所示电路中电流 I。

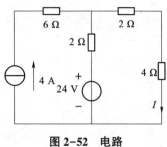

图 2–52　电路

2. 电路如图 2–53 所示，用叠加定理求电压 U。

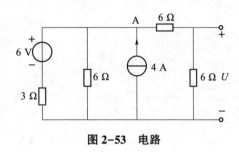

图 2–53　电路

3. 在图 2–54 中，已知当 $U_S = 16$ V 时，$U_{ab} = 8$ V，求 $U_S = 0$ 时的 U_{ab}。

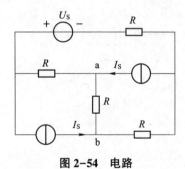

图 2–54　电路

模块 2.7 戴维南定理的应用

戴维南定理的
内容和应用

戴维南定理

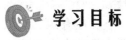 学习目标

1. 理解二端网络的概念，能分清有源二端网络和无源二端网络。

2. 掌握有源二端网络的开路电压和无源二端网络的等效电阻的计算方法。

3. 掌握戴维南定理的内容，会用戴维南定理求解电路中某一条支路的电流，并能熟练应用到实际电路中。

 建议学时

1 学时

 思政学习

汗水与泪水之间的等价交换

戴维南定理（又译为戴维宁定理）又称等效电压源定律，是由法国科学家 L. C. 戴维南于 1883 年提出的一个电学定理。他在 1883 年提出戴维南等效公式，并在 1883 年 12 月发表在法国科学院的刊物上。由于 1853 年德国人亥姆霍兹也曾提出过，因而又称亥姆霍兹-戴维南定理。戴维南定理与叠加定理共同构成了电路分析的基本工具。其内容是：一个含有独立电压源、独立电流源及电阻的线性网络的两端，就其外部形态而言，在电性上可以用一个独立电压源和一个松弛二端网络的串联电阻组合来等效。在单频交流系统中，此定理不仅只适用于电阻，也适用于广义的阻抗。戴维南定理在多电源多回路的复杂直流电路分析中有重要应用。通过本节课告诉我们：这个世界很公平，想要得到什么，就必须拿等价的东西交换。

理论知识

2.7.1 二端网络

在电路分析中，任何具有两个引出端的部分电路都可称为二端网络。二端网络中，如果含有电源就称为有源二端网络，如图 2-55（a）所示；如果没有电源则称为无源二端网络，如图 2-55（b）所示。电阻的串联、并联、混联电路都属于无源二端网络，它总可以用一个等效电阻来代替，而一个有源二端网络则可以用一个等效电压源来代替。

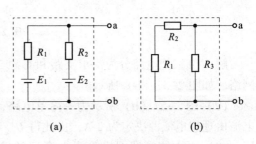

图 2-55 二端网络

（a）有源二端网络；（b）无源二端网络

2.7.2　戴维南定理

戴维南定理是一个极其有用的定理，它是分析复杂网络响应的一个有力工具。不管网络如何复杂，只要网络是线性的，戴维南定理提供了同一形式的等值电路。

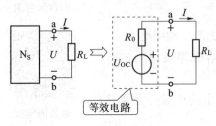

图 2-56　戴维南等效电路

戴维南定理是说明如何将一个线性有源二端电路等效成一个电压源的重要定理。戴维南定理可以表述为：对外电路来说，线性有源二端网络可以用一个理想电压源和一个电阻的串联组合来代替。理想电压源的电压等于该有源二端网络两端点间的开路电压，用 U_{OC} 表示；电阻则等于该网络中所有电源都不起作用时（电压源短接，电流源切断）两端点间的等效电阻，用 R_0 表示，如图 2-56 所示。

等效电路的电压 U_{OC} 是将有源二端网络的开路电压，即将负载 R_L 断开后 a、b 两端之间的电压。

等效电路的电阻 R_0 是将有源二端网络中所有独立电源均置零（理想电压源用短路代替，理想电流源用开路代替）后，所得到的无源二端网络 a、b 两端之间的等效电阻。

应用戴维南定理求某一支路电流和电压的步骤如下：

（1）把复杂电路分成待求支路和有源二端网络两部分。

（2）把待求支路移开，求出有源二端网络两端点间的开路电压 U_{OC}。

（3）把网络内各电压源短路，切断电流源，求出无源二端网络两端点间的等效电阻 R_0。

（4）画出等效电压源图，该电压源的电动势 $E = U$，内阻 $r_0 = R_0$，并将其与待求支路接通，形成与原电路等效的简化电路，用欧姆定律或基尔霍夫定律求支路的电流或电压。

例 2-15　用戴维南定理计算图 2-57（a）所示电路中 3 Ω 电阻中的电流 I 及 U_{ab}。

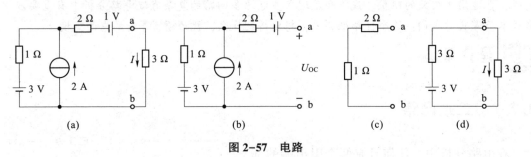

图 2-57　电路

解：（1）把电路分为待求支路和有源二端网络两部分。移走待求支路，得到有源二端网络，如图 2-57（b）所示。

（2）图 2-57（b）所示为一简单电路，其中 2 Ω 电阻支路中电流为零，左边回路中的电流由理想电流源决定为 2 A，由此得 $U_{OC} = 1 + 2 \times 0 + 1 \times 2 + 3 = 6$（V）。

（3）再求该二端网络除去电源后的等效电阻 R_0，如图 2-57（c）所示，$R_0 = 2 + 1 = 3$（Ω）。

（4）画出等效电压源模型，接上待求支路，如图 2-57（d）所示，由于已将原电路化简为简单电路，则电流 I 及 U_{ab} 都很容易计算出来。

例 2-16　如图 2-58 所示，$R_1 = 1\ \Omega$，$R_3 = 3\ \Omega$，$R_4 = 4\ \Omega$，$R_5 = 5\ \Omega$，$U_{S1} = 3\ V$，$U_{S3} = 1\ V$，$U_{S4} = 4\ V$，$U_{S5} = 5\ V$，$I_{S2} = 2\ A$。试求电流 I_3。

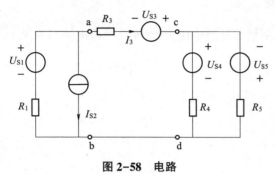

图 2-58　电路

解： 本例只要计算电流，采用戴维南定理求解是适宜的。

（1）ab 左端网络的等效参数（图 2-59）

$$U_{abOC} = U_{S1} - R_1 I_{S2} = 1 - 1 \times 2 = -1\ (V)$$

$$R_{eq1} = R_1 = 1\ \Omega$$

（2）cd 右端网络的等效参数（图 2-60）

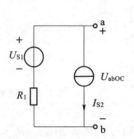

图 2-59　ab 左端网络等效

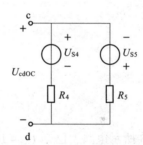

图 2-60　cd 右端网络等效

$$U_{cdOC} = U_{S4} - R_4 \frac{U_{S4} + U_{S5}}{R_4 + R_5}$$

$$= 4 - 4 \times \frac{4+5}{4+5} = 0\ (V)$$

将图 2-60 独立源置零得 　　$R_{eq2} = R_4 /\!/ R_5 \approx 2.22\ \Omega$
化简电路如图 2-61 所示。

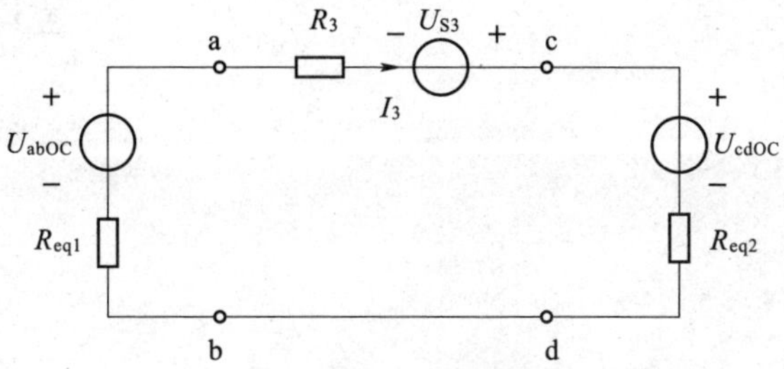

图 2-61　化简电路

$$i_3 = \frac{U_{acOC} + U_{S3} - U_{cdOC}}{R_{eq1} + R_3 + R_{eq2}} = \frac{-1+3}{1+3+2.22} \approx 0.321 \ (A)$$

想 — 想 做 — 做

1. 测得一有源二端网络的开路电压为 10 V，短路电流是 0.1 A，试画出其戴维南等效电路。

2. 试用戴维南定理计算图 2-62 所示电路中 6 Ω 电阻中的电流。

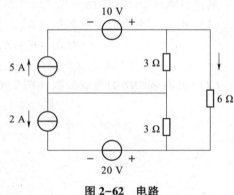

图 2-62 电路

3. 如图 2-63 所示电路，已知 $U_{S1} = 140$ V，$U_{S2} = 90$ V，$R_1 = 20$ Ω，$R_2 = 5$ Ω，$R_3 = 6$ Ω，用戴维南定理计算电流 I_3 值。

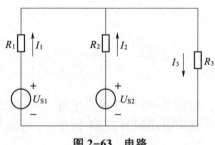

图 2-63 电路

单元测试题

姓名： 学号： 班级： 成绩：

一、填空题

1. 不能用电阻串并联化简的电路称为_____。

2. 电路中的_____称为支路，_____所汇成的交点称为节点，电路中_____都称为回路。

3. 基尔霍夫第一定律又称为_____，其内容是：_____，数学表达式为_____。

4. 基尔霍夫第二定律又称为_____，其内容是_____，数学表达式为_____。

5. 电压源与电源的等效变换只对_____等效，对_____则不等效。

6. 理想电压源的内阻 $r =$ _____，理想电流源的内阻 $r =$ _____，它们之间_____等效变换。

7. 电压源等效变换为电流源时，$I_S =$ _____，内阻 r 数值_____，由串联改为_____。

8. 二端网络中有_____，叫作有源二端网络；二端网络中没有_____，叫作无源二端网络。

9. 用戴维南定理计算有源二端网络的等效电源只对_____等效，对_____不等效。

10. 叠加原理只适用于_____电路，只能用来计算_____和_____，不能计算_____。

11. 叠加原理的内容是_____。

12. 有两个电阻 R_1、R_2，已知 $R_1 = 2R_2$，把它们并联起来的总电阻为 4 Ω，则 $R_1 =$ _____，$R_2 =$ _____。

13. 一有源二端网络，测得开路电压为 6 V，短路电流为 3 A，则等效电压源 $U_S =$ ____ V，$R_0 =$ ____ Ω。

14. 用戴维南定理求等效电路的电阻时，对原网络内部电压源做_____处理，电流源做_____处理。

15. 某含源二端网络的开路电压为 10 V，如在网络两端接以 10 Ω 的电阻，二端网络端电压为 8 V，此网络的戴维南等效电路为 $U_S =$ ____ V，$R_0 =$ ____ Ω。

二、判断题

1. 基尔霍夫电流定律（KCL）说明在集总参数电路中，在任一时刻，流出（或流入）任一节点或封闭面的各支路电流的代数和为零。 （ ）

2. 基尔霍夫电压定律（KVL）说明在集总参数电路中，在任一时刻，沿任一回路绕行一周，各元件的电压代数和为零。 （ ）

3. 每一条支路中的元件，仅是一只电阻或一个电源。 （ ）

4. 电桥电路是复杂直流电路，平衡时又是简单直流电路。 （　　）

5. 电路中任一网孔都是回路。 （　　）

6. 电路中任一回路都可以称为网孔。 （　　）

7. 在列某节点的电流方程时，均以电流的参考方向来判断电流是"流入"还是"流出"节点。 （　　）

8. 基尔霍夫电流定律是指沿回路绕行一周，各段电压的代数和一定为零。 （　　）

9. 在节点处各支路电流的参考方向不能均设为流向节点，否则将只有流入节点的电流，而无流出节点的电流。 （　　）

10. 沿顺时针和逆时针列写 KVL 方程，其结果是相同的。 （　　）

11. 从物理意义上来说，KCL 应对电流的实际方向说才是正确的，但对电流的参考方向来说也必然是对的。 （　　）

12. 基尔霍夫定律只适用于线性电路。 （　　）

13. 基尔霍夫定律既适用于线性电路也适用于非线性电路。 （　　）

14. 电路中任意两个节点之间连接的电路统称为支路。 （　　）

15. 网孔都是回路，而回路则不一定是网孔。 （　　）

16. 应用基尔霍夫定律列写方程式时，可以不参照参考方向。 （　　）

17. 当回路中各元件电压的参考方向与回路的绕行方向一致时，电压取正号，反之取负号。 （　　）

三、选择题

1. 如图 2-64 所示电路，其节点数、支路数、回路数及网孔数分别为 （　　）。

A. 2、5、3、3 　　　B. 3、6、4、6 　　　C. 2、4、6、3

2. 如图 2-65 所示节点，$I=$ （　　） A。

A. 2 　　　　　B. 7 　　　　　C. 5 　　　　　D. 6

3. 如图 2-66 所示电路，$E=$ （　　） V。

A. 3 　　　　　B. 4 　　　　　C. -4 　　　　　D. -3

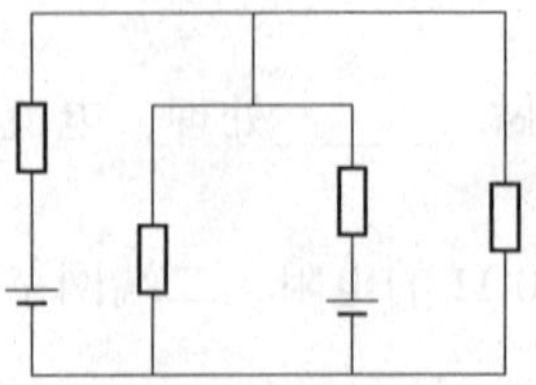

图 2-64　电路 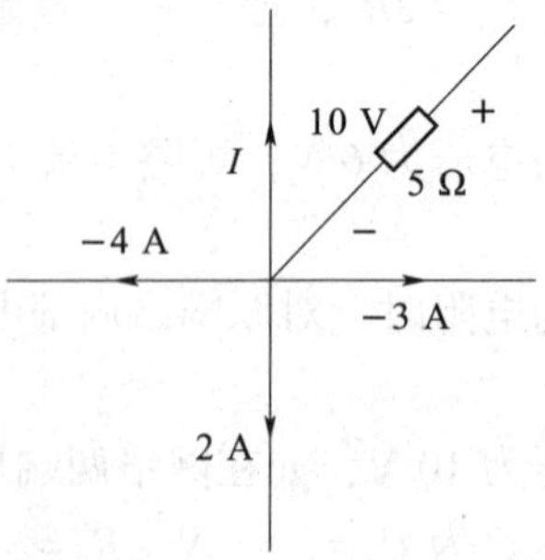　　　　图 2-65　节点 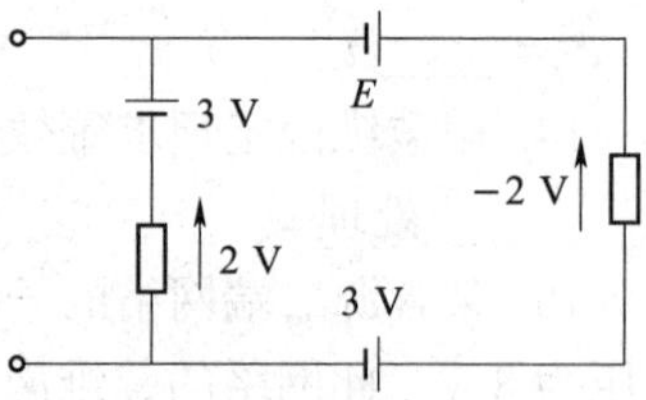　　　　图 2-66　电路

四、计算题

1. 电路如图 2-67 所示，已知 $R_1 = 6\ \Omega$，$R_2 = 4\ \Omega$，$R_3 = 12\ \Omega$，$R_L = 4\ \Omega$，利用戴维南定理求该电阻上的电流 i，并画出中间过程等效电路图。

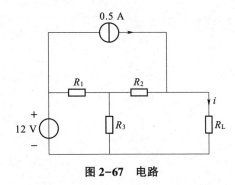

图 2-67　电路

2. 电路如图 2-68 所示，求 I_X。

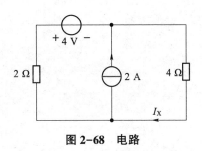

图 2-68　电路

3. 电路如图 2-69 所示，N 为线性含源网络，已知当 $i_S = 8\ A$，$u_S = 12\ V$ 时，响应 $U_x = 80\ V$；当 $i_S = -8\ A$，$u_S = 4\ V$ 时，响应 $U_x = 0\ V$；当 $i_S = 0\ A$，$u_S = 0\ V$ 时，响应 $U_x = -40\ V$。求当 $i_S = 10\ A$，$u_S = 20\ V$ 时，响应 U_x 为多少。

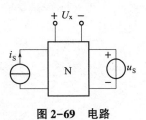

图 2-69　电路

项目 3

单相交流电路的分析

模块 3.1　正弦交流电的概念

交流电变形记

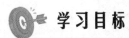 **学习目标**

1. 了解交变电流的产生原理；交变电流的瞬时值和最大值概念。
2. 掌握正弦交流电表达式形式。
3. 熟悉正弦交流电的三要素含义及确定方法。
4. 掌握两正弦交流电的相位差物理意义及判定方法。

单相交流电

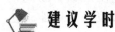 **建议学时**

2 学时

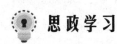 **思政学习**

交流电特高压输电——从中国制造到中国标准

直流电和交流电都是西方科学家发明的，繁多的电气符号和公式变换自然用大量的希腊字母和英文字母来表示。但近年来，随着我国在远程输电、超远程输电上投入大量资源，发挥社会主义制度优势集中力量办大事，先后获得关键性技术突破，如今在特高压传输领域，由中国主导、制定的特高压直流标准已经成为全球标准，这就是中国的力量，我国的社会主义制度优越性不言自彰。我们知道电压越高，电能消耗越小，那是不是可以无限地升高电压。道理是这么个道理，可是要想实现高压输电，特别是特高压输电，技术上的难度还是很大。要使用特高压直流输电技术，离不开一些关键的设备，具体包括：换流阀、换流变压器、平波电抗器、直流滤波器和避雷器，其中在换流阀和换流变压器上，我们的制造技术已经领先于国际。中国目前正同周边及海外国家进行特高压输送电的电网建设，包括菲律宾、葡萄牙、澳大利亚、意大利、希腊。此外，中国还正积极开展与俄罗斯、哈萨克斯坦、蒙古、巴基斯坦等周边国家的电力能源合作，加快推进有关特高压联网工程的规划、前期建设工作。目前，中国共制定特高压输电国际标准 14 项、国家标准 50 项、行业标准 73 项、企业标准 189 项，全世界都在使用中国的这一套标准。从中国制造到中国标准，在越来越多的领域，中国从规则的门外汉变成遵守者，最终变成规则的制定者，正一步步地走向不断崛起。

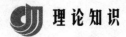 理论知识

3.1.1　交流电（AC）的产生

1. 交变电流的产生

如图 3-1 所示，ab 边和 cd 边在磁场中运动切割磁感线，在线框中产生感应电动势，在电路中就产生感应电流。

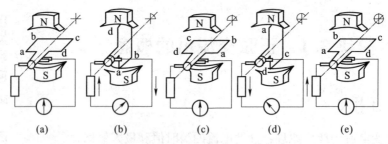

图 3-1　交流电产生

2. 交变电流的图像和变化规律

设线框平面从中性面开始转动，角速度是 ω，经时间 t 线框转过的角度是 ωt，ab 边的线速度 v 的方向跟磁感线方向的夹角也等于 ωt，ab 边的长度为 L，磁感强度为 B，则 ab 边的感应电动势是 $E_{ab} = BLv\sin \omega t$。

cd 边中的感应电动势跟 ab 边中的感应电动势大小相同，且两边又是串联，所以这一瞬间整个线框中的感应电动势 $e = 2BLv\sin \omega t$。

令 $E_m = 2BLv$，则 $e = E_m\sin \omega t$。

$$i = e/R = E_m\sin \omega t/R = I_m\sin \omega t$$

交变电流的大小和方向都随时间按正弦规律变化，如图 3-2 所示。

坐标系中，横坐标表示线圈平面跟中性面的夹角（或者表示线圈转动经过的时间 t），纵坐标表示感应电动势 e（感应电流 I）。

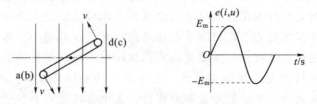

图 3-2　交变电流变化图

3. 正弦交流电流、电压、电动势

大小及方向均随时间按正弦规律做周期性变化的电流、电压、电动势叫作正弦交流电流、电压、电动势。

在某一时刻 t 的瞬时值可用三角函数式（解析式）来表示，即

$$i(t) = I_{\mathrm{m}}\sin(\omega t + \varphi_{i_0}) \tag{3-1}$$

$$u(t) = U_{\mathrm{m}}\sin(\omega t + \varphi_{u_0}) \tag{3-2}$$

$$e(t) = E_{\mathrm{m}}\sin(\omega t + \varphi_{e_0}) \tag{3-3}$$

式中，I_{m}、U_{m}、E_{m} 分别叫作交流电流、电压、电动势的振幅（也叫作峰值或最大值），电流的单位为安培（A），电压和电动势的单位为伏特（V）；ω 叫作交流电的角频率，单位为弧度/秒（rad/s），它表征正弦交流电流每秒内变化的电角度；φ_{i_0}、φ_{u_0}、φ_{e_0} 分别叫作电流、电压、电动势的初相位或初相，单位为弧度 rad 或度（°），它表示初始时刻（$t=0$ 时）正弦交流电所处的电角度。

3.1.2　交流发电机

（1）发电机的基本组成：①用来产生感应电动势的线圈（叫电枢）；②用来产生磁场的磁极。

（2）发电机的基本种类：①旋转电枢式发电机；②旋转磁极式发电机，如图 3-3 所示。无论哪种发电机，转动的部分叫转子，不动的部分叫定子。

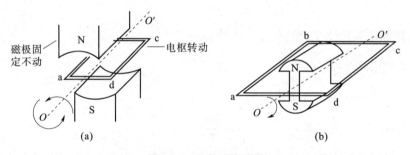

图 3-3　发电机的种类

（a）旋转电枢式；（b）旋转磁极式

大小和方向随时间按照正弦规律变化的交流电称为正弦交流电。正弦电压和电流等物理量通常统称为正弦量。图 3-4 所示为常见电流的波形图。

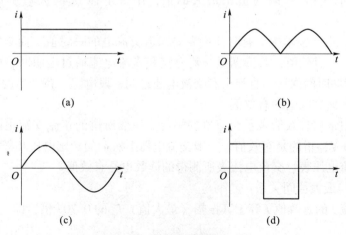

图 3-4　常见电流的波形图

（a）恒流电流；（b）脉动电流；（c）正弦电流；（d）方波电流

3.1.3 正弦交流电的三要素

振幅、角频率、初相位这三个参数叫作正弦交流电的三要素。任何正弦量都具备三要素。

1. 周期与频率、角频率

（1）周期：正弦交流电完成一次循环变化所用的时间叫作周期，用字母 T 表示，单位为秒（s）。

显然正弦交流电流或电压相邻的两个最大值（或相邻的两个最小值）之间的时间间隔即为周期。

（2）频率：周期性信号一秒钟内变化的次数，称为频率，符号 f 表示，单位为赫兹（Hz）、千赫兹（kHz）、兆赫兹（MHz）。

频率表示正弦交流电流在单位时间内做周期性循环变化的次数，同周期一样表征交流电交替变化的速率（快慢）。由定义可知频率与周期是倒数关系，即

$$f = \frac{1}{T} \tag{3-4}$$

（3）角频率：一秒钟变化的角度，单位 rad/s。

周期与角频率间关系：
$$T = \frac{2\pi}{\omega} \tag{3-5}$$

即由交流电表达式中角频率可求出周期。

角频率与频率之间的关系：
$$\omega = \frac{2\pi}{T} = 2\pi f \tag{3-6}$$

小常识：我国和大多数国家采用 50 Hz 的电力标准，有些国家（美国、日本等）采用 60 Hz。

2. 瞬时值、最大值、有效值

（1）瞬时值：正弦量在任一瞬间的值，用小写字母表示，如 i、u、e。

（2）幅值（最大值）：瞬时值中最大的值，用带下标 m 的大写字母表示，如 U_m、I_m、E_m。

（3）有效值：电工技术中，有时并不需要知道交流电的瞬时值，而规定一个能够表征其大小的特定值——有效值，其依据是交流电流和直流电流通过电阻时，电阻都要消耗电能（热效应）。相同时间内让一直流电和交流电通过同一段电阻，若产生的热量相同，则把该直流电大小称为该交流电的有效值。

在工程应用中常用有效值表示交流电的幅度。一般所讲的正弦交流电的大小，如交流电压 380 V 或 220 V，指的是有效值。一般交流电器上所标的额定电压和额定电流值均为有效值。常用的交流电压表、交流电流表所测得的读数也是有效值。

（4）有效值与最大值间关系：

正弦交流电流 i 的有效值 I 等于其振幅（最大值）I_m 的 0.707 倍，即

$$I = \frac{I_m}{\sqrt{2}} = 0.707 I_m \tag{3-7}$$

正弦交流电压的有效值：$\qquad U = \dfrac{U_m}{\sqrt{2}} = 0.707U_m \qquad$ (3-8)

正弦交流电动势的有效值：$\qquad E = \dfrac{E_m}{\sqrt{2}} = 0.707E_m \qquad$ (3-9)

3. 相位和相位差

（1）相位：任意一个正弦量 $y = A\sin(\omega t + \varphi_0)$ 的中的 $(\omega t + \varphi_0)$ 称为相位。

（2）初相位：相位中的 φ_0 称为初相位，可反映正弦交流电的初始（$t = 0$）值。

（3）相位差：两个同频率正弦量的相位之差（与时间 t 无关）。两个同频率正弦量的相位之差等于初相位之差。

设第一个正弦量的初相为 φ_{01}，第二个正弦量的初相为 φ_{02}，则这两个正弦量的相位差为 $\varphi_{12} = \varphi_{01} - \varphi_{02}$，并规定 $|\varphi_{12}| \leqslant 180°$ 或 $|\varphi_{12}| \leqslant \pi$。

（4）两个正弦量的相位关系的讨论：

当 $\varphi_{12} > 0$ 时，称第一个正弦量比第二个正弦量的相位越前（或超前）$|\varphi_{12}|$；

当 $\varphi_{12} < 0$ 时，称第一个正弦量比第二个正弦量的相位滞后（或落后）$|\varphi_{12}|$；

当 $\varphi_{12} = 0$ 时，称第一个正弦量与第二个正弦量同相，如图 3-5（a）所示；

当 $\varphi_{12} = \pm\pi$ 或 $\pm 180°$ 时，称第一个正弦量与第二个正弦量反相，如图 3-5（b）所示。

当 $\varphi_{12} = \pm\dfrac{\pi}{2}$ 或 $\pm 90°$ 时，称第一个正弦量与第二个正弦量正交。

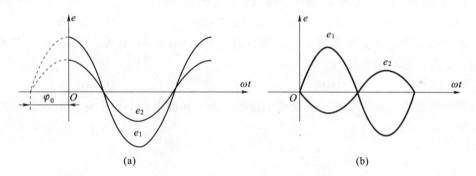

图 3-5 两个正弦量同相或反相

（a）同相；（b）反相

例 3-1 已知 $u = 311\sin(314t - 30°)$ V，$i = 5\sin(314t + 60°)$ A，则 u 与 i 的相位差为？

解： $\varphi_{ui} = (-30°) - (+60°) = -90°$

即 u 比 i 滞后 90°，或 i 比 u 超前 90°。

例 3-2 正弦交流电流 $i = 2\sin(100\pi t - 30°)$ A，如果交流电流 i 通过 $R = 10\ \Omega$ 的电阻时，求电流的最大值、有效值、角频率、频率、周期及初相和电功率 P。

解： 最大值 $I_m = 2$ A   有效值 $I = 2 \times 0.707 = 1.414$（A）

$\omega = 100\pi$ rad/s $f = \omega/2\pi = 50$ Hz $T = 1/f = 0.02$ s $\varphi_0 = -30°$

在一秒时间内电阻消耗的电能（又叫作平均功率）为 $P = I^2 R = 20$ W。

想 — 想 做 — 做

1. 人们常说的交流电压 220 V、380 V，是指交流电压的（　　）。

A. 最大值　　　　　B. 有效值　　　　　C. 瞬时值　　　　　D. 平均值

2. 关于交流电的有效值，下列说法正确的是（　　）。

A. 最大值是有效值的 1.732 倍

B. 有效值是最大值的 1.414 倍

C. 最大值为 311 V 的正弦交流电压，就其热效应而言，相当于一个 220 V 的直流电压

D. 最大值为 311 V 的正弦交流电，可以用 220 V 的直流电代替

3. 一个电容器的耐压为 250 V，把它接入正弦交流电中使用，加在它两端的交流电压的有效值可以是（　　）。

A. 150 V　　　　　B. 180 V　　　　　C. 220 V　　　　　D. 都可以

4. 已知 $u = 100\sqrt{2}\sin\left(314t - \dfrac{\pi}{6}\right)$ V，则它的角频率、有效值、初相分别为（　　）。

A. 314 rad/s、$100\sqrt{2}$ V、$-\dfrac{\pi}{6}$　　　　　B. 100π rad/s、100 V、$-\dfrac{\pi}{6}$

C. 50 Hz、100 V、$-\dfrac{\pi}{6}$　　　　　D. 314 rad/s、100 V、$\dfrac{\pi}{6}$

5. $u = 5\sin(\omega t + 15°)$ V 与 $i = 5\sin(2\omega t - 15°)$ A 的相位差是（　　）。

A. 30°　　　　　B. 0°　　　　　C. −30°　　　　　D. 无法确定

6. 两个同频率正弦交流电流 i_1、i_2 的有效值各为 40 A 和 30 A，当 $i_1 + i_2$ 的有效值为 50 A 时，i_1 与 i_2 的相位差是（　　）。

A. 0°　　　　　B. 180°　　　　　C. 45°　　　　　D. 90°

7. 把一电容器 C 接在 220 V 的交流电路中，为了保证电容不被击穿，电容器 C 的耐压值是多少？

工作任务　两地开关独立控制同一盏灯电路设计与安装

　　　　姓名：　　　　　学号：　　　　　　班级：　　　　　成绩：

实训目的：

1. 掌握单联双控开关的结构和功能。

2. 学会按要求设计电工电路。

实训器材： 电工实验台、万用表、单联双控开关、导线、白炽灯。

实训内容：

1. 原理

（1）日常家庭控制照明灯的开关都是单联双控开关，其电路如图 3-6 所示。

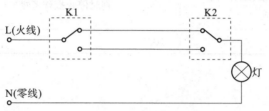

图 3-6　单联双控开关电路

　　（2）用两个单联双控开关独立控制同一盏照明灯的电路设计，关键的要求是"独立控制"要实现这点，就必须在一个开关无论处于任何位置时，另一个开关都可以通过接触自身两个动触点之一来达到接通或断开照明灯电路回路的目的。

2. 内容

（1）学习单联双控开关的结构和功能。

（2）按设计要求设计两个单联双控开关独立控制同一盏照明灯的电路并安装实物。

3. 步骤

（1）学习单联双控开关的结构和功能，用万用表判断开关动作时具体与哪个动触点接通。

（2）按两个单联双控开关独立控制同一盏照明灯的电路设计要求，先画出电路图。

（3）按设计好的电路图安装电路，验证效果。

安装白炽灯照明线路评分如表 3-1 所示。

表 3-1　安装白炽灯照明线路评分

序号	考核内容	评分要素	配分	评分标准	得分
1	安装电路	按图安装电路	60	未按图安装电路扣 60 分； 接点松动每处扣 2 分（共计 20 分）； 接点露铜过长每处扣 2 分（共计 20 分）； 导线交叉扣 5 分； 反圈每处扣 2 分（共计 4 分）； 损坏元件或损伤导线扣 6 分； 整体布线不平直扣 5 分	

序号	考核内容	评分要素	配分	评分标准	得分
2	通电试验	用万用表（电阻法）检测线路，通电试验	40	未实现功能扣40分； 灯座接线错误扣15分； 熔断器接线错误扣10分； 开关接线错误扣15分	
3	清理现场	清理现场		未清理现场从总分中扣5分	
4	安全文明操作	按国家或企业颁发有关安全规定执行操作		每违反一项规定从总分中扣5分，严重违规取消考核	
5	考核时限	在规定时间内完成		到时停止操作考核	
合计			100		

模块 3.2   正弦交流电的表示方法

🎯 学习目标

1. 掌握正弦交流电的各种表示方法。
2. 掌握正弦交流有效值相量间的表示方法及运算方法。
3. 培养发现问题解决问题的能力，提高正弦交流电知识的运用能力。

单相交流电
的计算

📖 建议学时

2 学时

💡 思政学习

精于求精、尽心筑梦

"学技术是其次，学做人是首位，干活要凭良心"胡双钱喜欢把这句话挂在嘴边，这也是他技工生涯的注脚。胡双钱是上海飞机制造有限公司的高级技师，一位坚守航空事业 35 年加工数十万飞机零件无一差错的普通钳工。对质量的坚守已经是融入血液的习惯。他心里清楚，一次的差错可能就意味着无可估量的损失甚至以生命为代价。他用自己总结归纳的"对比复查法"和"反向验证法"，在飞机零件岗位制造上创造了 35 年零差错的纪录，连续十二年被公司评为"质量信得过岗位"，并授予产品免检荣誉证书。

📘 理论知识

解析式和波形图虽然都能明确地表示某一个正弦量的三要素，但要将两个正弦量相加或相减时，这两种方法就很麻烦。相量表示法可以使正弦量的加、减运算简单而又形象，相量表示法为交流电路的分析和计算带来很大方便。

3.2.1   复数的几种表示方法和基本运算

相量法是求解正弦稳态电路的简单方法。

一个正弦量的瞬时值可以用一个旋转矢量在纵轴上的投影值来表示，如图 3-7 所示。

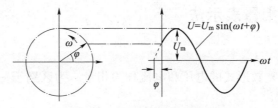

图 3-7   正弦交流电投影图

矢量长度 $=U_m$。

矢量与横轴之间夹角 $=$ 初相位 φ。

矢量以角速度 ω 按逆时针方向旋转。

复数就是正弦电压 u 的相量，二者具有一一对应关系；复数 A 在复平面上是一个点。

原点指向复数的箭头称为复数 A 的模值，用 a 表示。

模 a 与正向实轴之间的夹角称为复数 A 的幅角，用 ψ 表示。

1. 代数形式

复数 A 用代数形式可表示为

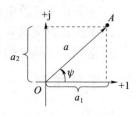

图 3-8 复数

$$A = a_1 + ja_2$$

A 在实轴上的投影是它的实部数值 a_1；

A 在虚轴上的投影是它的虚部数值 a_2；

由图 3-8 可得出复数 A 的模 a 和幅角 ψ 与实部、虚部的关系为

$$a_1 = a\cos\psi, \quad a_2 = a\sin\psi$$

$$A = a_1 + ja_2 = a\cos\psi + ja\sin\psi$$

2. 三角函数式

复数 A 的三角函数表达式为

$$A = a\cos\psi + ja\sin\psi \tag{3-10}$$

3. 指数式

利用欧拉公式，可以把三角函数式的复数改写成指数式，即

$$Z = |Z|(\cos\theta + j\sin\theta) = |Z|e^{j\theta}, \quad A = ae^{j\psi} \tag{3-11}$$

4. 极坐标式

复数的指数式还可以改写成极坐标式，即 $A = a\angle\psi$。

复数的表示形式有多种，以上这四种表达式是可以相互转换的，即可以从任一个式子导出其他三种式子。

$$A = a + jb = r\cos\psi + jr\sin\psi = re^{j\psi} = r\angle\psi \tag{3-12}$$

例 3-3 已知复数 A 的模 $a = 5$，幅角 $\psi = 53.1°$，试写出复数 A 的极坐标形式和代数表达式。

解：根据模和幅角可直接写出极坐标形式：$A = 5\angle 53.1°$

实部 $\qquad\qquad\qquad\qquad a_1 = 5\cos 53.1° = 3$

虚部 $\qquad\qquad\qquad\qquad a_2 = 5\sin 53.1° = 4$

由此可得复数 A 的代数形式为 $\qquad A = 3 + j4$

3.2.2 正弦量的相量表示法

1. 相量表示法

与正弦量相对应的复数形式的电压和电流称为相量。为区别于一般复数，相量的头顶上一般加符号"·"。

例 3-4 正弦量 $i = 14.1\sin(\omega t + 36.9°)$ A 的最大值相量表示为

$$\dot{I}_m = 14.1\angle 36.9° \text{ A}$$

其有效值相量为

$$\dot{I} = 10\angle 36.9° \text{ A}$$

由于一个电路中各正弦量都是同频率的，所以相量只需对应正弦量的两要素即可。即模值对应正弦量的最大值或有效值，幅角对应正弦量的初相。

2. 正弦量的相量图表示法

按照各个正弦量的大小和相位关系用初始位置的有向线段画出的若干个相量的图形，称为相量图。

例 3-5 有三个正弦量为 $e = 60\sin(\omega t + 60°)$ V，$u = 30\sin(\omega t + 30°)$ V，$i = 5\sin(\omega t - 30°)$ A 则它们的振幅相量图如图 3-9 所示。

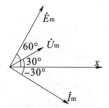

图 3-9 振幅相量图

例 3-6 已知 $i_1 = 3\sqrt{2}\sin(\omega t + 30°)$ A，$i_2 = 4\sqrt{2}\sin(\omega t - 60°)$ A，试求：$i_1 + i_2$。

解： 首先用复数相量表示正弦量 I_1、I_2，即

$$\dot{I}_1 = 3\angle 30° = 3(\cos 30° + j\sin 30°) = 2.598 + j1.5 \text{ (A)}$$

$$\dot{I}_2 = 4\angle -60° = 4(\cos 60° - j\sin 60°) = 2 - j3.464 \text{ (A)}$$

然后做复数加法：$\dot{I}_1 + \dot{I}_2 = 4.598 - j1.964 = 5\angle 23.1° \text{ (A)}$

最后将结果还原成正弦量：$I_1 + I_2 = 5\sqrt{2}\sin(\omega t - 23.1°)$ A

 **想 — 想 做 — 做**

已知：$i_1 = 70.7\sin(314t - 30°)$ A，$i_2 = 60\sin(314t + 60°)$ A，试求：$i_1 + i_2$。

模块 3.3　纯电阻、纯电感、纯电容交流电路分析

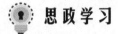
学习目标

1. 掌握纯电阻电路电压与电流关系。
2. 掌握纯电阻电路的有功功率概念与数学表达式。
3. 掌握纯电感电路电压与电流关系。
4. 掌握纯电容电路电压与电流关系。
5. 知道纯电感、纯电容电路的无功功率概念与数学表达式。

建议学时

2 学时

思政学习

思想要超前、生活可以落后

通过对本节课学习我们了解到在纯电阻电路中，电压与电流的相位相同。

在纯电感电路中，因电感上的电压 $U_L = L\mathrm{d}i/\mathrm{d}t$，即电感上的电压与电流的变化率成正比，而与电流的大小无关。当电流等于零时，由于此时电流的变化率最大，因此 U_L 达最大值；而当电流等于最大值时，电流的变化率为零，即 $U_L = 0$，即电压随电流的变化而变化，因此在纯电感电路中，电压相位超前电流相位90°。在纯电容电路中，由于其正好与电感相反，因此其电压相位滞后电流相位90°。通过本节课我们可以感悟到所谓超前思想：想到的要在别人前面。别人都是跟着潮流跑的，而这个人总是领着潮流的，这就是超前。

他能看到潮流趋势要向哪里发展。同学们要保持思想超前以免被时代抛弃。

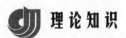
理论知识

3.3.1　纯电阻电路

只含有电阻元件的交流电路叫作纯电阻电路。

1. 电压与电流的关系

（1）纯电阻电路如图 3-10（a）所示，设图示方向为参考方向，电压的初相为零，即

$$u = U_m \sin \omega t$$

根据欧姆定律 $i = \dfrac{u}{R} = \dfrac{U_m}{R}\sin \omega t$，得

$$i = I_m \sin \omega t$$

（2）纯电阻电路电流和电压关系［波形如图 3-10（b）所示］为：

①电压 u 和电流 i 的频率相同；

②电压 u 和电流 i 的相位相同；

③最大值和有效值仍然满足欧姆定律：

$$I_m = \frac{U_m}{R} \qquad I = \frac{U}{R}$$

（3）矢量关系如图 3-10（c）所示。

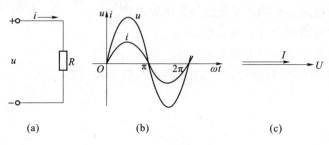

（a）　　　　　　　（b）　　　　　　　（c）

图 3-10　纯电阻电路

（a）电路；（b）电压和电流的波形；（c）矢量关系

2. 功率

1）瞬时功率

瞬时功率是瞬间电压与电流的乘积。

$$p = u \cdot i = U_m \sin \omega t \cdot I_m \sin \omega t = U_m I_m \sin^2 \omega t = 2UI \sin^2 \omega t$$

纯电阻电路瞬时功率的变化曲线如图 3-11 所示。

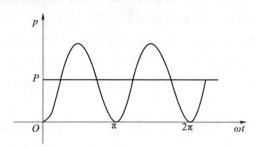

图 3-11　纯电阻电路瞬时功率的变化曲线

纯电阻瞬时功率始终在横轴上方，说明它总为正值，它总是从电源吸收能量，是个耗能元件。

2）有功功率（平均功率）

有功功率（平均功率）：取瞬时功率在一个周期内的平均值，其数学表达式为

$$P = \frac{U_m I_m}{2} \quad \text{或} \quad P = UI = R^2 I = \frac{U^2}{R} \tag{3-13}$$

有功功率如图 3-11 所示，是一个定值。它是电流和电压有效值的乘积，也是电流和电压最大值乘积的一半。

例 3-7　电炉的额定电压 $U_N = 220\ V$，额定功率 $P_N = 1\ 000\ W$，把它接到 220 V 的工频交流电源上工作，求电炉的电流和电阻值。如果连续使用 2 h，它所消耗的电能是多少？

解： 电炉接在 220 V 交流电源上，它就工作在额定状态，这时流过的电流就是额定电流，因为电炉可以看成是纯电阻负载，所以

$$I_N = \frac{P_N}{U_N} = \frac{1\,000}{220} = 4.55 \text{（A）}$$

它的电阻值为

$$R = \frac{U}{I} = \frac{220}{4.55} = 48.4 \text{（Ω）}$$

工作 2 h 消耗的电能为

$$W = Pt = 1\,000 \times 2 = 2\,000 \text{（W · h）} = 2 \text{ kW · h}$$

纯电感电路

3.3.2　纯电感电路

1. 电压和电流的关系

（1）纯电感线圈：纯电感电路是只有空心线圈作为负载，而且线圈的电阻和分布电容均忽略不计的交流电路。

电感线圈对交流电的阻碍作用随着频率的增加，电感线圈对交流电流阻碍增加。

将线圈对通过自身交流电的阻碍作用称为感抗，用 X_L 表示，感抗的单位是欧［姆］（Ω）。

理论和实验证明：感抗的大小和电源频率成正比，和线圈的电感成正比，即

$$X_L = 2\pi f L = \omega L \tag{3-14}$$

线圈的感抗表示线圈所产生的自感电动势对通过线圈的交变电流的反抗作用，它只有在正弦交流电路中才有意义。

直流电路中的电感线圈可视为短路。电感线圈具有"通直流、阻交流；通低频、阻高频"的性能。

设图 3-12（a）所示方向为参考方向，电流的初相为零，即

$$i = I_m \sin \omega t$$

经整理可得

$$u = \omega L I_m \sin\left(\omega t + \frac{\pi}{2}\right)$$

或

$$u = U_m \sin\left(\omega t + \frac{\pi}{2}\right) \tag{3-15}$$

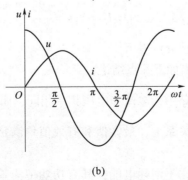 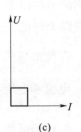

图 3-12　纯电感电路

（a）电路图；（b）电压和电流的波形；（c）矢量图

（2）纯电感电路电流和电压的关系为：

①电压和电流的频率相同，即同频；

②电压和电流的相位差 $\frac{\pi}{2}$，电压在相位上超前电流 $\frac{\pi}{2}$ ［其波形如图 3-12（b）所示］；

③电压和电流的最大值之间和有效值之间的关系分别为

$$U_m = \omega L I_m \tag{3-16}$$
$$U_m = X_L I_m \tag{3-17}$$
$$U = X_L I \tag{3-18}$$

（3）电压和电流的矢量关系如图 3-12（c）所示。

2. 功率

1）瞬时功率

$$p = u \cdot i = U_m \sin\left(\omega t + \frac{\pi}{2}\right) I_m \sin \omega t$$
$$= U_m I_m \cos \omega t \cdot \sin \omega t$$
$$p = UI \sin 2\omega t$$

瞬时功率变化曲线如图 3-13 所示。

（1）瞬时功率以电流或电压 2 倍频率变化。

（2）当 $p>0$ 时，电感从电源吸收电能转换成磁场能储存在电感中；当 $p<0$ 时，电感中储存的磁场能转换成电能送回电源。

（3）瞬时功率 p 的波形在横轴上、下的面积是相等的，所以电感不消耗能量，是个储能元件。

2）有功功率

电感的有功功率根据理论计算可得 $P=0$。

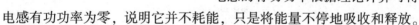

图 3-13　瞬时功率变化曲线

电感有功功率为零，说明它并不耗能，只是将能量不停地吸收和释放。

3）无功功率

无功功率：电感与电源之间有能量的往返互换，这部分功率没有消耗掉。互换功率的大小用其瞬时功率最大值来衡量。

$$Q = UI = X_L I^2 = \frac{U^2}{X_L} \tag{3-19}$$

无功功率的单位用乏［尔］（var）表示。

通过以上讨论，可以得出如下几点结论：

（1）在纯电感的交流电路中，电流和电压频率相同，而相位不同，电压超前电流 $\frac{\pi}{2}$。

（2）电流和电压在数值关系上，最大值和有效值均满足欧姆定律，但瞬时值不满足欧姆定律。

（3）电感为储能元件，它不消耗电能，其有功功率为零，无功功率等于电感电压有效值与电流有效值的乘积。

（4）直流时电感感抗为零，说明纯电感对于直流相当于短路，因而不能将纯电感直接接在直流电源上，否则会造成电源短路，电流过大，引起事故。

（5）对交流电路来说，虽然电压有效值相等，但频率发生变化时，感抗跟着变化，电路中的电流也变化；频率越高，感抗越大，而电流越小，反映出感抗阻碍电流通过的性质。

例 3-8　有一电阻可以忽略的电感线圈，电感 $L = 300$ mH。把它接到 $u = 220\sqrt{2}\sin\omega t$ V 的工频交流电源上，求电感线圈的电流有效值和无功功率。若把它改接到有效值为 100 V 的另一交流电源上，测得其电流为 0.4 A，求该电源的频率是多少？

解：（1）$u = 220\sqrt{2}\sin\omega t$ V 的工频交流电压的有效值为 220 V，f 为 50 Hz

电感感抗

$$X_L = \omega L = 2\pi f L = 2 \times 3.14 \times 50 \times 300 \times 10^{-3} = 94.2 \ (\Omega)$$

电感电流为

$$I = \frac{U}{X_L} = \frac{220}{94.2} \approx 2.34 \ (A)$$

无功功率为

$$Q = UI = 220 \times 2.34 = 514.8 \ (var)$$

（2）接 100 V 交流电源时

电感电抗

$$X_L = \frac{U}{I} = \frac{100}{0.4} = 250 \ (\Omega)$$

电源频率

$$f = \frac{X_L}{2\pi L} = \frac{250}{2 \times 3.14 \times 300 \times 10^{-3}} \approx 133 \ (Hz)$$

3.3.3　纯电容电路

1. 电流和电压的关系

（1）纯电容电路如图 3-14（a）所示。

设图 3-14（a）所示方向为参考方向，电压初相为零，即

$$u = U_m \sin\omega t \tag{3-20}$$

整理可得

$$i = \omega C U_m \cos\omega t \tag{3-21}$$

$$i = I_m \sin\left(\omega t + \frac{\pi}{2}\right) \tag{3-22}$$

（2）纯电容电路电流和电压关系［波形如图 3-14（b）所示］为

①电流和电压的频率相同，即同频。

②电流和电压的相位互差 $\frac{\pi}{2}$，电流在相位上超前电压 $\frac{\pi}{2}$，即电压在相位上滞后电流 $\frac{\pi}{2}$。

③电流和电压的最大值之间和有效值之间的关系为

$$I_m = \omega C U_m = \frac{U_m}{\dfrac{1}{\omega C}} = \frac{U_m}{X_C} \tag{3-23}$$

$$I = \frac{U}{X_C} \qquad (3-24)$$

式中，$X_C = \frac{1}{\omega C} = \frac{1}{2\pi fC}$称为电容的电抗，简称容抗，单位为欧［姆］（Ω）。

随着频率的增加，电容器对交流电流阻碍减小。

电容对交流电的阻碍作用称为容抗，用X_C表示。电容的容抗表示电容对通过自身的交变电流的反抗作用，它只有在正弦交流电路中才有意义。

理论和实验证明，容抗X_C的大小和电源频率成反比，与电容的容量成反比。

$$X_C = \frac{1}{2\pi fC} \qquad (3-25)$$

电容器具有"通交流、阻直流；通高频、阻低频"的性能。

（3）电压和电流矢量关系如图 3-14（c）所示。

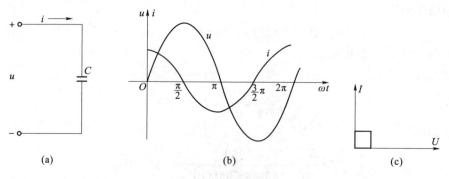

图 3-14　纯电容电路

（a）电路图；（b）电压和电流的波形；（c）矢量图

2. 功率

1）瞬时功率

$$p = u \cdot i = U_m \sin \omega t \cdot I_m \sin\left(\omega t + \frac{\pi}{2}\right)$$

$$= U_m I_m \sin \omega t \cdot \cos \omega t$$

$$p = UI \sin 2\omega t$$

纯电容电路瞬时功率变化曲线如图 3-15 所示。

（1）瞬时功率以 2 倍频变化。

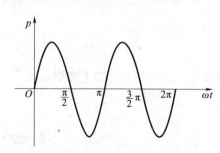

图 3-15　纯电容电路瞬时功率变化曲线

（2）当 $p>0$ 时，电容从电源吸收电能转换成电场能储存在电容中；当 $p<0$ 时，电容中储存的电场能转换成电能送回电源。

（3）电容不消耗电能，是个储能元件。

2）有功功率

电容的有功功率为零，不耗能，只是将能量不停地吸收和释放。

$$P = 0$$

3）无功功率

电容的无功功率

$$Q = UI = X_C I^2 = \frac{U^2}{X_C}$$ (3-26)

其单位是乏［尔］（var）。

通过以上讨论，可以得出以下结论：

（1）在纯电容电路中，电流和电压频率相同、相位不同，电流超前电压$\frac{\pi}{2}$。

（2）电流和电压在数值关系上，只有最大值、有效值满足欧姆定律，而瞬时值不满足欧姆定律。

（3）电容是储能元件，它不消耗电功率，电路的有功功率为零。无功功率等于电容电压有效值与电流有效值之积。

例 3-9　有一个 50 μF 的电容器，接到 $u = 220\sqrt{2}\sin \omega t$ V 工频交流电源上，求电容的电流有效值和无功功率。若将交流电压改为 500 Hz 时，求通过电容器的电流为多少？

解：（1）$u = 220\sqrt{2}\sin \omega t$ V 工频交流电压的有效值为 220 V，频率为 50 Hz，电容容抗为

$$X_C = \frac{1}{\omega C} = \frac{1}{2\pi f C} = \frac{1}{2 \times 3.14 \times 50 \times 50 \times 10^{-6}} \approx 64 \ (\Omega)$$

电容电流为

$$I = \frac{U}{X_C} = \frac{220}{64} \approx 3.4 \ (\text{A})$$

无功功率为

$$Q = UI = 220 \times 3.4 = 748 \ (\text{var})$$

（2）当 $f = 500$ Hz 时

电容容抗为

$$X_C = \frac{1}{\omega C} = \frac{1}{2\pi f C} = \frac{1}{2 \times 3.14 \times 500 \times 50 \times 10^{-6}} \approx 6.4 \ (\Omega)$$

通过电容的电流

$$I = \frac{U}{X_C} = \frac{220}{6.4} \approx 34.4 \ (\text{A})$$

想－想做－做

1. 正弦电流通过电阻元件时，下列关系式正确的是（　　）。

A. $I_m = U/R$　　　　B. $I = U/R$　　　　C. $i = U/R$　　　　D. $I = U_m/R$

2. 已知一个电阻上的电压 $u = 10\sqrt{2}\sin\left(314t - \frac{\pi}{2}\right)$ V，测得电阻上消耗的功率为 20 W，则这个电阻为（　　）Ω。

A. 5　　　　　　　　B. 10　　　　　　　　C. 40

3. 在纯电感电路中，已知电流的初相角为 $-60°$，则电压的初相角为（　　）。

A. $30°$　　　　　　B. $60°$　　　　　　C. $90°$　　　　　　D. $120°$

4. 在纯电感正弦交流电路中，当电流 $i = \sqrt{2}I\sin(314t)$ A 时，则电压为（　　）。

A. $u = \sqrt{2}IL\sin\left(314t + \dfrac{\pi}{2}\right)$ V　　　　　　B. $u = \sqrt{2}I\omega L\sin\left(314t - \dfrac{\pi}{2}\right)$ V

C. $u = \sqrt{2}I\omega L\sin\left(314t + \dfrac{\pi}{2}\right)$ V

5. 在纯电感正弦交流电路中，电压有效值不变，增加电源频率时，电路中电流（　　）。

A. 增大　　　　　　B. 减小　　　　　　C. 不变

模块 3.4 *RLC* 串联交流电路分析

 **学习目标**

1. 理解并掌握 *RLC* 串联交流电路中电压与电流的数值、相位关系。
2. 理解电压三角形和阻抗三角形的组成。
3. 熟练运用相量图计算 *RLC* 串联电路中的电流和电压。

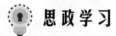 **建议学时**

2 学时

思政学习

中国获得世界第一骄人成绩，突破矢量发动机技术

计算 *RLC* 电路用到了矢量计算，我们很多科学研究也用到矢量计算，例如歼 20 五代机的研制。中国如今取得的成就是有目共睹的，快速的经济崛起令世界各国大跌眼镜，没有想到我国竟然能够有这么大的突破，歼 20 五代机也是继美国第二个研制出来的。本月，中国航空传来歼 10 换成了国产矢量发动机进行测试，标志着中国终于在航空发动机技术上取得了重大突破，发动机是战机的心脏，也是根本之处，歼 20 之所以长期得不到量产，和发动机有着密切的关系。美国在得知中国发动机取得了重要突破的时候，是非常吃惊的，没想到竟然中国首先攻克了矢量发动机的技术，将他们远远甩在了身后，令十几亿中国人骄傲不已。

理论知识

我们知道，纯电阻电路中电压与电流同相；纯电感电路中电压超前电流 90°；纯电容电路中电压滞后电流 90°。交流电路中的实际元件往往有多重性质，例如荧光灯电路，如电感线圈存在一定的电阻，匝与匝之间还有电容效应。因此，单一参数交流电路是一种理想情况，具有多元件、多参数的电路模型更接近于实际应用的电路。

由电阻、电感、电容相串联构成的电路叫作 *RLC* 串联电路，如图 3-16 所示。

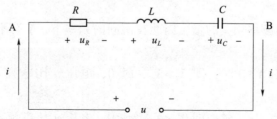

图 3-16 *RLC* 串联交流电路

123

3.4.1 *RLC* 串联电路电压与电流的关系（图3-17）

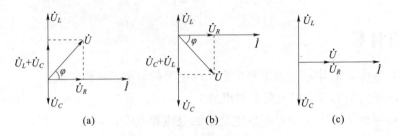

图 3-17 *RLC* 串联电路电压与电流的关系

（a）$X_L>X_C$；（b）$X_L<X_C$；（c）$X_L=X_C$

设串联电路中的电流为 $i=I_\mathrm{m}\sin\omega t$，以电流作为参考

因电阻上的电压 u_R 与电流同相，则

$$u_R=U_{R\mathrm{m}}\sin\omega t$$

电感上的电压 u_L 比电流超前90°，则

$$u_L=U_{L\mathrm{m}}\sin\left(\omega t+\frac{\pi}{2}\right)$$

电容上的电压 u_C 比电流滞后90°，则

$$u_C=U_{C\mathrm{m}}\sin\left(\omega t-\frac{\pi}{2}\right)$$

由基尔霍夫第二定律可知 $u=u_R+u_L+u_C$，得

$$u=I_\mathrm{m}R\sin\omega t+I_\mathrm{m}X_L\sin\left(\omega t+90°\right)+I_\mathrm{m}X_C\sin\left(\omega t-90°\right)$$

同频率正弦量的和仍为同频率的正弦量，因此电路总电压 u 也是 ω 频率相同的正弦量。

正弦量可以用矢量表示，则

$$\dot U=\dot U_R+\dot U_L+\dot U_C \tag{3-27}$$

由单一元件交流电路中电压电流的矢量关系：

$$\dot U_L=\mathrm{j}X_L\dot I \qquad \dot U_C=-\mathrm{j}X_C\dot I \qquad \dot U_R=R\dot I$$

得 $$\dot U=\dot U_R+\dot U_L+\dot U_C=R\dot I+\mathrm{j}X_L\dot I-\mathrm{j}X_C\dot I=\left[R+\mathrm{j}(X_L-X_C)\right]\dot I=Z\dot I$$

式中，$Z=R+\mathrm{j}X$ 称为电路的复阻抗。R、X 分别为复阻抗的电阻部分和电抗部分，单位均为欧姆（Ω）。

由于 X_C 与 X_L 是与频率相关的量，因此在不同的频率下，X 有不同的值使电路呈现不同的性质。

（1）感性电路：当 $X>0$ 时，即 $X_L>X_C$，$\varphi>0$，电压 u 比电流 i 超前$|\varphi|$，称电路呈感性。

（2）容性电路：当 $X<0$ 时，即 $X_L<X_C$，$\varphi<0$，电压 u 比电流 i 滞后$|\varphi|$，称电路呈容性。

（3）谐振电路：当 $X=0$ 时，即 $X_L = X_C$，$\varphi = 0$，电压 u 与电流 i 同相，称电路呈电阻性，电路状态称为谐振状态。

3.4.2 *RLC* 串联电路的阻抗

由于 $U_R = RI$，$U_L = X_L I$，$U_C = X_C I$，可得

$$U = \sqrt{U_R^2 + (U_L - U_C)^2} = I\sqrt{R^2 + (X_L - X_C)^2} \tag{3-28}$$

令

$$|Z| = \frac{U}{I} = \sqrt{R^2 + (X_L - X_C)^2} = \sqrt{R^2 + X^2} \tag{3-29}$$

上式称为阻抗三角形关系式，$|Z|$ 叫作 *RLC* 串联电路的阻抗，其中 $X = X_L - X_C$ 叫作电抗。阻抗和电抗的单位均是欧姆（Ω）。阻抗三角形关系如图 3-18 所示。

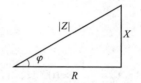

图 3-18　阻抗三角形关系

由相量图可以看出总电压与电流的相位差为

$$\varphi = \arctan \frac{U_L - U_C}{U_R} = \arctan \frac{X_L - X_C}{R} = \arctan \frac{X}{R} \tag{3-30}$$

式中，φ 为阻抗角。

3.4.3 *RLC* 串联电路的性质

电抗 X 的值，根据总电压与电流的相位差（即阻抗角 φ）为正、负、零三种情况，将电路分为三种性质。

RLC 串联电路的三种不同情况如表 3-2 所示。

表 3-2　*RLC* 串联电路的三种不同情况

电抗 X	电压与电流关系	电路特点
$X>0$，$X_L > X_C$	$\varphi > 0$，电压比电流超前 φ	感性电路
$X<0$，$X_L < X_C$	$\varphi < 0$，电压比电流滞后 φ	容性电路
$X=0$，$X_L = X_C$	$\varphi = 0$，电压与电流同相	谐振电路

3.4.4 *RLC* 串联电路的功率

在 *RLC* 串联电路中，既有耗能元件电阻 R，又有储能元件电感 L 和电容 C，存在着有

功功率 P、无功功率 Q_L 和 Q_C，它们分别为

$$P=U_R I=I^2 R=UI\cos\varphi \tag{3-31}$$

$$Q=(U_L-U_C)I=I^2(X_L-X_C)=I^2 X=UI\sin\varphi \tag{3-32}$$

除此之外还有视在功率，视在功率是指电源的容量，用字母 S 表述，单位为伏安（V·A），对于大容量电源可以用千伏安（kV·A）表示。

$$S=UI=\sqrt{P^2+Q^2} \tag{3-33}$$

电路中电源提供的全部功率（视在功率 S）与实际做功的功率（有功功率 P）的比值称为功率因数，用字母 λ 表示，即

$$\lambda=\cos\varphi=P/S \tag{3-34}$$

功率因数越大则说明电源的利用率越高。

例 3-10 在 RLC 串联电路中，交流电源电压 $U=220$ V，频率 $f=50$ Hz，$R=30\ \Omega$，$L=445$ mH，$C=32\ \mu F$。试求：

（1）电路中的电流大小 I；

（2）总电压与电流的相位差 φ；

（3）各元件上的电压 U_R、U_L、U_C。

解：（1）$X_L=\omega L=2\pi fL\approx140\ \Omega$，$X_C=\dfrac{1}{2\pi fC}\approx100\ \Omega$，$|Z|=\sqrt{R^2+(X_L-X_C)^2}=50\ \Omega$，则

$$I=\frac{U}{|Z|}=4.4\ \text{A}$$

（2）$\varphi=\arctan\dfrac{X_L-X_C}{R}=\arctan\dfrac{40}{30}=53.1°$，即总电压比电流超前 53.1°，电路呈感性。

（3）$U_R=RI=132$ V，$U_L=X_L I=616$ V，$U_C=X_C I=440$ V。

本例题中电感电压、电容电压都比电源电压大，在交流电路中各元件上的电压可以比总电压大，这是交流电路与直流电路特性不同之处。

例 3-11 在 RL 串联电路中，已知电阻 $R=40\ \Omega$，电感 $L=95.5$ mH，外加 $f=50$ Hz、$U=200$ V 的交流电压源，试求：

（1）电路中的电流 I；

（2）各元件电压 U_R、U_L；

（3）总电压与电流的相位差 φ。

解：只要将 RLC 串联电路中的电容 C 短路去掉，即令 $X_C=0$，$U_C=0$，则有关 RLC 串联电路的公式完全适用于 RL 串联电路。

（1）$X_L=2\pi fL\approx30\ \Omega$，$|Z|=\sqrt{R^2+X_L^2}=50\ \Omega$，则 $I=\dfrac{U}{|Z|}=4$ A。

（2）$U_R=RI=160$ V，$U_L=X_L I=120$ V，显然 $U=\sqrt{U_R^2+U_L^2}$。

（3）$\varphi=\arctan\dfrac{X_L}{R}=\arctan\dfrac{30}{40}=36.9°$，即总电压 u 比电流 i 超前 36.9°，电路呈感性。

例 3-12 在 RLC 串联电路中，已知电阻是 $8\ \Omega$，感抗为 $10\ \Omega$，容抗为 $4\ \Omega$，电路的端电压为 220 V。

求：电路中的总阻抗、总电流，各个元件两端的电压及电流和端电压的相位关系，并画出电压和电流的相量图。

解：（1）$|Z| = \dfrac{U}{I} = \sqrt{R^2 + (X_L - X_C)^2} = 10\ \Omega$

（2）$I = U/Z = 22\ A$ $U_R = IR = 22 \times 8 = 176\ (V)$ $U_L = IX_L = 220\ V$ $U_C = IX_C = 88\ V$

$\varphi = \arctan\ (X_L - X_C)\ /R = \arctan\ (3/4) = 36.8°$。

电压和电流的相量图如图 3-19 所示。

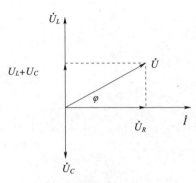

图 3-19　电压和电流的相量图

想－想做－做

1. 在一 *RLC* 串联正弦交流电路中，用电压表测得电阻、电感、电容上电压均为 10 V，用电流表测得电流为 10 A，此电路中 $R =$ _____，$P =$ _____，$Q =$ _____，$S =$ _____。

2. 在 *RLC* 串联正弦交流电路，已知 $X_L = X_C = 20\ \Omega$，$R = 20\ \Omega$，总电压有效值为 220 V，电感上的电压为_____ V。

3. 把一个 *RLC* 串联电路接到 $u = 200\sqrt{2}\sin 1\ 000t\ V$ 的交流电源上，已知 $R = 6\ \Omega$，$L = 10\ mH$，$C = 500\ \mu F$，则电路的总阻抗 $Z =$ _____ Ω，电流 $I =$ _____ A，电路呈_____性。

4. 在 *RLC* 串联电路中，已知电路两端电压 $u = 220\sqrt{2}\sin(100\pi t + 30°)\ V$，电阻 $R = 30\ \Omega$，电感 $L = 445\ mH$，电容 $C = 32\ \mu F$，

（1）判断该电路的性质；

（2）求电路中的电流 I、i；

（3）求各元件两端的电压有效值。

模块 3.5　*RLC* 并联交流电路分析

学习目标

1. 掌握 *RLC* 并联交流电路的电流、电压相量和相位关系。
2. 掌握实际线圈与电容并联电路的电流、电压相量和相位关系。

建议学时

4 学时

思政学习

联合起来办大事，齐心协力谋发展

"科学不可能由一个人来承担"，穿越激荡 40 年，沉甸甸的成绩背后是"联合起来办大事"的价值信条，是全系统各成员单位广泛联合、合作伙伴深度协同的生动实践。

作为在原信息产业部 47 家电子科研院所基础上组建成立的大型企业集团，成立之前中国电科面临联合起来办大事的观念不强，资源分散、单打独斗，无法形成合力的问题，严重影响了市场竞争力。"'内战内行、外战外行'，无法形成合力，直接影响了整个集团的经济效益和社会效益，找到了症结所在，要缩小差距甚至赶超，就必须转型！"中国电科党组书记、董事长熊群力表示，只有"联合起来办大事"，改变单兵作战的局面，优化资源配置，集中精力投入到前沿技术的探索研究之中，联合起来攻克瓶颈技术，才能极大增强中国电科的综合实力。

多年来，中国电科不断深化改革。时至今日，"集团主导"已初见成效，"三级架构、两级经营"的组织运行模式基本成型，领头羊地位作用得到彰显，核心竞争力进一步增强，活力和创造力不断激发，向世界一流创新型领军企业迈进的步伐更加坚实。"联合起来办大事"已成为中国电科的价值信条之一，成为改革发展党建一体化推进格局构建的重要力量。在预警机、载人航天工程、探月工程、FAST、SKA……这些中国电科牵头、参与的重大工程中，"联合起来办大事"价值信条凝聚的星星之火已经燎原。

理论知识

3.5.1　*RLC* 并联电路的电流关系

1. *RLC* 并联电路

将电阻、电容和电感并联起来，接到电流电源上，就构成了 *RLC* 并联电路，在 *RLC* 并联电路中，由于各支路两端的电压相同，因此，在讨论问题时，以电压为参考量，如图 3-20

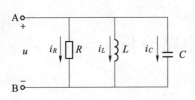

图 3-20　*RLC* 并联电路

所示。

在并联电路中，各支路两端的电压相等，设加在 *RLC* 并联电路两端的电压为

$$u = U_m \sin \omega t$$

则流过电阻、电容和电感的电流分别为

$$i_R = I_{Rm} \sin \omega t$$

$$i_L = I_{Lm} \sin \left(\omega t - \frac{\pi}{2} \right)$$

$$i_C = I_{Cm} \sin \left(\omega t + \frac{\pi}{2} \right)$$

根据基尔霍夫电流定律（KCL），在任一时刻总电流 i 的瞬时值为 $i = i_R + i_L + i_C$。

2. *RLC* 并联电路电压、电流间的关系

作出与 u、i_R、i_L 和 i_C 相对应的旋转式相量图，如图 3-21 所示。

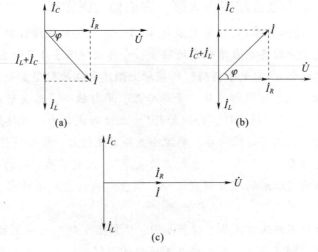

图 3-21　旋转式相量图

（a）$I_C < I_L$；（b）$I_C > I_L$；（c）$I_C = I_L$

应用平行四边形法则求解总电流的旋转矢量 *I*。

在图 3-21（a）中，$I_C < I_L$，总电流滞后电压 φ，电路呈感性；

在图 3-21（b）中，$I_C > I_L$，总电流超前电压 φ，电路呈容性；

在图 3-21（c）中，$I_C = I_L$，总电流与总电压同相，电路呈电阻性。

分析图 3-21 可以看出，总电流 I 与 I_R、$|I_L - I_C|$ 组成一个直角三角形，即电流三角形，如图 3-22 所示。

由电流三角形可知总电流与各支路电流间的数量关系为

$$I = \sqrt{I_R^2 + (I_L + I_C)^2} \tag{3-35}$$

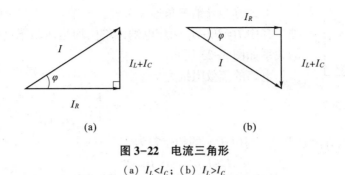

图 3-22　电流三角形

（a）$I_L<I_C$；（b）$I_L>I_C$

3.5.2　*RLC* 并联电路的导纳与阻抗

在并联交流电路中，使用导纳更方便，符号（Y）用于解决复杂的分支阻抗，特别是当涉及两个或多个并联分支阻抗时（有助于数学运算）。通过添加并行导纳可以简单地找到电路的总导纳，那么电路的总阻抗 Z_{T}。

新的准入单位是 Siemens，缩写为 S。导纳在并行分支中加在一起，而阻抗在串联分支中加在一起。我们可以得到阻抗的倒数，我们也可以得到电阻和电抗的倒数，因为阻抗由两个分量组成，R 和 X。然后将电阻的倒数称为电导，电抗的倒数称为电阻。

导纳（Y）：导纳是阻抗 Z 的倒数。在交流电路中，导纳定义为在施加电压时考虑到电压和电流之间的相位差，由电阻和电抗组成的电路允许电流流动的容易程度。

$$Y=\frac{1}{Z}$$

电导（G）：电导是电阻 R 的倒数，并给出符号 G。电导定义为当施加 AC 或 DC 电压时电阻器（或一组电阻器）允许电流流动的容易程度。

$$G=\frac{1}{R}$$

电纳与电抗符号相反所以电容电纳 B_C 为正值，而电感电纳 B_L 为负值。

其中，$B_L=\dfrac{1}{X_L}$ 叫作感纳、$B_C=\dfrac{1}{X_C}$ 叫作容纳，单位均为西门子（S）。

并联电路是相量电流与相量电压的比值，导纳的角度与阻抗的角度相反。

$$I_R=\frac{U}{R}=GU,\ \ I_L=\frac{U}{X_L}=B_LU,\ \ I_C=\frac{U}{X_C}=B_CU$$

其中

$$I=\sqrt{I_R^2+(I_C-I_L)^2}=U\sqrt{G^2+(B_C-B_L)^2}$$

$Y=G+\mathrm{j}(B_C-B_L)$　　　即　$\dot{I}=\dot{U}Y$

如果令 $|Y|=\dfrac{I}{U}$，则

$$|Y|=\sqrt{G^2+(B_C-B_L)^2}-\sqrt{G^2+B^2} \tag{3-36}$$

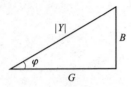

图 3-23 导纳三角形

上式称为导纳三角形关系式，式中 $|Y|$ 叫作 RLC 并联电路的导纳，其中 $B=B_C-B_L$ 叫作电纳，单位均是西门子（S）。导纳三角形的关系如图 3-23 所示。

电路的等效阻抗为

$$|Z|=\frac{U}{I}=\frac{1}{|Y|}=\frac{1}{\sqrt{G^2+B^2}} \qquad (3-37)$$

由相量图可以看出总电流 i 与电压 u 的相位差为

$$\varphi'=\arctan\frac{I_C-I_L}{I_R}=\arctan\frac{B_C-B_L}{G}=\arctan\frac{B}{G} \qquad (3-38)$$

式中，φ' 叫作导纳角。由于阻抗角 φ' 是电压与电流的相位差，因此有

$$\varphi=-\varphi'=-\arctan\frac{B}{G}$$

3.5.3 RLC 并联电路的功率

（1）电路的有功功率为

$$P=UI\cos\psi=U^2G \qquad (3-39)$$

（2）电路的无功功率

$$Q=UI\sin\psi=-U^2B \qquad (3-40)$$

（3）电路视在功率

$$S=\sqrt{P^2+Q^2}=U^2|Y| \qquad (3-41)$$

同样是根据电压与电流的相位差（即阻抗角 φ）为正、负、零三种情况，将电路分为三种性质：

（1）感性电路：当 $B<0$ 时，即 $B_C<B_L$ 或 $X_C>X_L$，$\varphi>0$，电压 u 比电流 i 超前 φ，称电路呈感性。

（2）容性电路：当 $B>0$ 时，即 $B_C>B_L$ 或 $X_C<X_L$，$\varphi<0$，电压 u 比电流 i 滞后 $|\varphi|$，称电路呈容性。

（3）谐振电路：当 $B=0$ 时，即 $B_L=B_C$ 或 $X_C=X_L$，$\varphi=0$，电压 u 与电流 i 同相，称电路呈电阻性。

例 3-13 在 RLC 并联电路中，已知：电源电压 $U=120$ V，频率 $f=50$ Hz，$R=50$ Ω，$L=0.19$ H，$C=80$ μF。试求：（1）各支路电流 I_R、I_L、I_C；（2）总电流 I，并说明该电路呈何性质；（3）等效阻抗 $|Z|$。

解：（1）$\omega=2\pi f=314$ rad/s，$X_L=\omega L=60$ Ω，$X_C=1/(\omega C)=40$ Ω

$I_R=U/R=120/50=2.4$（A），$I_L=U/X_L=2$ A，$I_C=U/X_C=3$ A

（2）$I=\sqrt{I_R^2+(I_C-I_L)^2}=2.6$ A，因 $X_L>X_C$，则电路呈容性。

（3）$|Z|=U/I=120/2.6\approx46$（Ω）。

例 3-14 已知在 RL 并联电路中，$R=50$ Ω，$L=0.318$ H，工频电源 $f=50$ Hz，电压 $U=220$ V，试求：（1）求各支路电流 I_R、I_L、总电流 I；（2）等效阻抗大小 $|Z|$。

解： （1）由 $I_R = U/R = 220/50 = 4.4$（A），$X_L = 2\pi f L \approx 100$ Ω，$I_L = U/X_L = 2.2$ A，可得

$I = \sqrt{I_R^2 + I_L^2} = 4.92$ A

（2）$|Z| = U/I = 220/4.92 = 44.7$（Ω）。

想 — 想 做 — 做

1. RLC 并联电路中，由 $\dot{I}$、$\dot{I}_R$、$\dot{I}_C$、$\dot{I}_L$ 组成的直角三角形是_____，瞬时值关系为_____，它们的有效值关系为_____。

2. 在 RLC 并联电路中，当 $X_L > X_C$ 时，电路呈_____性；当 $X_L < X_C$ 时，电路呈_____；当 $X_L = X_C$，电路呈_____性。

3. 在 RLC 并联电路中，总阻抗 $|Z| = $ _____，电压和电流的相位差 $\varphi = $ _____。

4. RLC 并联电路中，$R = 10$ Ω，$X_L = 10$ Ω，$X_C = 20$ Ω，$\dot{U} = 100$ V，试求：$\dot{I}$、$\dot{I}_R$、$\dot{I}_C$、$\dot{I}_L$，并画出相量图。

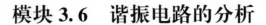

模块 3.6　谐振电路的分析

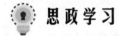 **学习目标**

1. 理解 *RLC* 串、并联电路谐振的含义。
2. 理解谐振的条件、谐振角频率、频率。
3. 理解谐振电路的特点，会画矢量图。
4. 了解谐振的危害及用途。

建议学时

2 学时

思政学习

扬长避短、取其精华

电路谐振现象是物理学中三大现象之一，人们利用它有几百年的历史，它为人类做出了巨大贡献。谐振电路在无线电技术、广播电视技术中有着广泛的应用。各种无线电装置、设备、测量仪器等都不可缺少谐振电路。这种电路的显著特点就是它具有选频能力，它可以将有用的频率成分保留下来，而将无用的频率成分滤除，比如收音机、电视机。

谐振电路的应用：收音机利用的就是谐振现象。转动收音机的旋钮时，就是在变动电路的固有频率。在某一点，电路的频率和空气中原来不可见的电磁波的频率相等而发生了谐振。远方的声音从收音机传出来，这声音就是谐振的产物。还比如电视机的中频抑制回路（串联谐振）、滤除干扰频率（并联谐振）、安装在电网与电灯之间的电子镇流器等。

谐振的危害：在电力系统中，电网参数的不利组合及其他原因，都可能引起系统中电磁能量的瞬间突变，形成谐振过电压。谐振过电压分为线性过电压和非线性过电压（也称铁磁谐振电压）两种。当谐振发生时，其电压幅值高、变化速度快、持续时间长，轻则影响设备的安全稳定运行；重则可使开关柜爆炸、炸毁设备，甚至造成大面积停电等严重事故。

理论知识

3.6.1　*RLC* 串联谐振的条件与谐振频率

在 *RLC* 串联电路中，当总电压与总电流同相位时，电路呈阻性的状态称为串联谐振。

1. *RLC* 串联谐振的条件

$$U_L = U_C \ \text{即} \ X_L = X_C$$

2. *RLC* 串联谐振角频率与频率

由

$$\omega L = \frac{1}{\omega C}$$

得
$$\omega = \frac{1}{\sqrt{LC}}$$

谐振频率
$$f_0 = \frac{1}{2\pi\sqrt{LC}}$$

3. *RLC* 串联谐振时的相量图

RLC 串联谐振时的相量图如图 3-24 所示。

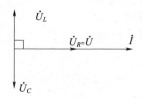

图 3-24 *RLC* 串联谐振时的相量图

4. *RLC* 串联谐振电路的特点

（1）串联谐振时，$X_L = X_C$，电路的复阻抗为 $Z = R$，呈电阻性，其阻抗值最小。

（2）因阻抗值最小，所以在电压一定时，电路中谐振电流最大，即

$$I = I_0 = \frac{U}{R}$$

（3）串联谐振时，电感和电容的端电压大小相等、相位相反，并且等于总电压的 Q 倍，因此串联谐振又叫电压谐振，即

$$U_0 = QU$$

式中，Q 叫作电路的品质因数，其值为

$$Q = \frac{X_L}{R} = \frac{X_C}{R} = \frac{2\pi f_0 L}{R} = \frac{1}{2\pi f_0 CR} \tag{3-42}$$

$Q>1$（由于一般串联谐振电路中的 R 很小，所以 Q 值总大于 1），其数值约为几十，有的可达几百。所以串联谐振时，电感和电容元件两端可能会产生比总电压高出 Q 倍的高电压，又因为 $U_L = U_C$，所以串联谐振又叫电压谐振。

（4）串联谐振时，电路的无功功率为零，电源只提供能量给电阻元器件消耗，而电路内部电感的磁场能和电容的电场能正好完全相互转换。

（5）谐振时，电路的电抗为零，但感抗和容抗都不为零，此时的感抗或容抗称为电路的特性阻抗，用字母 ρ 表示，单位是 Ω。

$$\rho = \omega_0 L = \frac{1}{\omega_0 C} = \sqrt{\frac{L}{C}} \tag{3-43}$$

谐振的时候电流最大：$I_0 = \frac{U}{Z_0}$。

特性阻抗其实就是电路谐振时的感抗或容抗。

5. *RLC* 串联谐振电路的应用

值得说明的是，电感和电容上的电压会远远高于电路的端电压，过高的电压可能会破

坏这些电路元件的绝缘，因此在电力工程中要避免谐振或接近谐振的情况发生。但在无线电、通信技术等领域，则广泛利用串联谐振来选择所需要的信号。如无线电广播和电视接收机都调谐在某种频率或频带上，以使该频率或频带内的信号特别增强，起到将非谐振频率的其他信号滤去的作用。

在无线电技术中，经常应用串联谐振电路来选择所需频率的信号，如图 3-25 所示的无线接收电路的示意图。通过调节电容 C，对所需频率的信号产生串联谐振，使该频率的信号达到最大，从而在不同频率的信号中，该频率信号被选出接收，而其他频率信号即被抑制。

再如，为了提高电视机中的高频对中频干扰的抑制能力，往往在输入电路中接入中频抑制回路，如图 3-26 所示。该串联谐振回路是与电视机的输入端并联的，若将该串联谐振回路调谐于中频 37 MHz，则它对于中频干扰信号呈现出一个很小的阻抗（等于线圈的电阻），也就是说该串联谐振回路将吸收中频干扰信号，不让它进入电视机。同时该串联谐振回路对于远离谐振点的电视信号呈现的阻抗很大，不会影响电视机的正常工作。

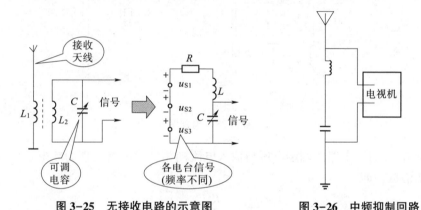

图 3-25　无接收电路的示意图　　　　图 3-26　中频抑制回路

例 3-15　在 RLC 串联电路中，已知 $L = 100$ mH，$R = 3.4$ Ω，电路在输入信号频率为 400 Hz 时发生谐振，求电容 C 的电容量和回路的品质因数。

解：电容 C 的电容量为

$$C = \frac{1}{(2\pi f_0)^2 L} = \frac{1}{631\ 014.4} \approx 1.58\ (\mu F)$$

回路的品质因数为

$$Q = \frac{2\pi f_0 L}{R} = \frac{6.28 \times 400 \times 0.1}{3.4} \approx 74$$

例 3-16　已知某收音机输入回路的电感 $L = 260$ μH，当电容调到 100 pF 时发生串联谐振，求电路的谐振频率，若要收听频率为 640 kHz 的电台广播，电容 C 应为多大。（设 L 不变）

解：

$$f_0 = \frac{1}{2\pi\sqrt{LC}} = \frac{1}{2 \times 3.14 \times \sqrt{260 \times 10^{-6} \times 100 \times 10^{-12}}} \approx 1\ 000\ (kHz)$$

$$C = \frac{1}{(2\pi f)^2 L} = \frac{1}{(2 \times 3.14 \times 640 \times 10^3)^2 \times 260 \times 10^{-6}} \approx 238\ (pF)$$

3.6.2 并联谐振电路

在电感和电容并联的电路中，当电容的大小恰恰使电路中的电压与电流同相位，即电源电能全部为电阻消耗，成为电阻电路时，叫作并联谐振。

并联谐振是一种完全的补偿，电源无须提供无功功率，只提供电阻所需要的有功功率。谐振时，电路的总电流最小，而支路的电流往往大于电路的总电流，因此，并联谐振也称为电流谐振。

发生并联谐振时，在电感和电容元件中流过很大的电流，因此会造成电路的熔断器熔断或烧毁电气设备的事故；但在无线电工程中往往用来选择信号和消除干扰。

1. 并联谐振发生条件

电路图如图 3-27 所示。

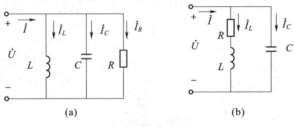

图 3-27 电路图

当电纳 $B=0$ 时，电路的两端电压与输入电流同相位，电路表现为纯电阻性，此时电路发生了并联谐振，即

$$Y = j\omega C + \frac{1}{R+j\omega L} = \frac{R}{R^2+(\omega L)^2} + j\left[\omega C - \frac{\omega L}{R^2+(\omega L)^2}\right]$$

$$= G + jB$$

$$= \omega_0 C - \frac{\omega_0 L}{R^2+(\omega_0 L)^2} = 0 \tag{3-44}$$

$$\omega_0 = \sqrt{\frac{1}{LC} - \left(\frac{R}{L}\right)^2} \tag{3-45}$$

电路发生谐振是有条件的，在电路参数一定时，满足

$$\frac{1}{LC} - \left(\frac{R}{L}\right)^2 > 0$$

即 $R < \sqrt{\dfrac{L}{C}}$ 时，可以发生谐振。

发生谐振时满足 $\omega_0 C = \dfrac{1}{\omega_0 L}$，则 RLC 并联谐振角频率 ω_0 和谐振频率 f_0 分别是

$$\omega_0 = \frac{1}{\sqrt{LC}}, \quad f_0 = \frac{1}{2\pi\sqrt{LC}}$$

谐振时电路阻抗达到最大值且呈电阻性。谐振阻抗和电流分别为

$$|Z_0| = R(1+Q_0^2) \approx Q_0^2 R = \frac{L}{CR} \tag{3-46}$$

$$I_0 = \frac{U}{|Z_0|}$$

电路处于谐振状态，总电流为最小值。

谐振时 $X_{L0} \approx X_{C0}$，则电感 L 支路电流 I_{L0} 与电容 C 支路电流 I_{C0} 为

$$I_{L0} \approx I_{C0} = \frac{U}{X_{C0}} \approx \frac{U}{X_{L0}} = Q_0 I_0 \tag{3-47}$$

即谐振时各支路电流为总电流的 Q 倍，所以 LC 并联谐振又叫作电流谐振。

当 $f \ne f_0$ 时，称为电路处于失谐状态，对于 LC 并联电路来说，若 $f < f_0$，则 $X_L < X_C$，电路呈感性；若 $f > f_0$，则 $X_L > X_C$，电路呈容性。

RLC 并联谐振电路的特点如下：

（1）电路的阻抗最大且为纯电阻

$$|Z_0| = \frac{L}{RC} \tag{3-48}$$

（2）电路中电流最小且与端电压同相

$$I_0 = \frac{U}{|Z_0|} = \frac{URC}{L} \tag{3-49}$$

（3）电感和电容上的电流接近相等，并为总电流的 Q 倍。在一般情况下，$\omega_0 L \gg R$，R 可忽略不计，则

$$I_C \approx I_{RL} \approx \frac{U}{X_L} = \frac{U}{\omega_0^2 L^2} \times \frac{\omega_0 L}{R} R = \frac{\omega_0 L}{R} \times \frac{U}{\underset{LCR}{\frac{L^2}{}}} = \frac{\omega_0 L}{R} \times \frac{U}{\underset{RC}{\frac{L}{}}} = Q I_0$$

式中，$Q = \dfrac{\omega_0 L}{R}$ 为电路的品质因数。

并联谐振和串联谐振的谐振曲线形状相同，选择性和通频带也一样。

2. 并联谐振电路的应用

在 RFID 电子标签的射频前端常采用并联谐振电路，因为它可以使低频和高频 RFID 电子标签从读写器耦合的能量最大。低频和高频 RFID 电子标签的天线用于耦合读写器的磁通，该磁通向电子标签提供电源，并在读写器与电子标签之间传递信息。对电子标签天线的构造有以下要求：

（1）电子标签天线上感应的电压最大，以使电子标签线圈输出最大的电压。

（2）功率匹配，以最大限度地耦合来自读写器的能量。

（3）足够的带宽，以使电子标签接收的信号无失真。

根据以上要求，电子标签天线的电路应该是并联谐振电路。谐振时，并联谐振电路可以获得最大的端电压，使电子标签线圈上输出的电压最大，可以最大限度地耦合读写器的能量，可以满足电子标签接收的信号无失真，这时只需要根据带宽要求调整谐振电路的品质因数。

RFID 电子标签射频前端天线电路的结构如图 3-28 所示。

电感 L 由天线组成，电容 C 与电感 L 并联，构成并联谐振电路。实际应用中，电感 L 和电容 C 有损耗，并联谐振电路相当于电感 L、电容 C 和电阻 R 三个元件并联而成。

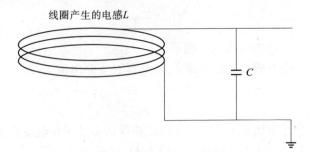

线圈产生的电感 L

C

图 3-28 RFID 电子标签射频前端天线电路的结构

想—想做—做

一、填空题

1. 串联正弦交流电路发生谐振的条件是_____，谐振时的谐振频率品质因数 $Q =$ _____，串联谐振又称为_____。

2. 在发生串联谐振时，电路中的感抗与容抗_____；此时电路中的阻抗最_____，电流最_____，总阻抗 $Z =$ _____。

3. 在一 RLC 串联正弦交流电路中，用电压表测得电阻、电感、电容上电压均为 10 V，用电流表测得电流为 10 A，此电路中 $R =$ _____，$P =$ _____，$Q =$ _____，$S =$ _____。

4. 在含有 L、C 的电路中，出现总电压、电流同相位，这种现象称为_____。这种现象若发生在串联电路中，则电路中阻抗_____，电压一定时电流_____，且在电感和电容两端将出现_____。

5. 谐振发生时，电路中的角频率 $\omega_0 =$ _____，$f_0 =$ _____。

二、判断题

1. 串联谐振电路不仅广泛应用于电子技术中，也广泛应用于电力系统中。（   ）

2. 串联谐振在 L 和 C 两端将出现过电压现象，因此也把串联谐振称为电压谐振。

（   ）

三、选择题

1. RLC 并联电路在 f_0 时发生谐振，当频率增加到 $2f_0$ 时，电路性质呈（   ）。

A. 电阻性   B. 电感性   C. 电容性

2. 处于谐振状态的 RLC 串联电路，当电源频率升高时，电路将呈现出（   ）。

A. 电阻性   B. 电感性   C. 电容性

3. 下列说法中，（   ）是正确的。

A. 串联谐振时阻抗最小   B. 并联谐振时阻抗最小

C. 电路谐振时阻抗最小

4. 发生串联谐振的电路条件是（   ）。

A. $\dfrac{\omega_0 L}{R}$ B. $f_0 = \dfrac{1}{\sqrt{LC}}$ C. $\omega_0 = \dfrac{1}{\sqrt{LC}}$

5. 在 RLC 串联正弦交流电路，已知 $X_L = X_C = 20\ \Omega$，$R = 20\ \Omega$，总电压有效值为 220 V，电感上的电压为（　　）V。

A. 0　　　　　　　　B. 220　　　　　　　C. 73.3

四、计算题

1. 在 RLC 串联电路中，已知 $L = 100$ mH，$R = 3.4\ \Omega$，电路在输入信号频率为 400 Hz 时发生谐振，求电容 C 的电容量和回路的品质因数。

2. 一个串联谐振电路的特性阻抗为 100 Ω，品质因数为 100，谐振时的角频率为 1 000 rad/s，试求 R、L 和 C 的值。

模块 3.7 交流电的功率及功率因数的提高

 学习目标

1. 正确理解有功、无功及视在功率的物理含义。
2. 掌握交流电路的三种功率的计算。
3. 理解功率因数及一般提高方法。

复数用于交流电　日光灯电路安装
计算　　　　与调试

建议学时

4 学时

思政学习

节约电能、传承美德

在现今可用资源接近匮乏的情况下，除了尽快开发新能源外，更好地利用现有资源是我们解决燃眉之急的唯一办法。而对于目前人类所大量使用和无比依赖的电能，提高功率因数将是重中之重。国家要求高压系统工业用户的功率因数应达 0.95，其他用户应达 0.9，农业用户应达 0.8，并且制定了根据功率因数调整电价的制度，鼓励用户提高功率因数。在实际用电过程中，提高负载的功率因数是最有效地提高电力资源利用率的方式，企业电气设备功率因数如果没有达到国家规定的标准将被惩罚。

提高功率因数的意义：

（1）提高用电质量，改善设备运行条件，可保证设备在正常条件下工作，有利于安全生产。

（2）可节约电能，降低生产成本，减少企业的电费开支。

（3）能提高企业用电设备的利用率，充分发挥企业的设备潜力。

（4）可减少线路的功率损失，提高电网输电效率。

（5）因发电机的发电容量的限定，故提高 $\cos\varphi$ 也就使发电机能多出有功功率。

理论知识

3.7.1 交流电路的功率

瞬时功率随时间变化，计量时不方便，因为它是周期函数，所以在实际中通常采用平均功率进行度量。平均功率是指瞬时功率在一个周期内的平均值。平均功率也称为有功功率，表示电路中负载所消耗的功率，用大写 P 表示，单位是瓦特（W）。

$$P = \frac{1}{T}\int_0^T p\mathrm{d}t = \frac{1}{T}\int_0^T UI[\cos\varphi - \cos(2\omega t - \varphi)]\mathrm{d}t = UI\cos\varphi$$

则瞬时功率在一个周期内的平均值（即有功功率）为

$$P = UI\cos \varphi = UI\lambda \qquad (3-50)$$

式中，$\lambda = \cos \varphi$ 叫作正弦交流电路的功率因数。

1. 有功功率 P

（1）电阻、电感、电容的有功功率。

电阻元件：$\varphi = 0$，$\cos \varphi = 1$，$P_R = U_R I_R = U_R^2/R = I_R^2 R$；

电感元件：$\varphi = 90°$，$\cos \varphi = 0$，$P_L = U_L I_L \cos \varphi = 0$；

电容元件：$\varphi = -90°$，$\cos \varphi = 0$，$P_C = U_C I_C \cos \varphi = 0$。

（2）P 反映电路实际消耗的功率：R 消耗功率，L、C 不消耗功率。

（3）有功功率等于电路中各电阻有功功率之和，或各支路有功功率之和。

2. 无功功率 Q

电感元件、电容元件实际上不消耗功率，只是和电源之间存在着能量互换，把这种能量交换规模的大小定义为无功功率，无功功率单位为乏（var）。

$$Q = UI\sin \varphi$$

电阻元件：$\varphi = 0$，$Q_R = 0$；

电感元件：$\varphi = 90°$，$Q_L = U_L I_L \sin 90° = U_L I_L > 0$；

电容元件：$\varphi = -90°$，$Q_C = U_C I_C \sin(-90°) = -U_C I_C < 0$。

无功功率等于电路中各电感、电容无功功率之和，或各支路无功功率之和。

3. 视在功率 S

在交流电路中，电源电压有效值与总电流有效值的乘积（UI）叫作视在功率，单位为伏安（V·A），用 S 表示，即

$$S = UI$$

电气设备的容量 $\qquad\qquad S_N = U_N I_N \qquad\qquad (3-51)$

S 代表了交流电源可以向电路提供的最大功率，又称为电源的功率容量。于是交流电路的功率因数等于有功功率与视在功率的比值，即

$$\lambda = \cos \varphi = \frac{P}{S} \qquad (3-52)$$

所以电路的功率因数能够表示出电路实际消耗功率占电源功率容量的百分比。

4. 有功、无功和视在功率三者的关系

有功功率：$P = UI\cos \varphi$，单位：瓦（W）；

无功功率：$Q = UI\sin \varphi$，单位：乏（var）；

视在功率：$S = UI$，单位：伏安（V·A）。

$$S = \sqrt{P^2 + Q^2} \qquad (3-53)$$

$$\lambda = \cos \varphi = \frac{P}{S} \qquad (3-54)$$

功率三角形如图 3-29 所示，φ 是电压与电流之间的相位差角。

例 3-17 RLC 串联交流电路如图 3-30 所示。已知 $R = 30\ \Omega$、$L = 254\ \text{mH}$、$C = 80\ \mu\text{F}$，$u = 220\sqrt{2}\sin(314t + 20°)\ \text{V}$，求：电路的有功功率、无功功率、视在功率。

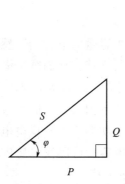

图 3-29　功率三角形

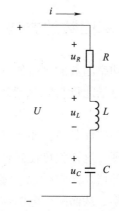

图 3-30　RLC 串联交流电路

$$\dot{U}_1 = 220\angle 20°\ \text{V}$$

$$Z = R + \text{j}(X_L - X_C) = 30 + \text{j}(79.8 - 39.8) = 50\angle 53.1°(\Omega)$$

$$\dot{I} = \dot{U}_1/\dot{Z} = 4.4\angle -33.1°\ \text{A}$$

视在功率　　　　　$S = UI = 220\times 4.4 = 968\ (\text{V}\cdot\text{A})$

有功功率　　　　　$P = UI\cos\varphi = 968\times\cos[20° - (-33.1°)] = 581.2\ (\text{W})$

无功功率　　　　　$Q = UI\sin\varphi = 968\times\sin[20° - (-33.1°)] = 774.1\ (\text{var})$

3.7.2　功率因数在交流电路中的意义

在交流电力系统中，负载多为感性负载。例如常用的感应电动机，接上电源时要建立磁场，所以它除了需要从电源取得有功功率外，还要由电源取得磁场的能量，并与电源做周期性的能量交换。在交流电路中，负载从电源接收的有功功率 $P = UI\cos\varphi$，显然与功率因数有关。功率因数低会引起以下不良后果：

（1）负载的功率因数低，使电源设备的容量不能充分利用，因为电源设备（发电机、变压器等）是依照它的额定电压与额定电流设计的。例如一台容量为 $S = 100\ \text{kV}\cdot\text{A}$ 的变压器，若负载的功率因数 $\lambda = 1$ 时，则此变压器就能输出 $100\ \text{kW}$ 的有功功率；若 $\lambda = 0.6$ 时，则此变压器只能输出 $60\ \text{kW}$ 的有功功率，也就是说变压器的容量未能充分利用。

（2）在一定的电压 U 下，向负载输送一定的有功功率 P 时，负载的功率因数越低，输电线路的电压降和功率损失越大。这是因为输电线路电流 $I = P/(U\cos\varphi)$，当 $\lambda = \cos\varphi$ 较小时，I 必然较大，从而输电线路上的电压降也要增加，因电源电压一定，所以负载的端电压将减少，这要影响负载的正常工作。从另一方面看，电流 I 增加，输电线路中的功率损耗也要增加。因此，提高负载的功率因数对合理科学地使用电能以及国民经济都有着重要的意义。

（3）常用的感应电动机在空载时的功率因数为 $0.2\sim0.3$，而在额定负载时为 $0.83\sim$ 0.85，不装电容器的日光灯，功率因数为 $0.45\sim0.6$，应设法提高这类感性负载的功率因数，以降低输电线路电压降和功率损耗。

3.7.3 提高功率因数的方法

提高感性负载功率因数的最简便的方法是用适当容量的电容器与感性负载并联，这样就可以使电感中的磁场能量与电容器的电场能量进行交换，从而减少电源与负载间能量的互换。在感性负载两端并联一个适当的电容后，对提高电路的功率因数十分有效。

实际的负载多为感性负载，要提高感性负载的功率因数，一般可通过在感性负载上并联适当的电容来实现。这样就可使感性负载所需的无功功率不从供电电源处获得，而是从并联的电容处获得补偿。换句话说，感性负载并联电容，可以使电感中的磁场能量与电容器中的电场能量交换，从而减少电源与负载间能量的互换。

如图 3-31 所示，由于电容是并联在负载的两端，当外加电压一定时，并联电容对原负载上的电压、电流没有影响。但并联电容后，电容上的电流"补偿"了电感上电流的无功分量；电容上的无功功率"补偿"了电感上的无功功率，减小了电源的无功功率，从而提高了电路的功率因数，即感性负载并联电容后其功率因数较原感性负载本身的功率因数提高了，从而提高了整个电路的功率因数。

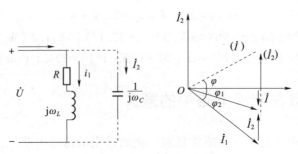

图 3-31 感性负载并联电容

并联电容前

$$P = UI_1\cos\varphi_1 \qquad I_1 = \frac{P}{U\cos\varphi_1}$$

并联电容后

$$P = UI_2\cos\varphi_2 \qquad I_2 = \frac{P}{U\cos\varphi_2}$$

根据相量图有

$$I_C = \frac{P}{U}(\tan\varphi_1 - \tan\varphi_2)$$

借助相量图分析方法容易证明：对于额定电压为 U、额定功率为 P、工作频率为 f 的感性负载 R_L 来说，将功率因数从 $\lambda_1 = \cos\varphi_1$ 提高到 $\lambda_2 = \cos\varphi_2$，其中 $\varphi_1 = \arccos\lambda_1$，$\varphi_2 = \arccos\lambda_2$，且 $\varphi_1 > \varphi_2$，$\lambda_1 < \lambda_2$。

将并联电容的电流 $I_C = \dfrac{U}{X_C} = U\omega C$ 代入上式得所需并联的电容为

$$C = \frac{P}{\omega U^2}(\tan \varphi_1 - \tan \varphi) = \frac{P}{2\pi f U^2}(\tan \varphi_1 - \tan \varphi_2)$$

应用上式可以求出功率因数从 $\cos \varphi_1$ 提高到 $\cos \varphi_2$ 所需电容。在实用中不要求电容值，厂家生产补偿用的电力电容器直接给出其额定电压和额定无功功率 Q_C。

$$Q_C = P(\tan \varphi_1 - \tan \varphi_2) \tag{3-55}$$

例 3-18　一台发电机以 400 V 的电压输给负载 6 kW 的电力，如果输电线总电阻为 1 Ω，试计算：

（1）负载的功率因数从 0.5 提高到 0.75 时，输电线上的电压降可减小多少？

（2）负载的功率因数从 0.5 提高到 0.75 时，输电线上一天可少损失多少电能？

解：（1）当 $\cos \varphi = 0.5$ 时，输电线上的电流 $I_1 = \dfrac{P}{U\cos \varphi} = \dfrac{6 \times 10^3}{400 \times 0.5} = 30$（A）

输电线上的电压降　　　　　$\Delta U_1 = I_1 R = 30 \times 1 = 30$（V）

当 $\cos \varphi = 0.75$ 时，输电线上的电流 $I_2 = \dfrac{P}{U\cos \varphi} = \dfrac{6 \times 10^3}{400 \times 0.75} = 20$（A）

输电线上的电压降

$$\Delta U_2 = I_2 R = 20 \times 1 = 20 \text{（V）}$$

输电线上电压降减小的数值：$\Delta U = \Delta U_1 - \Delta U_2 = 30 - 20 = 10$（V）

（2）当 $\cos \varphi = 0.5$ 时，输电线上的电能损耗：$W_{1损} = I_1^2 R = 30^2 \times 1 = 900$（W）

当 $\cos\varphi = 0.75$ 时，输电线上的电能损耗：$W_{2损} = I_2^2 R = 20^2 \times 1 = 400$（W）

输电线上一天可少损失的电能

$$\Delta W = (900 - 400) \times 24 = 12\ 000 \text{（W · h）} = 12 \text{ 度}$$

例 3-19　已知某单相电动机（感性负载）的额定参数，功率 $P = 120$ W，工频电压 $U = 220$ V，电流 $I = 0.91$ A。试求：把电路功率因数 λ 提高到 0.9 时，应使用一只多大的电容 C 与这台电动机并联？

解：（1）首先求未并联电容时负载的功率因数 $\lambda_1 = \cos \varphi_1$

因 $P = UI\cos \varphi_1$，则

$$\lambda_1 = \cos \varphi_1 = P/(UI) = 0.599\ 4, \quad \varphi_1 = \arccos \lambda_1 = 53.2°$$

（2）把电路功率因数提高到 $\lambda_2 = \cos \varphi_2 = 0.9$ 时，$\varphi_2 = \arccos \lambda_2 = 25.8°$，则

$$C = \frac{P}{2\pi f U^2}(\tan \varphi_1 - \tan \varphi_2) = \frac{120}{2 \times 3.14 \times 50 \times 220^2} \times (1.336\ 7 - 0.483\ 4) = 6.74 \text{（μF）}$$

例 3-20　某单位原来用电功率为 70 kW，用电设备的功率因数为 0.7，由一台容量 $S = 100$ kV · A，额定电压 $U = 220$ V 的三相变压器配电。现用电功率增至 90 kW，问：

（1）如果电路的功率因数不变，则须换用多大容量的变压器？

（2）能否在变压器低压侧并联电容使原变压器满足现在的配电要求，如可以，则需用多大电容？

解　（1）如果电路的功率因数不变，则须换用的变压器的容量为

$$S = \frac{P}{\cos \varphi} = \frac{90}{0.7} \approx 129 \text{（kV · A）}$$

（2）如在变压器低压侧并联电容使原变压器满足现在的配电要求，则电路的功率因数需提高为

$$\cos \varphi = \frac{P}{S} = \frac{90}{100} = 0.9$$

这是可以做到的，因此可用在变压器低压侧并联电容的方法使原变压器满足现在的配电要求。所需电容器的总容量为

$$C = \frac{P}{2\pi f U^2}(\tan \varphi_1 - \tan \varphi_2) = \frac{P}{2\pi f U^2}(\tan \arccos 0.7 - \tan \arccos 0.9)$$

$$= \frac{70 \times 10^3}{2 \times 3.14 \times 50 \times 220^2}(\tan 45.57° - \tan 25.84°) = \frac{70 \times 10^3}{2 \times 3.14 \times 50 \times 220^2} \times (1.020 - 0.484)$$

$$= 2\ 467 \times 10^{-6}(\text{F})$$

 想 — 想 做 — 做

1. 请列举提高功率因数的几种方法。

2. 两个负载并联，接到 220 V、50 Hz 的电源上。一个负载的功率 $P_1 = 2.8$ kW，功率因数 $\cos \varphi_1 = 0.8$（感性），另一个负载的功率 $P_2 = 2.42$ kW，功率因数 $\cos \varphi_2 = 0.5$（感性）。试求：

（1）电路的总电流和总功率因数。

（2）电路消耗的总功率。

（3）要使电路的功率因数提高到 0.92，需并联多大的电容？此时，电路的总电流为多少？

（4）再把电路的功率因数从 0.92 提高到 1，需并联多大的电容？

工作任务　日光灯电路的安装及功率因数的提高

姓名：　　　　**学号：**　　　　**班级：**　　　　　**成绩：**

电度表的接线

实验目的：

1. 掌握日光灯电路的工作原理及电路连接方法。

2. 掌握交流电压和电流的测量方法。

3. 掌握功率因数表的使用方法。

实训器材： 交流电源、功率因数表、万用表、交流电流表、日光灯灯具、导线。

实验原理：

1. 感性负载及功率因数

一般在电力系统中，总希望负载能够尽可能运行在较高的功率因数下。实际中，往往通过在感性负载两端并联电容的方法来适当提高功率因数。本实验以灯管、镇流器和启辉器组成的日光灯电路作为负载，由于镇流器是一带铁芯的绕组，因此整个电路是感性负载，其功率因数较低。由于镇流器的感抗较大，日光灯电路的功率因数比较低，通常在 0.5 左右。可以用并联合适的电容器的方法来提高日光灯电路的功率因数。用功率表测量电路的有功功率，用交流电压表、电流表测量电压和电流，通过实验可以发现，并联合适的电容，可以将日光灯电路的功率因数提高到 0.9 以上。测量电路的有功功率时应注意功率表的正确使用。

2. 日光灯工作原理

日光灯的镇流器在启动时产生高电压以电离灯管内气体使日光灯导通，而在正常工作时又能限制灯管的电流。启辉器相当于一个自动开关，其内部有两个电极，两电极间并联一个小容量电容器。启动过程中较低的电压加在启辉器两端，产生辉光放电，双金属片因放电而受热伸直，与固定片接触，之后停止放电，双金属片冷却复位，两电极分离。

日光灯电路开关接通或升高电压时，电压加在镇流器、灯丝电阻和启辉器上，灯管两端的电压不足以使其产生弧光放电。启辉器两电极间产生辉光放电，随后动片受热变形与固定片接触，辉光放电停止，动片冷却收缩复位，断开所接电路。由于此时回路突然断开，镇流器上产生较高的自感电压，高电压加在灯管两端，使管内产生弧光放电、激发荧光粉辐射出可见光。日光灯正常工作时，灯管两端的电压低于启辉器的动作电压，启辉器不再动作。

实际上，日光灯电路是电阻与电感的串联电路。

实训内容：

1. 用交流电流表、镇流器与开关、启辉器与熔断器、并联电容器组等单元板与日光灯连接成如图 3-32 所示电路。

2. 并联电容前，使日光灯正常工作后，测量灯管两端的电压 U_R，镇流器两端电压 U_L，总电流 I 及功率因数，将数据填入表 3-3，然后选择 1~4 μF 电容并入电路，重新测量上述数据，计算电路的有功功率 P，数据填入表 3-3 中。

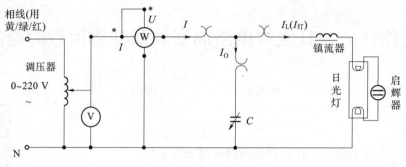

图 3-32　日光灯电路

表 3-3　测量表

项目	测量值					计算值
电容/μF	U/V	U_R/V	U_L/V	I/A	$\cos \varphi$	P/W
0						
2						
4						

思考题：

1. 提高感性电路功率因数的方法是什么？

2. 当并联电容后，电路的总电流如何变化（增大还是小）？功率因数如何变化（增大还是小）？为什么？

实验要求及注意事项：

1. 注意安全用电，必须经教师检查确认无误后方可通电；

2. 注意接线工艺，认真记录，并能处理电路故障；

3. 正确使用仪器仪表；

4. 完成实验报告及实验结果分析。

单元测试题

姓名：　　　　　**班级：**　　　　　**学号：**　　　　　**成绩：**

一、填空

1. 纯电容交流电路中通过的电流有效值，等于加在电容器两端的＿＿＿＿除以它的＿＿＿＿。

2. 在 RLC 串联电路中，发生串联谐振的条件是＿＿＿＿等于＿＿＿＿。

3. 确定正弦量的三要素有＿＿＿＿、＿＿＿＿、＿＿＿＿。

4. 纯电感交流电路中通过的电流有效值，等于加在电感两端的＿＿＿＿除以它的＿＿＿＿。

5. 纯电阻交流电路中通过的电流有效值，等于加在电阻两端的＿＿＿＿除以它的＿＿＿＿。

6. 在 RL 串联交流电路中，通过它的电流有效值等于＿＿＿＿除以它的＿＿＿＿。

7. 在感性负载的两端适当并联电容器可以使＿＿＿＿提高，电路的总＿＿＿＿减小。

8. 任何一个正弦交流电都可以用＿＿＿＿相量和＿＿＿＿相量来表示。

9. 已知正弦交流电压 $u = 380\sqrt{2}\sin(314t - 60°)\,\text{V}$，则它的有效值是＿＿＿＿V，角频率是＿＿＿＿rad/s。

10. 实际电气设备大多为＿＿＿＿性设备，功率因数往往＿＿＿＿。若要提高感性电路的功率因数，常采用人工补偿法进行调整，即在感性线路（或设备）两端并联＿＿＿＿。

11. 电阻元件正弦电路的复阻抗是＿＿＿＿；电感元件正弦电路的复阻抗是＿＿＿＿；电容元件正弦电路的复阻抗是＿＿＿＿；RLC 串联电路的复阻抗是＿＿＿＿。

12. 各串联元件上＿＿＿＿相同，因此在画串联电路相量图时，通常选择＿＿＿＿作为参考相量；并联各元件上＿＿＿＿相同，所以画并联电路相量图时，一般选择＿＿＿＿作为参考相量。

13. 电阻元件上的伏安关系瞬时值表达式为＿＿＿＿，因此称其为即时元件；电感元件上伏安关系瞬时值表达式为＿＿＿＿，电容元件上伏安关系瞬时值表达式为＿＿＿＿，因此把它们称之为动态元件。

14. 能量转换过程不可逆的电路功率常称为＿＿＿＿功率；能量转换过程可逆的电路功率叫作＿＿＿＿功率；这两部分功率的总和称为＿＿＿＿功率。

15. 负载的功率因数越高，电源的利用率就＿＿＿＿，无功功率就＿＿＿＿。

16. 只有电阻和电感元件相串联的电路，电路性质呈＿＿＿＿性；只有电阻和电容元件相串联的电路，电路性质呈＿＿＿＿性。

17. 当 RLC 串联电路发生谐振时，电路中阻抗最小且等于＿＿＿＿；电路中电压一定时电流最大，且与电路总电压＿＿＿＿。

18. 已知正弦交流电压 $u = 380\sqrt{2}\sin(314t - 60°)\,\text{V}$，则它的频率为＿＿＿＿Hz，初相角是＿＿＿＿。

19. 在电阻元件的电路中，已知电压的初相角为40°，则电流的初相角为_____°。

20. 在电感元件的电路中，已知电压的初相角为40°，则电流的初相角为_____°。

21. 在电容元件的电路中，已知电压的初相角为40°，则电流的初相角为_____°。

22. 在电阻元件的电路中，已知电流的初相角为20°，则电压的初相角为_____°。

23. 在电感元件的电路中，已知电流的初相角为20°，则电压的初相角为_____°。

24. 在电容元件的电路中，已知电流的初相角为20°，则电压的初相角为_____°。

二、选择题

1. 有"220 V、100 W""220 V、25 W"白炽灯两盏，串联后接入220 V交流电源，其亮度情况是_____。

    A. 25 W 灯泡最亮   B. 100 W 灯泡最亮

    C. 两只灯泡一样亮   D. 都不亮

2. 已知工频正弦电压有效值和初始值均为 380 V，则该电压的瞬时值表达式为_____。

    A. $u=537\sin(314t+45°)$ V   B. $u=380\sin314t$ V

    C. $u=380\sin(314t+90°)$ V   D. $u=380\sin(314t+45°)$ V

3. 一个电热器，接在 10 V 的直流电源上，产生的功率为 P。把它改接在正弦交流电源上，使其产生的功率为 $P/2$，则正弦交流电源电压的最大值为_____。

    A. 7.07 V   B. 5 V   C. 14 V   D. 10 V

4. 提高供电线路的功率因数，下列说法正确的是_____。

    A. 可提高电源设备的利用率并减小输电线路中的功率损耗

    B. 可以节省电能

    C. 减少了用电设备的有功功率，提高了电源设备的容量

    D. 减少了用电设备的无功功率

5. 已知 $i_1=10\sin(314t+90°)$ A，$i_2=10\sin(628t+30°)$ A，则_____。

    A. 相位差无法判断   B. i_1 滞后 i_2 60°

    C. i_1 超前 i_2 60°   D. 同相

6. 纯电容正弦交流电路中，电压有效值不变，当频率增大时，电路中电流将_____。

    A. 增大   B. 减小   C. 不变   D. 先增大后减小

7. 在 RL 串联电路中，$U_R=16$ V，$U_L=12$ V，则总电压为_____。

    A. 20 V   B. 28 V   C. 2 V   D. 4 V

8. RLC 串联电路在 f_0 时发生谐振，当频率增加到 $2f_0$ 时，电路性质呈_____。

    A. 电感性   B. 电阻性   C. 电容性   D. 不确定

9. 串联正弦交流电路的视在功率表征了该电路的_____。

    A. 电路中总电压有效值与电流有效值的乘积

    B. 平均功率

    C. 瞬时功率最大值

    D. 功率因数

10. 实验室中的功率表是用来测量电路中的_____。

A. 有功功率　　　　B. 无功功率　　　　C. 视在功率　　　　D. 瞬时功率

三、计算题

1. 一个正弦交流电的频率是 50 Hz，有效值是 5 A，初相是 $-90°$，写出它的瞬时值表达式，并画出它的波形图。

2. 已知交流电流 $i = 10\sin\left(314t + \dfrac{\pi}{4}\right)$ A，求交流电流的有效值、初相和频率，并画出它的波形图。

3. 如图 3-33 所示电路中，已知：正弦电流 $I_C = 12$ A，$I_R = 6$ A，$I_L = 4$ A。

（1）作相量图；（2）求总电流 I_S；（3）求电路的总功率因数。

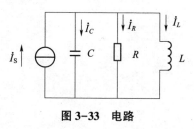

图 3-33　电路

4. 如图 3-34 所示正弦交流电路，$u = 120\sin \omega t$ V，其中 $\omega = 100\pi\,\text{rad/s}$。求电路中 u 与 i 的相位差 φ 及电源输出的有功功率。

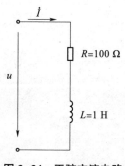

图 3-34　正弦交流电路

5. 在图 3-35 所示电路中，如果用频率为 f_1 和 f_2 的两个正弦电源对线圈进行测试，测试结果如下：

$f_1 = 100$ Hz，$I_1 = 22$ A；$f_2 = 200$ Hz，$I_2 = 12.9$ A，测试时所施加的电压 U 均为 220 V，求线圈的 R 与 L。

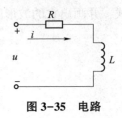

图 3-35　电路

项目4

三相电路的分析与测量

模块 4.1　三相交流电源分析

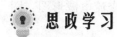

学习目标

1. 了解三相交流电的产生；了解中性线的概念。
2. 理解三相正弦量、相序的概念。
3. 掌握三相电源的连接方法及其特点。
4. 掌握三相交流电路的测试方法。

三相交流电　　认识三相交流电源

建议学时

4 学时

思政学习

科技的进步来源于人类不断探索

尼古拉·特斯拉（Nikola Tesla，1856 年 7 月 10 日—1943 年 1 月 7 日）塞尔维亚裔美籍发明家、物理学家、机械工程师、电气工程师，如图 4-1 所示。他发明的交流电系统以及三相交变电机开启了人类的电气时代，特斯拉一生的成就散布在高频电流、无线电、粒子辐射以及机械技术领域。发明交流电并研发发电机时，特斯拉不到 30 岁；1897 年 41 岁的特斯拉获得了 20 项无线电工程技术领域的专利；同年特斯拉研究粒子辐射，建立了宇宙射线基本方程。特斯拉曾经说过：当天生的爱好发展成为一个强烈的愿望时，一个人会以惊人的速度向着他的目标大跨步地奔去。

图 4-1　尼古拉·特斯拉

理论学习

4.1.1 三相交流电的产生

1. 三相交流发电机

三相交流发电机主要由定子和转子组成，如图 4-2 所示。

定子：定子铁芯内圆周表面有槽，放入三相电枢绕组。

转子：一对由直流电源供电的磁极。

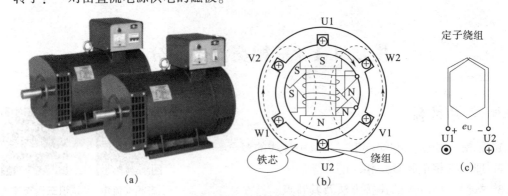

图 4-2 三相交流发电机

(a) 外形；(b) 结构；(c) 定子绕组

2. 三相交流电源

三相交流电源是由三相发电机产生的频率相同、幅值相等、相位互差 120° 的三相对称正弦交流电压。图 4-3 所示为三相发电机的原理图，图 4-4 所示为三相交流电波形图，图 4-5 所示为三相交流电矢量图。

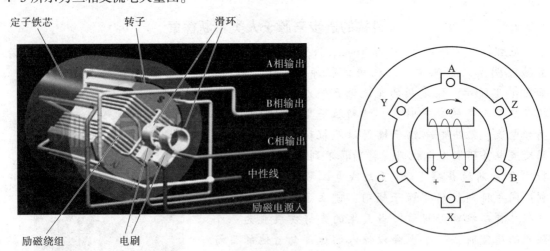

图 4-3 三相发电机的原理图

三个正弦交流电动势满足以下特征：幅值相等、频率相同、相位互差 120°，称为对称三相电动势。瞬时值表达式如下：

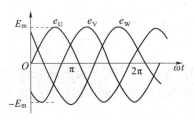

图 4-4　三相交流电波形图

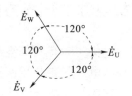

图 4-5　三相交流电矢量图

$$e_U = E_m \sin \omega t$$
$$e_V = E_m \sin(\omega t - 120°)$$
$$e_W = E_m \sin(\omega t - 240°)$$
$$= E_m \sin(\omega t + 120°)$$

对称三相电动势的瞬时值之和为 0。同理可知，其相量之和也为 0，即

$$e_U + e_V + e_W = 0$$

$$\dot{E}_U + \dot{E}_V + \dot{E}_W = 0$$

若三个电压或电流之间也存在上述关系，则称为对称三相电压或对称三相电流。

在三相电源中，各定子绕组感应电动势在时间上达到正幅值（或相应零值）的先后顺序称为相序。有正序、逆序之分，即

正序 U→V→W；

逆序 U→W→V。

在实际工程中，相序是一个很重要的问题，电力系统并网运行的发电机、变压器、输送电能的高压线等发输电设备的相序均统一技术标准，并采用不同颜色表示。通常在配电装置的三相母线上涂以黄、绿、红三种颜色，分别表示 U、V、W 三相。相序可用相序器来测量，如图 4-6 所示。

应用：图 4-7 所示为常用的三相笼型异步电动机，其旋转方向由三相电源的相序决定，改变三相电源的相序可改变三相笼型异步电动机旋转方向，工程上经常通过对调任意两根电源线来实现电动机正反转控制。

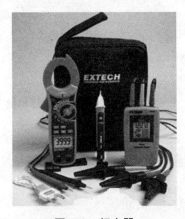

图 4-6　相序器

图 4-7　三相笼型异步电动机

转轴

接线盒

4.1.2 三相电源的连接方式

三相交流发电机实际有三个绕组、六个接线端，如果这三相电源分别用输电线向负载供电，则需六根输电线（每相用两根），这种接法经济性较差，因此目前采用的是将三相交流电按一定方式连成一个整体向外供电，连接的方式通常有星形连接和三角形连接。

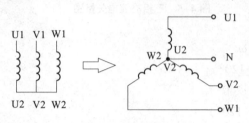

图 4-8 星形连接

1. 三相电源的星形连接

三相电源的星形（Y形）连接：发电机三相绕组的末端（U2、V2、W2）连接成一公共点 N，由始端（U1、V1、W1）引出三条线，构成了三相四线制供电方式，如图 4-8 所示。

1）三相电术语

相线（火线）：发电机三个线圈的末端连接在一起，三个线圈的头部引出三条线，即相线（火线或端线），火线引出为电源后，一般用 L1、L2、L3 表示，火线与火线间的电压是 380 V，火线与中性线间的电压是 220 V。三根火线 L1、L2、L3 颜色分别用黄、绿、红表示。

中性线（零线）：发电机三个线圈的末端连接在一起，成为一个公共点（也称中性点），从中性点引出的输电线称为中性线，中性点通常与大地相连，并把接大地的中性点称为零点，对地保持零电位，这也是把中性线称为零线的原因。零线与火线构成单相交流回路，零线符号用 N 表示，颜色一般用蓝色表示。

地线：接地线也叫保护线，通常与电气设备金属外壳相连接，以消除静电和保证人员、财产安全，地线符号用 PE 表示，地线的颜色一般采用黄绿双色来表示。

2）线电压和相电压的定义及关系

线电压与相电压的定义如图 4-9 所示，其相量图如图 4-10 所示。

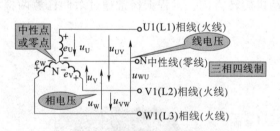

图 4-9 线电压与相电压的定义

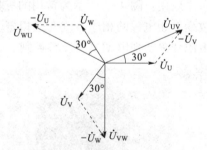

图 4-10 线电压与相电压相量图

线电压：火线与火线间电压，有效值用 U_L 表示。

相电压：火线与中性线间电压，有效值用 U_P 表示。

线电压和相电压关系如下所示：

$$\dot{U}_{UV} = \dot{U}_U - \dot{U}_V = \sqrt{3}\dot{U}_U \angle 30°$$

$$\dot{U}_{VW} = \dot{U}_V - \dot{U}_W = \sqrt{3}\dot{U}_V \angle 30°$$

$$\dot{U}_{\text{WU}} = \dot{U}_{\text{W}} - \dot{U}_{\text{U}} = \sqrt{3}\,\dot{U}_{\text{W}} \angle 30°$$

显然，星形连接时可引出四根导线（三相四线制），获得两种电压：线电压与相电压。线电压是相电压的 $\sqrt{3}$ 倍，线电压超前相应的相电压 30°。通常在低压配电网中性线电压为 380 V，相电压为 220 V。

2. 三相电源的三角形连接

三相电源中的三个绕组按相序首尾依次相连，称为三角形（△）连接，如图 4-11 所示。

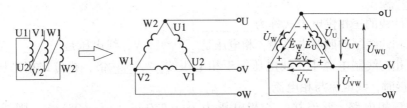

图 4-11　三角形连接

由图 4-11 可知，在三相绕组三角形（△）连接中，线电压等于相电压，即

$$U_{\text{L}} = U_{\text{P}}$$

若三相电源电动势对称，则 $\dot{U}_{\text{U}} + \dot{U}_{\text{V}} + \dot{U}_{\text{W}} = 0$。因此，三角形连接正确时，三角形环路内无电流。若连接错误，如接反了某一相，环路内将产生 2 倍的相电压。由于每相绕组阻抗较小，使得环路内电流变大，大大提高了设备被烧毁的风险。因此，三相电源三角形连接时，可在三角形闭合前先测量待闭合二端电压，若为 0，说明连接正确；若不为 0，则应仔细检查连接电路，排除故障后再闭合连接。实际工程中由于电力系统的三相电动势是非理想的对称三相电动势，其相量和并不绝对等于零，因此三相电源通常都接成星形，而非三角形。

学以致用

三相异步电动机星形（Y）和三角形（△）两种接法实例。

图 4-12 所示为三相异步电动机定子绕组的星形（Y）和三角形（△）两种接线方式。把 U2、V2、W2 短接，U1、V1、W1 接三相电源构成了星形连接；首尾依次相连（U1 接 W2、V1 接 U2、W1 接 V2），U1、V1、W1 接三相电源构成了三角形连接。

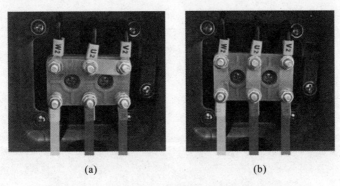

(a)　　　　　　　　　　(b)

图 4-12　三相异步电动机星形连接与三角形连接

（a）Y接法（星形接法）；（b）△接法（三角形接法）

想－想做－做

一、填空题

1. 三相对称电压就是三个频率_____、幅值_____、相位互差_____的三相交流电压。

2. 三相电源相线与中性线之间的电压称为_____，三相电源相线与相线之间的电压称为_____。

3. 有中性线的三相供电方式称为_____。

4. 在三相四线制的照明电路中，相电压是_____ V，线电压是_____ V。

5. 在三相四线制电源中，线电压等于相电压的_____倍，相位比相电压_____。负载星形连接时，线电流与相电流_____。

6. 对称三相电路$\curlyvee$形连接，若相电压为 $u_A = 220\sin(\omega t - 60°)$ V，则线电压 $u_{AB} =$ _____ V。

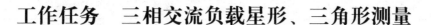

工作任务　三相交流负载星形、三角形测量

姓名：　　　　　班级：　　　　　学号：　　　　　成绩：

实施要求：

1. 掌握三相负载星形连接方法。
2. 掌握三相对称负载星形连接的电压与电流的测量方法及步骤。
3. 进一步了解中性线的作用。

原理说明：

1. 三相负载可接成星形（又称"Y"接）或三角形（又称"△"接），当三相对称负载做Y形连接时，线电压 U_L 是相电压 U_P 的 $\sqrt{3}$ 倍，线电流 I_L 等于相电流 I_P，即

$$U_L = \sqrt{3}\,U_P,\ I_L = I_P$$

当采用三相四线制接法时，流过中性线的电流为 0。

当对称三相负载做△形连接时，有

$$U_L = U_P,\ I_L = \sqrt{3}\,I_P$$

2. 不对称三相负载做Y连接时，必须采用三相四线制接法，即Y₀接法。而且中性线必须牢固连接，以保证三相不对称负载的每相电压维持对称不变。若中性线断开，会导致三相负载相电压不对称，致使负载轻的那一相的相电压过高，使负载遭受损坏；负载重的一相相电压又过低，不能正常工作。尤其是对于三相照明负载，须采用Y₀接法。

3. 当不对称负载做△接时，$I_L \neq \sqrt{3}\,I_P$，但只要电源的线电压对称，加在三相负载上的电压仍是对称的，对各相负载工作没有影响。

实训内容：

对照原理图，识别元器件。基本元器件如表 4-1 所示。

表 4-1　基本元器件

序号	代号	名称	规格	数量	实物图	备注
1	U、V、W、N	三相四线制交流电源	220 V/380 V	1		电工实验操作台
2	A、B、C	小灯泡（负载模块）	220 V/15 W	3		
3	mA	交流电流表头		3		

序号	代号	名称	规格	数量	实物图	备注
4	V	交流电压表 或万用表		1		
5		连接导线模块		4		
6		连接线		4	略	

1. 三相负载星形连接（三相四线制供电）

按图 4-13 所示线路连接实验电路，即三相灯组负载经三相自耦调压器接通三相对称电源，将三相调压器的旋柄置于三相电压输出为 0 V 的位置，经指导教师检查无误后，方可合上三相电源开关，然后调节调压器的输出，使输出的三相线电压为 220 V，按表 4-2 所示各项要求分别测量三相负载的线电压、相电压、线电流（相电流）、中性线电流、电源与负载中性点的电压，并记录于表 4-2 中。观察各相灯组亮暗的变化程度，特别要注意观察中性线的作用。

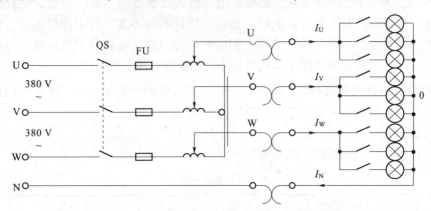

图 4-13　三相负载星形连接实验线路图

表 4-2　三相负载星形连接实验数据

测量数据 负载情况		开灯盏数			线电流/A			线电压/V			相电压/V			中性线 电流 I_N
		U 相	V 相	W 相	I_U	I_V	I_W	U_{UV}	U_{VW}	U_{WU}	U_U	U_V	U_W	
有中性线	Y接、平衡负载	3	3	3										
	Y接、不平衡负载	1	2	3										
无中性线	Y接、平衡负载	3	3	3										
	Y接、不平衡负载	1	2	3										

测量数据 负载情况		开灯盏数			线电流/A			线电压/V			相电压/V			中性线 电流 I_N
		U 相	V 相	W 相	I_U	I_V	I_W	U_{UV}	U_{VW}	U_{WU}	U_U	U_V	U_W	
有中性线	Y接、V 相断开	1	断	3										
无中性线	Y接、V 相断开	1	断	3										
	Y接、V 相短路	1	断	3										

2. 负载三角形连接（三相三线制供电）

按图 4-14 改接线路，经指导教师检查合格后接通三相电源，调节调压器使其输出线电压为 220 V，并按表 4-3 所示要求进行测试。

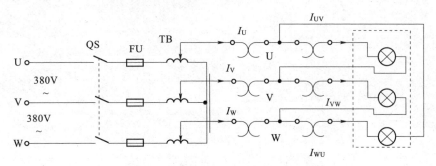

图 4-14　三相负载三角形连接实验线路图

表 4-3　负载三角形连接实验数据

测量数据 负载情况	开灯盏数			线电流/A			线电压/V			相电压/V		
	UV 相	VW 相	WU 相	U_{UV}	U_{VW}	U_{WU}	I_U	I_V	I_W	I_{UV}	I_{VW}	I_{WU}
△接、三相平衡	3	3	3									
△接、三相不平衡	1	2	3									

【观察与思考】

1. 三相负载根据什么条件做星形或三角形连接？

2. 试分析在系统无中性线、三相星形连接不对称负载情况下，当某相负载开路或短路时会出现什么情况？如果接上中性线，情况又如何？

3. 本次实验中为什么要通过三相调压器将 380 V 的市电线电压降为 220 V 的线电压使用？

4. 用实验测得的数据验证对称三相电路中的√3关系。

5. 用实验数据和观察到的现象，总结三相四线供电系统中中性线的作用。

6. 不对称三角形连接的负载，能否正常工作？实验是否能证明这一点？

模块 4.2　三相负载的连接

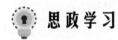
学习目标

1. 了解中性线在电路中的作用。
2. 掌握三相负载做星形连接、三角形连接的方法。
3. 掌握三相电路中相电流、线电流的关系。
4. 掌握负载为Y和△接法的三相对称电路的求解方法。

三相交流电的　　认识三相交流
　　计算　　　　　　负载

建议学时

4 学时

思政学习

平衡，只有达到平衡你的人生才是精彩的

　　因为三根火线是可以和零线单独工作的，在居民区变电站输出的三根火线分给不同的居民使用（比如同一小区，第一栋楼使用第一条火线，第二栋楼使用第二条火线，第三栋楼使用第三条火线），各根火线被使用的功率是不相等的。而它们又是一台发电机组产生的，它们接近相等可以带来很多好处，因此在分配火线时要尽量相等。

　　人都需要一种平衡。人的身体需要阴阳平衡，只有平衡了才是健康的。身体里的各种元素、各种细菌达到某种平衡了才是健康的，各个肢体才能发挥它们各自的作用。

　　身体需要平衡，心也需要平衡。如果心没有找到平衡，那么人就会在精神上失重，会有倾斜，会有不满。每个人心里都需要一种平衡，每个人都要找到自己心理平衡的点，这样才会懂得你所得的与你的德相配，才会不以物喜不以己悲，才真正懂得何为知足者常乐。

　　我们需要平衡，就连我们做事情也需要一种平衡。如果我们只凭自己的意愿、喜好去处理事情，那么有可能会有失公正、给他人留下话柄。我们应当寻求一种平衡，才不会让自己陷入被动之中，才能处理好事情。

理论学习

（1）图 4-15 所示为三相对称负载电路，若电压表 V1 的读数为 380 V，则电压表 V2 的读数为 220 V。若电流表 A1 的读数为 10 A，则电流表 A2 的读数是_____ A。

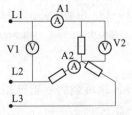

图 4-15　三相对称负载电路

（2）如图 4-16 所示三相对称负载电路，若电压表 V1 的读数为 380 V，则电压表 V2 的读数也是 380 V；若电流表 A1 的读数为 10 A，则电流表 A2 的读数为＿＿＿＿＿ A。

（3）在图 4-17 所示电路中，发电机每相电压为 220 V，每盏白炽灯的额定电压都是 220 V，指出本图连接中的错误，并说明错误的原因。

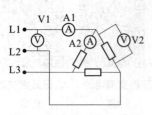

图 4-16　三相对称负载电路

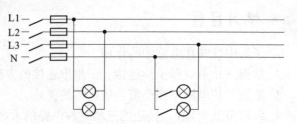

图 4-17　三相对称负载接法

4.2.1　三相交流负载的连接

三相负载的连接方式有两种，即星形连接与三角形连接。三相负载采用何种连接方式，取决于每相负载的额定电压值以及三相电源的电压值。当三相负载都相等时，称为对称三相负载。

在三相负载中，用电量最大的是三相电动机，为了使电动机产生旋转磁场，电动机的三个绕组一般做星形或三角形连接。如图 4-18 所示，电动机的三个绕组阻抗相同，称为对称三相负载；负载做星形连接时，加在电动机绕组上的电压是相电压；在做三角形连接时，加在电动机绕组上的电压是线电压。

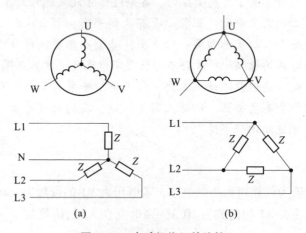

图 4-18　电动机绕组的连接

（a）星形连接；（b）三角形连接

1. 三相对称负载的星形连接

如图 4-19 所示，三相对称负载各相负载的复阻抗相等：$Z_U = Z_V = Z_W$。连接负载与电源相线的导线中的电流称为线电流，即 $\dot{I}_U$、$\dot{I}_V$、$\dot{I}_W$。三个负载的连接点称为公共点，连接公共点与电源中性点的导线称为中性线，中性线中的电流称为中性线电流，即 $\dot{I}_N$。流过每相负载的电流称为相电流。不难看出，负载星形连接，其线电流等于相电流。

忽略输电线上的阻抗，三相负载的线电压 U_L 就等于电源的线电压。三相负载的相电压 U_P 就是电源的相电压，三相负载的线电流等于相电流，即

$$U_L = \sqrt{3}\, U_P \quad （线电压超前相电压 30°）$$

$$I_L = I_P$$

由于三相负载对称，因此三相电流也是对称的，大小相等，相位相差 120°。因此只需计算出任一相电流，其他两相电流可根据对称性直接写出。

如图 4-20 所示，中性线电流从相量图可看出，i_U、i_V、i_W 三者对称，则中性线电流为 0。因此，当三相负载对称时，中性线无电流可省掉中性线，成为三相三线制系统；当负载不对称时，中性线有电流，此时中性线不能去除，也不可在中性线上安装开关，否则负载上三相电压不对称，不能正常工作，这样的系统称为三相四线制系统。

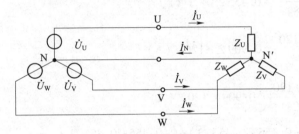

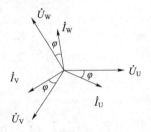

图 4-19　负载的星形连接（Y-Y）　　　图 4-20　对称负载的电压、电流相量图（Y-Y）

例 4-1　某三相电动机每相电阻 $R = 6\ \Omega$，感抗 $X_L = 8\ \Omega$，星形连接。电源电压对称，若 $u_{UV} = 380\sqrt{2}\sin(\omega t + 30°)$ V，试求三相电流 i_U、i_V、i_W。

解：以 U 相为例，每相负载的阻抗为

$$|Z_U| = \sqrt{6^2 + 8^2} = 10\ （\Omega）$$

相电压有效值

$$U_U = \frac{380}{\sqrt{3}} = 220\ （V）$$

相电压瞬时值

$$u_U = 220\sqrt{2}\sin \omega t\ \text{V}$$

相电流有效值

$$I_U = \frac{U_U}{|Z_U|} = \frac{220}{\sqrt{6^2 + 8^2}} = 22\ （A）$$

相电流瞬时值

$$i_U = 22\sqrt{2}\sin（\omega t - 53°）\ \text{A}$$

$$i_V = 22\sqrt{2}\sin（\omega t - 53° - 120°） = 22\sqrt{2}\sin（\omega t - 173°）\text{A}$$

$$i_W = 22\sqrt{2}\sin（\omega t - 53° + 120°） = 22\sqrt{2}\sin（\omega t + 67°）\text{A}$$

2. 三相不对称负载的星形连接

如果三相负载的阻抗不相等，即 $Z_U \neq Z_V \neq Z_W$，则称为三相不对称负载，此时各相电流要分别计算。例如各相负载（如照明、电炉、单相电动机等）分配不均匀；电力系统发生故障（短路或断路等）都将出现不对称情况。此时中性线电流不为零，中性线不能断开。

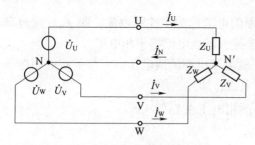

图 4-21　不对称负载的星形连接（Y-Y）

例 4-2　电路如图 4-21 所示，若不对称Y形负载接于对称三相电源上，电源相电压为220 V，U 相接一只 220 V、100 W 灯泡，V 相、W 相各接入一只 220 V、200 W 灯泡，中性线阻抗不计，若 $\dot{U}=220\angle 0°$，求各相电流和中性线电流。

解：

U 相电阻为纯电阻电路，根据公式 $P=U^2/R$ 得

$$R=U^2/P$$

U 相电阻为 $R_U=\dfrac{220\times 220}{100}=484$（Ω），$R_V=R_W=\dfrac{220\times 220}{200}=242$（Ω）

$$\dot{I}_U=\frac{\dot{U}_U}{R_U}=\frac{220\angle 0°}{484}=0.455\angle 0°\ (\text{A})$$

$$\dot{I}_V=\frac{\dot{U}_V}{R_V}=\frac{220\angle -120°}{242}=0.909\angle -120°\ (\text{A})$$

$$\dot{I}_W=\frac{\dot{U}_W}{R_W}=\frac{220\angle +120°}{242}=0.909\angle 120°\ (\text{A})$$

$$\dot{I}_N=\dot{I}_U+\dot{I}_V+\dot{I}_W=0.455+(-0.455-j0.455\sqrt{3})+(-0.455+j0.455\sqrt{3})$$
$$=-0.455=0.455\angle 180°(\text{A})$$

由上例计算可得到以下结论：若三相负载不对称，各负载相电压对称，但中性线电流不为零。

3. 中性线的作用

通过以上分析可知，当三相不对称负载做星形连接时，中性线有电流流过，由于中性线的作用，使三相负载形成互不影响的三个独立电路，不论负载有无变化，加在每相负载上的相电压是不变的。这对于需要单相供电的用电设备来说是很重要的，如果中性线因某种故障原因造成断路，将会使加在每相的相电压不平衡，下面举例说明。

例 4-3　如图 4-22 所示电路，三相负载均为电阻性，三相不对称负载做星形连接，设 $U_{WV}=380$ V，$R_V=10$ Ω，$R_W=20$ Ω，$R_U=30$ Ω。

（1）设开关 K 闭合，求此时三相电压；

（2）设开关 K 断开且断开中性线，求此时三相电压。

解：（1）开关 K 闭合并有中性线时，每相获得的电压都是 220 V。

（2）开关 K 断开且中性线断开，此时相当于 R_W 和 R_V 串联在 380 V 的电压上。

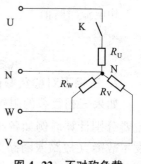

图 4-22　不对称负载

$$U_V=\frac{R_V}{R_V+R_W}U_{VW}=\frac{10}{10+20}\times 380\approx 126.7\ (\text{V})$$

$$U_{\mathrm{W}} = \frac{R_{\mathrm{W}}}{R_{\mathrm{V}}+R_{\mathrm{W}}} U_{\mathrm{VW}} = \frac{20}{10+20} \times 380 \approx 253.3 \quad (\mathrm{V})$$

从计算结果看，V 相负载因为所加电压低于 220 V 不能正常工作，而 W 相负载则因为所加电压高于 220 V，将会造成过电压损坏。为了防止中性线出现断路故障，在供电线路中不允许中性线接入熔断器或开关。

中性线的作用在于，使星形连接的不对称负载得到相等的相电压。负载不对称而又没有中性线时，负载上可能得到大小不等的电压，有的超过用电设备的额定电压，有的达不到额定电压，都不能正常工作。比如，例 4-3 的照明电路中各相负载不对称，此时不能采用三相三线制供电，只能采用三相四线制供电。

 学以致用

一、中性线铜铝直接连接引发的事故案例

案例描述：

某个 3 层楼临时建筑，采用三相四线制供电，每层楼为一相。一天晚上，1 楼没用电；2 楼用电，亮 1 盏灯；3 楼也用电，亮 3 盏灯。突然 2 楼的灯刺亮，而 3 楼的灯昏暗无光。

案例分析：

该建筑采用三相四线制供电，电源中性线（干线）是铜线，而室内中性线（支线）是铝线，采用铜铝直接，在正常情况下，各相互不影响，但时间久后，铜铝接头氧化使中性线接触点接触不良，当中性线断了以后，电路变成无中性线的星形连接，如图 4-23 所示。当 1 楼没有用电，而中性线断开，此时 2 楼和 3 楼的电路就变成两相串联电路接在 380 V 的电源上，由例 4-3 计算可知，2 楼的电路负载电压（用电的灯少，电阻大）超过 220 V，灯刺亮；3 楼的电路负载电压（用电的灯多，电阻小）低于 220 V，灯昏暗无光。故中性线铜铝不能直接连接，否则容易使中性线断路，如要连接要通过铜铝连接器进行可靠连接。

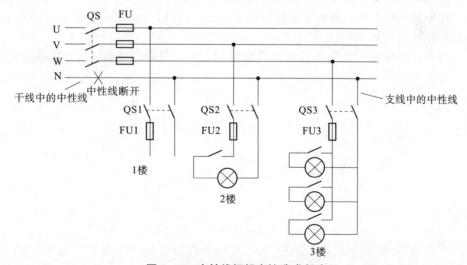

图 4-23　中性线铜铝直接造成断路

二、三相负载的三角形连接

三相负载三角形连接时，各相绕组首尾依次相连，三个连接点分别与电源的端线连接。对应供电系统是三相三线制，如图 4-24 所示。三角形连接时，每相负载的相电压等于相应的线电压，即 $U_L = U_P$。三相负载无论对称与否，相电压总是对称的。

负载上的相电流显然与线电流不相等，对于对称负载，经计算可知，$I_L = \sqrt{3} I_P$，由图 4-25 可知，线电流滞后对应的相电流 30°。因此在计算时，已知一相电流，其他两相电流及线电流均可求出。

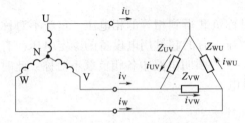
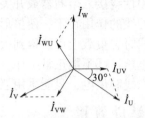

图 4-24　三相负载的三角形连接（Y-△）　　图 4-25　线电流与相电流的相量图

💿 想 — 想 做 — 做

1. 三相对称负载三角形电路中，线电压与相电压_____，线电流大小为相电流大小的_____倍、线电流比相应的相电流_____。

2. 在三相对称负载三角形连接的电路中，线电压为 220 V，每相电阻均为 110 Ω，则相电流 $I_P =$ _____，线电流 $I_L =$ _____。

3. 在对称三相电路中，已知电源线电压有效值为 380 V，若负载做星形连接，负载相电压为_____；若负载作三角形连接，负载相电压为_____。

4. 对称三相电路的有功功率 $P = \sqrt{3} U_L I_L \cos \varphi$，其中 φ 角为 _____ 与 _____ 的夹角。

5. 中性线的作用在于使星形连接的不对称负载的_____对称。

6. 三相电路星形连接，各相电阻性负载不对称，测得 $I_A = 2$ A，$I_B = 4$ A，$I_C = 4$ A，则中性线上的电流的大小为_____。

7. 三相对称负载做三角形连接时，线电流_____对应相电流 30°，且线电流等于相电流的_____倍。

模块 4.3 三相交流电路的功率计算

三相交流电功率

🎯 学习目标

1. 理解有功功率、无功功率和视在功率的含义。

2. 分析负载星形连接和三角形连接三相电路有功功率、无功功率和视在功率的计算方法。

3. 会分析负载对称、负载不对称电路的功率。

📖 建议学时

2 学时

💡 思政学习

科学家小传

多利沃–多布罗夫斯基（1861—1919 年），俄国电工科学家，如图 4-26 所示，三相交流电技术的创始人。1888 年研制成功首台功率为 2.2 kW 的旋转磁场式三相交流发电机，随后制成笼型转子，显著改善了异步电机的性能（1889 年）。1890 年又设计制成三相变压器，并于 1891 年在法兰克福举行的世界电工技术博览会上，演示了世界上第一条长达 170 km 的三相输电系统，促进了交流输电的大发展。

🎛 理论学习

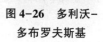

图 4-26 多利沃–
多布罗夫斯基

4.3.1 有功功率

三相交流电路的功率与单相电路一样，根据负载特性：阻性、容性、感性等不同类型也分为有功功率、无功功率和视在功率。各相电功率的计算与单相交流电路相同。三相交流电路有功功率、无功功率的计算，是对每一相电路进行功率计算，再进行叠加即可。

无论负载为Y或△连接，三相负载所吸收的有功功率与三相电源所提供的有功功率相等，并等于各相有功功率之和。

$$P=P_U+P_V+P_W=U_UI_U\cos\varphi_U+U_VI_V\cos\varphi_V+U_WI_W\cos\varphi_W$$

式中，U_U、U_V、U_W 为 U、V、W 三相负载的相电压有效值；I_U、I_V、I_W 为 U、V、W 三相负载的相电流有效值；φ_U、φ_V、φ_W 为 U、V、W 三相负载的相电压与相电流的相位差。

当三相负载对称时，每相负载相等，每相负载对应的相电压也相等，即 $U_U=U_V=U_W=U_P$；每相负载的相电流也相等，即 $I_U=I_V=I_W=I_P$；每相负载的相电压与相电流之间的相位

171

差也相等，即 $\varphi_U=\varphi_V=\varphi_W=\varphi$。

当对称负载是星形连接时：$U_L=\sqrt{3}\,U_P$，$I_L=I_P$；

当对称负载是三角形连接时：$U_L=U_P$，$I_1=\sqrt{3}\,I_P$。

因此对于三相对称负载，无论是星形连接，还是三角形连接，其总有功功率都为

$$P=3P_P=3U_PI_P\cos\varphi=\sqrt{3}\,U_LI_L\cos\varphi$$

式中，P_P 为每相有功功率；U_L 为线电压；I_L 为线电流。

4.3.2　无功功率

三相电路总的无功功率等于各相无功功率之和，即

$$Q=Q_U+Q_V+Q_W=U_UI_U\sin\varphi_U+U_VI_V\sin\varphi_V+U_WI_W\sin\varphi_W$$

同理，对于三相对称负载，三相无功功率为

$$Q=3Q_P=3U_PI_P\sin\varphi=\sqrt{3}\,U_LI_L\sin\varphi$$

4.3.3　视在功率

三相电路总的视在功率不是每相视在功率的简单叠加，而是与有功功率、无功功率构成功率三角形关系，即

$$S=\sqrt{P^2+Q^2}$$

当三相负载对称时，三相总功率可简化为

$$S=3U_PI_P=\sqrt{3}\,U_LI_L$$

值得说明的是，对于同电源同负载的三相电路，当负载连接方式不同时，其三相有功功率是不同的，接成三角形时的有功功率是接成星形的有功功率的 3 倍，即

$$P_\triangle=3P_Y$$

4.3.4　三相不对称电路

不对称三相负载时，若无中性线，则产生中性点位移，各相电压将不平衡，故电路不能正常工作。所以，中性线必不可少，中性线上不可装开关和熔丝。

供电系统一般采用三相四线制，即有中性线，把电源中心与负载中心强制重合。即使负载不对称，也能保证负载上的电压对称，但这时中性线有电流。所以，应尽量使负载对称，减小中性线电流。

有功功率

$$P=P_A+P_B+P_C$$

无功功率

$$Q=Q_A+Q_B+Q_C$$

例4-4　某三相对称电感性负载，其中每相负载的 $R=12\ \Omega$，$X_L=16\ \Omega$，接在 $U_L=380$ V 的三相对称电源上，若三相负载做星形连接，计算 I_P、I_L、P；若三相负载改成三角形连

接，再计算上述各量，并比较两种接法的计算结果。

解：各相负载的阻抗及功率因数为

$$|Z| = \sqrt{R^2 + X_L^2} = \sqrt{12^2 + 16^2} = 20 \ (\Omega)$$

$$\cos\varphi = \frac{R}{|Z|} = \frac{12}{20} = 0.6$$

（1）负载做星形连接时，有

$$U_P = \frac{U_L}{\sqrt{3}} = 220 \ \text{V}$$

$$I_P = I_L = \frac{U_P}{|Z|} = \frac{220}{20} = 11 \ (\text{A})$$

$$P_Y = \sqrt{3}\,U_L I_L \cos\varphi = \sqrt{3} \times 380 \times 11 \times 0.6 \approx 4\ 344 \ (\text{W})$$

（2）负载做三角形连接时，有

$$U_L = U_P = 380 \ \text{V}$$

$$I_P = \frac{U_P}{|Z|} = \frac{380}{20} = 19 \ (\text{A})$$

$$I_L = \sqrt{3}\,I_P = \sqrt{3} \times 19 \approx 33 \ (\text{A})$$

$$P_\triangle = \sqrt{3}\,U_L I_L \sin\varphi = \sqrt{3} \times 380 \times 33 \times 0.6 \approx 13\ 032 \ (\text{W})$$

（3）比较：星形连接时线电流是三角形连接时线电流的三分之一，电动机星三角降压启动的原理是利用星形连接时启动电流是三角形连接的三分之一，即

$$I_{YL} = \frac{I_{\triangle L}}{3}$$

星形连接时有功功率是三角形连接时功率的三分之一，即

$$P_Y = \frac{P_\triangle}{3}$$

例 4-5 已知电路如图 4-27 所示。电源电压 $U_L = 380$ V，每相负载的阻抗为 $R = X_L = X_C = 10 \ \Omega$。

（1）该三相负载能否称为对称负载？为什么？

（2）计算中性线电流和各相电流，画出相量图。

（3）求三相总功率。

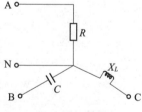

图 4-27 电路

解：（1）三相负载不能称为对称负载，因为三相负载的阻抗性质不同，其阻抗角也不相同，故不能称为对称负载。

（2）$U_L = 380$ V 则 $U_P = 220$ V

设 $\dot{U}_A = 220\angle 0° \ \text{V}$，则 $\dot{U}_B = 220\angle -120° \ \text{V}$，$\dot{U}_C = 220\angle 120° \ \text{V}$

$$\dot{I}_A = \frac{\dot{U}_A}{R} = 22\angle 0° \ \text{A}$$

$$\dot{I}_B = \frac{\dot{U}_B}{-\text{j}X_C} = \frac{220\angle -120°}{-\text{j}10} = 22\angle -30° \ (\text{A})$$

$$\dot{I}_C = \frac{\dot{U}_C}{jX_L} = \frac{220\angle 120°}{j10} = 22\angle 30° \text{ (A)}$$

所以 $\dot{I}_N = \dot{I}_A + \dot{I}_B + \dot{I}_C = 22\angle 0° + 22\angle -30° + 22\angle 30° = 60.1\angle 0°$ （A）

（3）由于 B 相负载为电容，C 相负载为电感，其有功功率为 0，故三相总功率为 A 相电阻性负载的有功功率，即

$$P = I_A^2 R = 22^2 \times 10 = 4\ 840 \text{ （W）} = 4.84 \text{ kW}$$

学以致用

案例 1：电动机星三角降压启动

有一台三相电动机，三个绕组可看成是三相对称负载，已知每相绕组的电阻 $R = 6\ \Omega$，电感 $L = 20$ mH，电源线电压是 380 V，正常工作时电动机绕组接成三角形，为了降低启动电流，采用星形降压启动，即启动时将三相绕组接成星形，当电动机达到额定速度时再改为三角形连接，试比较两种接法下的相电流、线电流和功率，并说明若接错会发生什么后果。

解：（1）求启动时三相绕组接成星形的启动电流（线电流），如图 4-28（a）所示。

感抗：$X_L = 2\pi f L = 2\pi \times 50 \times 0.02 \approx 6.28$ （Ω）

每相阻抗：$|Z| = \sqrt{R^2 + X_P^2} = \sqrt{6^2 + 6.28^2} \approx 8.69$ （Ω）

相电流：$I_P = \dfrac{U_P}{|Z|} = \dfrac{220}{8.69} \approx 25.3$ （A）

启动电流（线电流）：$I_P = I_L = 25.3$ A

$$\cos\varphi = \frac{R}{|Z|} = \frac{6}{8.69} \approx 0.69$$

有功功率：$P_Y = \sqrt{3}\,U_L I_L \cos\varphi = \sqrt{3} \times 380 \times 25.3 \times 0.69 \approx 11.49$ （kW）

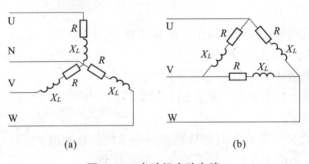

图 4-28 电动机启动电路

（a）星形连接；（b）三角形连接

（2）正常运行时三相绕组接成三角形的线电流，如图 4-28（b）所示。

相电流：$I_P = \dfrac{U_L}{|Z|} = \dfrac{380}{8.69} = 43.73$ （A）

线电流：$I_L = \sqrt{3}\,I_P = \sqrt{3} \times 43.73 \approx 75.74$ （A）

有功功率：$P_\triangle = \sqrt{3}\,U_L I_L \cos\varphi = \sqrt{3} \times 380 \times 75.74 \times 0.69 \approx 34.4$ （kW）

（3）比较两种接法：

星形连接时相电流是三角形连接时相电流的 0.577 倍。

星形连接时线电流是三角形连接时线电流的 0.333 倍。

三角形连接时功率是星形连接时的 3 倍。

故三相交流电动机采用星形启动、三角形运行的工作方式，可以减少启动电流。

结论：若接错，正常运行时错接成星形连接，则会造成每相绕组电压不够，负载因输入功率不足而不能正常工作；若启动时错接成三角形连接，则负载因电流过大而烧坏。

案例 2：读懂三相异步电动机的铭牌

如图 4-29 所示，铭牌标着"750 瓦""380 伏""1.68 安"分别指该电动机的额定功率、额定线电压、额定线电流（注意不是相电压、相电流），铭牌上的额定功率与额定线电压、额定线电流之间有以下关系：

$$P = \sqrt{3}\, U_L I_L \cos \varphi$$

图 4-29　铭牌

如果是 380 V 的电动机，一般有以下数值关系：电动机的额定电流（A）的数值约等于 2 倍的功率（kW）的数值。

案例 3：一台三相异步电动机，其铭牌上标明额定电压为 **220/380 V** 是什么意思？

电动机绕组额定电压是 220 V，当电源线电压为 220 V 时，采用三角形（△）接法；当电源线电压为 380 V 时采用星形（Y）接法。

不对称三相负载时，若无中性线，则产生中性点位移，各相电压将不平衡，故电路不能正常工作。所以，中性线必不可少，中性线上不可装开关和熔丝。

供电系统一般采用三相四线制，即有中性线，把电源中心与负载中心强制重合。即使负载不对称，也能保证负载上的电压对称。但这时中性线有电流，所以，应尽量使负载对称，减小中性线电流。

工作任务 低压配电箱线路安装

姓名： **班级：** **学号：** **成绩：**

实施要求：

1. 能正确识别照明器件与材料，并能正确检查好坏及正确使用。

2. 学会布置与安装元器件，安装照明电路各种线路，掌握工艺要求。

3. 能正确安装三相电度表、漏电保护开关，并熟悉使用要求。

4. 掌握小型配电箱的安装方法，会正确处理室内电气线路的故障。

家用配电箱

实训内容：

1. 根据接线原理图4-30和所提供的元器件、材料确定布置图。

2. 明确配电箱线路接线方法、安装与工艺要求。

3. 选择器件并安装电路。

4. 检查电路并通电操作满足功能要求。

5. 排除电路故障。

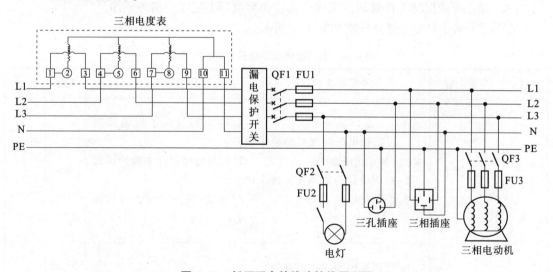

图4-30 低压配电箱线路接线原理图

1. 电路安装

根据实训室现场条件情况，采用板面布线或在墙上安装控制箱方式进行。

（1）布局：根据电路图，确定各器件安装位置，布局要合理、结构紧凑、控制方便、美观大方。

（2）固定器件：将选择好的器件、开关和插座等固定在板上，排列各个器件时必须整齐，固定时先对角固定，再两边固定，要求可靠、稳固。

（3）布线：先处理好导线，将导线拉直，消除弯、折；从上到下、从左到右，先串联后并联；布线要横平竖直，转弯成直角，少交叉，多根线并拢平行走。在走线时必须注意"左零右火"的原则。

（4）接线：接头要牢固，无露铜、反圈、压胶等现象，绝缘性能好，外形美观。黄、绿、红线接火线，中性线接蓝色，黄绿色线作地线；火线过开关，零线和地线分别作接线端子。

2. 检查电路

（1）用肉眼观察电路，看有没有接出多余的线头，每条线是否严格按要求来接，有没有接错位，注意电度表有无接反，零线和地线有无接错，地线不能过漏电开关。

（2）断开电源开关，用万用表检查电路板的各火线之间、火线与零线是否有短路现象。

（3）用 500 V 摇表测量线路的绝缘电阻，应不小于 0.5 MΩ。

3. 通电

（1）由电源端开始往负载端依次顺序送电，停电操作顺序相反。

（2）操作各功能时，若不符合功能要求，应立即停电，用万用表电阻挡检查电路，用电位法带电排除电路故障，注意人身安全和万用表挡位切换。

4. 安全文明要求

（1）未经指导老师同意，不得通电，通电试运转要按电工安全要求操作。

（2）要节约导线（尽量利用使用过的导线）。

（3）操作时应保持工位整洁，完成全部操作后应马上把工位清理干净。

低压配电箱线路安装评分标准如表 4-4 所示。

表 4-4　低压配电箱线路安装评分标准

序号	主要内容	考核要求	评分标准	配分	得分
1	电路设计	1. 根据提出的电气控制要求，正确绘出电路图； 2. 按所设计的电路图，提出主要材料单	1. 主电路设计 1 次错误扣 10 分； 2. 控制电路设计 1 次错误扣 10 分； 3. 主要材料单有误，每次扣 5 分	40	
2	元件安装	1. 按图纸的要求，正确使用工具和仪表，熟练地安装电气元器件； 2. 元件在配电板上布置要合理，安装要准确牢固； 3. 按钮盒不固定在板上	1. 元件布置不整齐、不匀称、不合理，每个扣 5 分； 2. 元件安装不牢固、安装元件时漏装螺钉，每个扣 5 分； 3. 损坏元件每个扣 5 分	20	

续表

序号	主要内容	考核要求	评分标准	配分	得分
3	布线	1. 要求美观、牢固、无毛刺，导线要进线槽； 2. 电源和电动机配线、按钮接线要接到端子排上，进出线槽的导线要有端子标号，引出端要用别径压端子	1. 电动机运行正常，但未按电路图接线，扣5分； 2. 布线不进行线槽，不美观，主电路、控制电路，每根扣5分； 3. 接点松动、接头露铜过长、反圈、压绝缘层、标记线号不清楚、遗漏或误标，引出端无别径压端子，每处扣5分； 4. 损伤导线绝缘或线芯，每根扣5分	20	
4	通电试验	在保证人身和设备安全的前提下，通电试验一次成功	1. 时间继电器及热继电器整定值错误各扣5分； 2. 主、控电路配错熔体，每个扣5分； 3. 一次试车不成功扣2分；二次试车不成功扣5分；三次试车不成功扣10分	20	
总分					

模块 4.4　电气设备的保护接地和保护接零

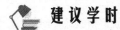

学习目标

1. 了解低压配电器的相关知识。
2. 理解保护接地和保护接零的定义及区别。
3. 掌握保护接地和保护接零的用途。
4. 掌握常用低压配电器的选用方法。

用电保护神——保护
接地（保驾护航）

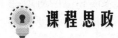

建议学时

4 学时

课程思政

保护环境人人有责

"大气污染是一个全球性的问题，我们应该用全球性的眼光去看待大气污染问题。"这是张老师在"环球眼"专栏中常说的一句话。"以每年一次的全球气候大会为例，从 2013 年的'习奥安纳伯格庄园会谈'、2014 年的'习奥会谈中美就气候变化问题发布联合声明'，到 2015 年的'巴黎协议'……其实，每一次大会的实质就是国家与国家之间的博弈，它是展现国家实力的平台。"

理论学习

为确保电力系统及电气设备以及人身的安全，通常电气设备要进行接地或接零。接地指的是电气设备的某部分用金属与大地进行良好的电气连接。接地的类型包括工作接地和保护接地。而接零指的是在中性点接地系统中，将电气设备在正常情况下不带电的金属部分与零线做良好的金属连接。在接零基础上，将零线上的一点或多点与大地再做金属连接，叫作重复接地。

4.4.1　保护接地

1. 工作接地

能够保证电气设备在正常无事故情况下可靠地工作而进行的接地，称为工作接地。例如，在 380/220 V 的低压配电系统中（三相四线制），将变压器和发电机的中性点直接接地，能起到维持相线对地电压不变的作用；中性点经消弧线圈接地，即便发生单相对地故障，系统也能消灭接地短路点的电弧，避免系统出现过电压。在这样的低压系统中，正常或故障情况下，都能使电气设备可靠运行，并保证人身和设备的安全，这种接地就是工作接地，如图 4-31 所示。

2. 保护接地的方法

为防止因电气设备绝缘损坏而危及人身和设备的安全，在中性点不接地的低压配电系统中（三相三线制供电系统），将电气设备在正常情况下不带电的金属部分与接地体之间做良好的金属连接，称为保护接地，如图 4-32 所示。

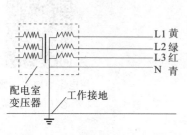

图 4-31　三相四线制系统工作接地

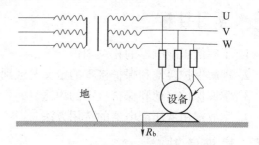

图 4-32　三相三线制系统保护接地

在不接地的低压系统中，如图 4-33 所示，当一相碰壳时，电流 I_d 通过人体和电网对地绝缘阻抗（存在分布电容，有容抗）形成回路。若各相对地绝缘阻抗相等，可求得漏电设备的对地电压：$U_d = \dfrac{R_r}{R_r + Z} U$，式中，$U_d$ 为电网电压；R_r 为人体电阻；Z 为电网每相对地绝缘阻抗。

当电网对地绝缘正常时漏电的设备对地电压很低，但当电网绝缘性能显著下降或电网分布很广时，对地电压可能就会上升到危险的程度，这就必要采取图 4-34 所示的保护接地措施。

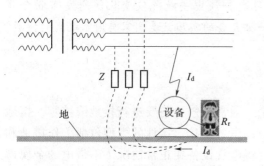

图 4-33　三相三线制系统不接地

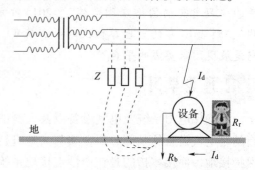

图 4-34　三相三线制系统保护接地

如图 4-34 所示，有了保护接地以后，漏电设备对地电压主要取决于保护接地电阻 R_b 的大小。由于 R_b 和 R_r 并联，且 $R_b < R_r$，可以近似地认为对地电压：$U_d = \dfrac{R_b}{R_b + Z} U$，又因 $R_b < Z$，所以设备对地电压大大降低。只要适当控制 R_b 的大小，即可限制漏电设备对地电压在安全范围内。对于保护接地电阻值 R_b，一般不应大于 4 Ω。

4.4.2　保护接零

1. 保护接零的方法

保护接零就是电气设备在正常运行的情况下，将不带电的金属外壳或

用电保护神
——保护接零

182

构架与电网的零线紧密地连接起来，这种接线方式叫作保护接零。如图 4-35 所示，当有一相带电的相线碰连上外壳时，通过设备外壳形成该相线对零线的单相短路，即碰壳短路。短路电流 I_d 总是比较大，这样促使安装在相线线路上的保护装置，如熔断器迅速动作，从而把故障部分与电源分断开来，保障了设备及人身的安全。

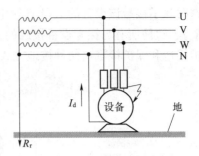

图 4-35 保护接零

在三相四线制变压器中性点直接接地的电网中，如果用电设备不采取任何的安全措施，则设备漏电时，触及设备的人体将承受近 220 V 的相电压，这样的情况显然是非常危险的。如果对该系统采用接地保护是否可行呢？假设电源中性点接地电阻与电气设备外壳接地电阻均为 4 Ω，而电源相电压为 220 V，那么当电气设备外壳绝缘老化、损坏时，设备外壳带电，可以算出此时的接地电流为 $I_d = \dfrac{U}{R_b + R_Y} = 220/(4+4) = 27.5$（A），这个电流值不一定能够触发保护装置动作，使得电气设备外壳长期存在对地电压 $U_d = I_d R_e = 27.5 \times 4 = 110$（V）。若电气设备的接地装置不良，则此电压更高，对人员安全威胁更大，造成安全隐患。因此，对于中性点接地的系统，采用保护接零才安全可靠。

2. 保护接地和保护接零的区别

两者的相同之处：

（1）在低压系统中都是为了防止漏电造成触电事故的技术措施。

（2）要求采取接地措施与要求采取接零措施的项目大致相同。

（3）接地和接零都要求有一定的接地装置，而且各接地装置的接地体和接地线的施工、连接都基本相同。

不同之处：

（1）保护原理不同。

低压系统保护接地的基本原理是限制漏电设备对地电压，使其不超过某一安全范围，高压系统的保护接地，除限制对地电压外，在某些情况下，还有促成系统中保护装置动作的作用。保护接零的主要作用是借接零线线路使设备漏电形成单相短路，促使线路上的保护装置迅速动作；其次，保护接零系统中的保护零线和重复接地也有一定的降压作用。

（2）适用的范围不同。

保护接地适用于一般的低压中性点不接地的电网及采用了其他安全措施的低压接地电网，保护接地也能用于高压不接地的电网之中。保护接零适用于中性点直接接地的低压电网，不接地电网不必采用保护接零。

（3）线路结构不同。

保护接地系统除相线外，只有保护地线。保护接零系统除相线外，必须有零线；必要时保护零线要与工作零线分开；其重复接地装置也应有地线。

3. 在同一配电系统中保护接地和保护接零不能混用

为什么在同一配电系统中，保护接地和保护接零不能混用呢？如图 4-36 所示，设备 A 采用的是保护接零，B 采用的是保护接地且同为一配电系统之中，当设备 B 发生碰壳时，电流通过 R_b 和 R_o 形成回路，电流不会太大，线路可能不会断开，则故障将长时间存在。

这时除了接触该设备的人员有触电的危险外，由于零线对地电压升高达到 $U_N = UR_o/(R_b + R_o)$，致使所有与接零设备接触的人员都有触电的危险。因此，在同一配电系统中不允许保护接地和保护接零这两种接地方式混用。

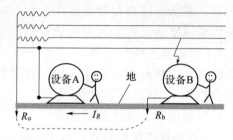

图 4-36　保护接地与保护接零混用

4.4.3　重复接地

重复接地就是将零线上的一处或多处通过接地装置与大地再次连接，目的是降低漏电设备对地电压、减轻零线断线的危险性、缩短故障时间及改善防雷性能等，如图 4-37 所示。

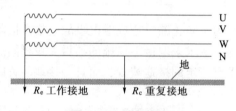

图 4-37　重复接地

🎵 学以致用

案例 1：为什么火线和零线对地都有电压？

一照明电路，开关断开，火线和零线之间没有电压，但经测量火线和零线对地都有 220 V 电压。合上开关，电灯就亮了。为什么呢？

我国城乡使用的变压器，其中性点（N）是接地的，在变压器处零线是变压器外壳接在一起共同接入大地。理论上来说零线对地是没有电压的，所以正常情况下摸零线不会触电，因为人是站在地上的，零线是接在土里的，零线和人体、大地都是同电位，我们感觉不到电的存在。当人摸火线的时候，由于人是站在地上的，零线也接入大地，火线和人体存在 220 V 电位差，电流就会经人体进入大地，电流通过的瞬间会有肌肉抽搐、灼伤、心脏停止跳动、失去知觉等触电反应。

该案例导致零线对地电压为 220 V 的原因是：开关安装在零线上。断开开关时，火线和零线不构成回路，两者均无电流，电位差为 0。由于开关接在零线上，因此火线与零线通过灯泡相连接，此时两线同电位，对地均为 220 V，此时人用手碰触零线，就会有触电反应。合上开关，构成单相交流电回路产生电流，电灯亮了。因此，开关应接在火线上。

4.4.4 低压配电系统保护接地的形式

根据 IEC 标准，低压配电系统根据保护接地的形式不同分为 IT 系统、TT 系统、TN 系统。其中，IT 系统和 TT 系统的设备外露可导电部分经各自的保护线直接接地（保护接地），TN 系统的设备外露可导电部分经公共的保护线与电源中性点直接电气连接（接零保护）。TN 系统的电源中性点直接接地，引出中性线，根据其保护线的形式，分为 TN-C 系统、TN-S 系统、TN-C-S 系统三种。

1. TN 系统

在中性点直接接地系统中，将设备外壳经公共的 PE 线接地，这种系统称为 TN 系统，即三相四线制的保护接零。TN 系统广泛用于 220/380 V 供电线路中。

1）TN-C 系统

如图 4-38 所示，在 TN-C 系统中变压器的中性点直接接地，由变压器的三个相线端子引出三根相线 U、V、W，由变压器的中性点引出一根中性线 N，该线既当中性线用，又当保护线（PE）用，因此两线合为一线称为 PEN 线。设备外壳与 PEN 线连接。当三相负载不平衡或只有单相用电设备时，PEN 上有电流通过。该系统适用于操作人员较少、直接操作接触电气设备的场合，此时只要开关保护装置和导线截面选择适当可基本满足供电安全，经济节能。

2）TN-S 系统

如图 4-39 所示，在 TN-S 系统中变压器的中性点直接接地，由变压器的三个相线端子引出三根相线 U、V、W，由变压器的中性点引出 2 根线，一根是中性线 N，一根是 PE 线，所有设备的外壳经公共的 PE 线相连接。N 线的作用是用来通过单相负载电流、三相不平衡电流，故称为保护零线，PE 线的作用是防止人使用电气设备时发生触电事故，是专用保护线。该系统耗材大、可靠性高，适用于对三相不对称负荷且对安全可靠性要求较高的场所。

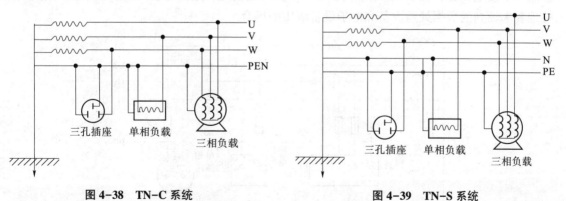

图 4-38 TN-C 系统　　　　　　　　　　图 4-39 TN-S 系统

3）TN-C-S 系统

如图 4-40 所示，TN-C-S 系统是前两个系统的混合，前半部分为 TN-C 系统，后半部分是 TN-S 系统，这种系统兼有 TN-C 系统和 TN-S 系统的特点，经济性、安全可靠性均介于两者之间，常用于三相不对称负荷且对电源要求不高、人员与设备接触不多的场合。

2. IT 系统

如图 4-41 所示，IT 系统的电源中性点是不接地（或对地绝缘）或经高阻抗接地，设备外壳可导电部分直接接地（PE 线）。该系统适用于环境不良、易燃、易爆、易发生单相对地故障的场所。

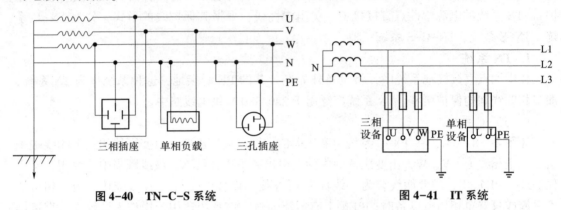

图 4-40 TN-C-S 系统   图 4-41 IT 系统

若电气设备外壳没有接地，当设备外壳带电时，如果人站在地上用手触及外壳，由于输电线与地之间有分布电容存在，将有电流通过人体及分布电容流回到电源，使人触电。而将设备金属外壳直接接地后，即便发生单相碰壳，由于人体电阻远远大于接地电阻，大部分电流由接地线引入大地，流经人体的电流很小，从而保护了人体安全。

3. TT 系统

TT 系统的电源中性点直接接地，用电设备外壳也直接接地，如图 4-42 所示。通常将电源中性点的接地叫作工作接地，而设备外壳接地叫作保护接地。TT 系统中，这两个接地必须是相互独立的。设备接地可以是每一设备都有各自独立的接地装置，也可以若干设备共用一个接地装置，图 4-42 中单相设备和单相插座就是共用接地装置的。该系统适用于对接地要求较高的数据处理设备和电子设备应用的场合。

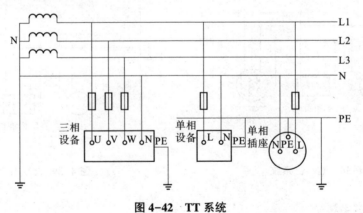

图 4-42 TT 系统

4.4.5　漏电保护开关

以上分析均从降低接触电压来进行防护，但这些是远远不够的，应考虑其他防护措施来进一步完善。当低压电网发生人身触电或设备漏电时，若能迅速切断电源，就可以使触电者脱离危险或使漏电设备停止运行，从而避免事故发生。在发生上述触电或漏电时，能迅速自动完成切断电源的装置称为漏电保护器，简称漏电，又叫漏电断路器，如图 4-43 所示，主要是用在设备易漏电或对人有致命触电危险的场合。

漏电保护器按其动作类型可分为电压型和电流型，电压型性能较差已趋淘汰，电流型漏电保护器可分为单相双极式、三相三极式和三相四极式三类。对于居民住宅及其他单相电路，应用最广泛的是单相双极电流型漏电保护器。三相三极式漏电保护器应用于三相动力电路，三相四极式漏电保护器应用于动力、照明混用的三相电路。

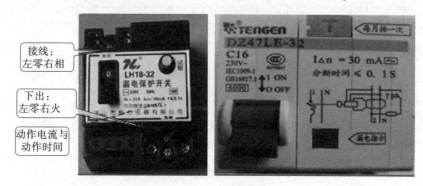

图 4-43　漏电保护器

1. 单相电流型漏电保护器

单相漏电保护器的结构如图 4-44（a）所示。单相电流型漏电保护器电路原理图如图 4-44（b）所示，正常运行（不漏电）时，流过相线和零线的电流相等，两电流相量和为零，漏电电流检测元件（零序电流互感器）无漏电信号输出，脱扣线圈无电流而不跳闸；当发生人碰触相线触电或相线漏电时，线路经人体流入大地产生漏电电流，流过相线的电流大于零线电流，电流相量和不为零，互感器感应出漏电信号，经放大器输出驱动电流，脱扣线圈因有电流而跳闸，起到防止人身触电或漏电的保护作用。

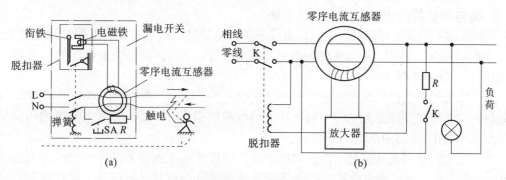

图 4-44　单相电流型漏电保护器结构及电路原理图

（a）结构；（b）原理图

2. 三相电流型漏电保护器

三相电流型漏电保护器的工作原理与单相双极型基本相同，其电路原理图如图 4-45 所示。三相线 L1、L2、L3 和中性线 N 穿过零序电流互感器。在正常情况下（无触电或漏电故障发生），三相线和中性线的电流相量和等于零，即

$$I_{L1} + I_{L2} + I_{L3} + I_N = 0$$

因此，各相线电流在零序电流互感器铁芯中所产生磁通相量之和也为零，即

$$\Phi_{L1} + \Phi_{L2} + \Phi_{L3} + \Phi_N = 0$$

当有人触电或出现漏电故障时，即出现漏电电流，这时通过零序电流互感器的一次电流相量和不再为零，即 $I_{L1} + I_{L2} + I_{L3} + I_N \neq 0$，互感器感应出漏电信号，经放大器输出驱动电流，脱扣线圈因有电流而跳闸。

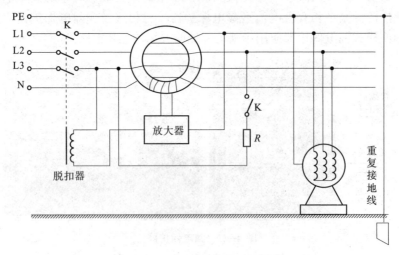

图 4-45　三相漏电保护器电路原理图

常用型号为 DZ15L-40/390 的漏电保护器，适用于交流额定电压 380 V、额定电流 40 A 及以下的三相电路中，额定漏电动作电流有 30 mA、50 mA 和 75 mA（四极为 50 mA、75 mA 和 100 mA）可选用，动作时间小于 0.2 s。

常用型号为 DZL18-20 的漏电保护器，放大器采用集成电路，具有体积小、动作灵敏、工作可靠的优点，适用于交流额定电压 220 V、额定电流 20 A 及以下的单相电路中，额定漏电动作电流有 30 mA、15 mA 和 10 mA 可选用，动作时间小于 0.1 s。

3. 漏电保护器的安装与使用注意事项

照明线路的相线和零线均要经过漏电保护器，电源进线必须接在漏电保护器的正上方，即外壳上标注的"电源"或"进线"的一端；出线接正下方，即外壳上标注的"负载"或"出线"的一端，如图 4-46 所示。

（1）安装时分清漏电保护器进线端和出线端，不得接反。在三相四线制形成的 TN-C-S 系统中，PE 线必须从总配电箱中漏电开关的电源侧引出，不能从该漏电开关的负荷侧引出，否则漏电开关将失去漏电保护作用。

（2）安装时必须严格区分中性线和保护线，四极式漏电保护器的中性线应接入漏电保护器。经过漏电保护器的中性线不得重复接地或接设备外露的导电部分，保护线不得接入漏电保护器。

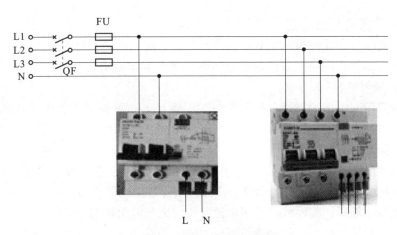

图 4-46 漏电保护器接线图

（3）漏电保护器中的继电器接地点和接地体应与设备的接地点和接地体分开，否则漏电保护器不能起保护作用。

（4）安装漏电保护器后，被保护设备的金属外壳仍应采用保护接地和保护接零。

（5）不得将漏电保护器当作闸刀使用。

（6）无论是单相负荷还是三相与单相混合负荷，相线与中性线均应穿过零序互感器。

漏电保护器接线注意事项如图 4-47 所示。

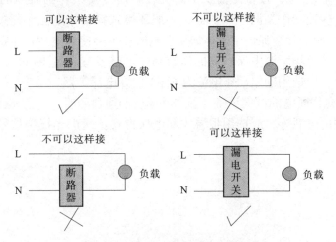

图 4-47 漏电保护器接线注意事项

（7）定期操作试验。合上开关，按下漏电测试开关（黄色的"T"），开关跳闸即表明正确动作，如图 4-48 所示。

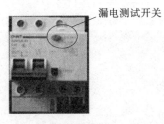

图 4-48 漏电保护器定期操作试验

4. 漏电保护器的选用原则

（1）购买漏电保护器时应购买具有生产资质的厂家的产品，且产品质量检测合格。

（2）应根据保护范围、人身设备安全和环境要求确定漏电保护器的电源电压、工作电流、漏电电流及动作时间等参数。

（3）电源采用漏电保护器做分级保护时，应满足上、下级开关动作的选择性。一般上一级漏电保护器的额定漏电电流不小于下一级漏电保护器的额定漏电电流，这样既可以保证灵敏度，又避免误动作。

（4）手持式电动工具（除Ⅲ类外）、移动式生活用家电设备（除Ⅲ类外）、其他移动式机电设备，以及触电危险性较大的用电设备，必须安装漏电保护器。

（5）建筑施工场所、临时线路的用电设备应安装漏电保护器。

（6）机关、学校、企业、住宅建筑物内的插座回路，宾馆、饭店及招待所的客房内插座回路，也必须安装漏电保护器。

（7）安装在水中的供电线路和设备以及潮湿、高温、金属材料占有系数较大及其他导电良好的场所，如机械加工、冶金、纺织、电子、食品加工等行业的作业场所，以及锅炉房、水泵房、食堂、浴室、医院等场所，必须使用漏电保护器进行保护。

（8）固定线路的用电设备和正常生产作业场所，应选用带漏电保护器的动力配电箱。临时使用的小型电气设备，应选用漏电保护插头（座）或带漏电保护器的插座箱。

（9）漏电保护器作为直接接触防护的补充保护时（不能作为唯一的直接接触保护），应选用高灵敏度、快速动作型漏电保护器。一般环境选择动作电流不超过 30 mA，动作时间不超过 0.1 s，这两个参数保证了人体如果触电时，不会使触电者产生病理性生理危险效应。在浴室、游泳池等场所漏电保护器的额定动作电流不宜超过 10 mA。在触电后可能导致二次事故的场合，应选用额定动作电流为 6 mA 的漏电保护器。

（10）对于不允许断电的电气设备，如公共场所的通道照明、应急照明、消防设备的电源、用于防盗报警的电源等，应选用报警式漏电保护器接通声光报警信号，通知管理人员及时处理故障。

单元测试题

姓名：　　　　　**班级：**　　　　　**学号：**　　　　　**成绩：**

一、判断题

1. 同一台发电机做星形连接时的线电压等于做三角形连接时的线电压。　　　　　（　　）

2. 当三相不对称负载做星形连接时，必须有中性线。　　　　　（　　）

3. 凡负载做三角形连接时，线电压必等于相电压。　　　　　（　　）

4. 三相负载星形连接时，线电流必等于相电流。　　　　　（　　）

5. 三相四线制中，电源线的中性线不能接熔丝。　　　　　（　　）

6. 由三相交流功率计算公式 $P = I_L U_L \cos \varphi$，在用同一电源时，一个负载对称接星形或三角形，其总功率是相同的。　　　　　（　　）

7. 同一台发电机做星形连接时的线电压等于做三角形连接时的线电压。　　　　　（　　）

8. 当负载做星形连接时必须有中性线。　　　　　（　　）

9. 负载做星形连接时，线电流等于相电流。　　　　　（　　）

10. 负载做三角形连接时，线电压等于相电压。　　　　　（　　）

11. 负载做星形连接时，线电压等于相电压。　　　　　（　　）

12. 假设三相电源的正相序为 U–V–W，则 V–W–U 为负相序。　　　　　（　　）

13. 对称三相电源，假设 U 相电压 $U_U = 220\sqrt{2}\sin(\omega t + 30°)$ V，则 V 相电压为 $U_V = 220\sqrt{2}\sin(\omega t - 120°)$ V。　　　　　（　　）

14. 三个电压频率相同、振幅相同，就称为对称三相电压。　　　　　（　　）

15. 对称三相电源，其三相电压瞬时值之和恒为零，所以三相电压瞬时值之和为零的三相电源就一定为对称三相电源。　　　　　（　　）

16. 将三相发电机绕组 UX、VY、WZ 的相尾 X、Y、Z 连接在一起，而分别从相头 U、V、W 向外引出的三条线作输出线，这种连接称为三相电源的三角形接法。　　　　　（　　）

二、选择题

1. 三相对称电源绕组相电压为 220 V，若有一三相对称负载额定相电压为 380 V，电源和负载应接成（　　）。

A. Y–△　　　　　B. △–△　　　　　C. Y–Y　　　　　D. △–Y

2. 三相对称电动势，下列说法错误的是（　　）。

A. 它们同时达到最大值

B. 它们同时达到最大值的时间依次落后三分之一个周期

C. 它们的周期相同，频率也相同

D. 它们的最大值相同

3. 下列结论中错误的是（　　）。

A. 当负载做△连接时，线电流为相电流的 $\sqrt{3}$ 倍

B. 当三相负载越接近对称时，中性线电流就越小

C. 当负载做Y连接时，线电流必等于相电流

4. 下列结论中正确的是（　　）。

A. 当三相负载越接近对称时，中性线电流就越小

B. 当负载做△连接时，线电流为相电流的$\sqrt{3}$倍

C. 当负载做Y连接时，必须有中性线

5. 若要求三相负载中各相电压均为电源相电压，则负载应接成（　　）。

A. 三角形连接　　　B. 星形无中性线　　　C. 星形有中性线

6. 若要求三相负载中各相电压均为电源线电压，则负载应接成（　　）。

A. 星形无中性线　　　B. 星形有中性线　　　C. 三角形连接

7. 对称三相交流电路，三相负载为△连接，当电源线电压不变时，三相负载换为Y连接，三相负载的相电流应（　　）。

A. 减小　　　　　　　B. 增大　　　　　　　C. 不变

8. 已知三相电源线电压 $U_L = 380$ V，三角形连接对称负载 $Z = (6+j8)$ Ω，则线电流 $I_L =$（　　）A。

A. $38\sqrt{3}$　　　　　B. $22\sqrt{3}$　　　　　C. 38　　　　　　　　D. 22

9. 三相负载对称的条件是（　　）。

A. 每相复阻抗相等　　　　　　　B. 每相阻抗值相等

C. 每相阻抗值相等，阻抗角相差120°　　　D. 每相阻抗值和功率因数相等

10. 三相负载对称星形连接时（　　）。

A. $I_L = \sqrt{3} I_P$，$U_L = U_P$　　　　　B. $I_L = I_P$，$U_L = \sqrt{3} U_P$

C. 不一定　　　　　　　　　　　　D. 都不正确

11. 三相对称负载做三角形连接时（　　）。

A. $I_L = \sqrt{3} I_P$，$U_L = U_P$　　　　　B. $I_L = I_P$，$U_L = \sqrt{3} U_P$

C. 不一定　　　　　　　　　　　　D. 都不正确

12. 在负载为星形连接的对称三相电路中，各线电流与相应的相电流的关系是（　　）。

A. 大小、相位都相等

B. 大小相等、线电流超前相应的相电流

C. 线电流大小为相电流大小的$\sqrt{3}$倍、线电流超前相应的相电流

D. 线电流大小为相电流大小的$\sqrt{3}$倍、线电流滞后相应的相电流

13. 下列结论中错误的是（　　）。

A. 当负载做Y连接时，必须有中性线

B. 当三相负载越接近对称时，中性线电流就越小

C. 当负载做Y连接时，线电流必等于相电流

14. 对称三相电动势是指（　　）的三相电动势。

A. 电压相等、频率不同、初相角均为120°

B. 电压不等、频率不同、相位互差180°

C. 最大值相等、频率相同、相位互差120°

D. 三个交流电都一样的电动势

15. 三相不对称负载的星形连接，若中性线断线，电流、电压及负载将发生（　　）。

A. 电压不变，只是电流不一样，负载能正常工作

B. 电压不变，电流也不变，负载正常工作

C. 各相电流、电压都发生变化，会使负载不能正常工作或损坏

D. 不一定电压会产生变化，只要断开负载，负载就不会损坏

16. 将电气设备的金属外壳、配电装置的金属构架等外露可导电部分与接地装置相连称为（　　）。

A. 保护接地　　　　　B. 工作接地　　　　　C. 防雷接地　　　　　D. 保护接零

17. 保护接地就是（　　）。

A. 将电气设备外壳与中性线相连

B. 将电气设备外壳与接地装置相连

C. 将电气设备外壳与其中一条相线相连

D. 将电气设备的中性线与接地线相连

18. 关于电气上的"地"，叙述正确的是（　　）。

A. 指地球表面

B. 指埋入地中的接地体

C. 指电流入地点附近的地面

D. 指电流入地点 20 m 以外电位等于零的地方

19. 保护接零适用于（　　）。

A. 三相三线低压供电线路　　　　　B. 三相四线低压供电线路

C. 三相四线 110 kV 高压供电线路　　D. 三相三线 10 kV 高压供电线路

20. 在中性点直接接地的低压供电系统中，将电气设备的中性线与接地装置相连称为（　　）。

A. 保护接地　　　　　B. 工作接地　　　　　C. 防雷接地　　　　　D. 直接接地

21. 漏电保护器的动作电流值达到或超过给定电流值时，将自动（　　）。

A. 重合闸　　　　　B. 切断电源　　　　　C. 合上电源　　　　　D. 给出报警信号

22. 保护接地的主要作用是（　　）和减少流经人身的电流。

A. 防止人身触电　　　　　　　　　B. 减少接地电流

C. 降低接地电压　　　　　　　　　D. 短路保护

23. 所有电气设备的保护零线，均应按（　　）方式接在零干线上。

A. 并联　　　　　B. 串联　　　　　C. 混联　　　　　D. 任意连接

24. 中性点直接接地系统中，若不采用保护接地，当人体接触一相外壳的电气设备时，人体相当于发生（　　）。

A. 两相电击　　　B. 跨步电压电击　　C. 单相电击　　　D. 两相触电

25. 在低压配电系统中不允许装设断路器或熔断器的主干线是（　　）

A. U 相线　　　　　B. V 相线　　　　　C. W 相线　　　　　D. N 线

三、填空题

1. 目前我国低压三相四线制供电线路供给用户的线电压是＿＿＿＿＿ V，相电压

是_____。

2. 三相交流电源的连接方式有_____连接和_____连接两种。

3. 在星形连接的三相四线制电路中，相电流 I_P 和线电流 I_L 的关系为_____；相电压 U_P 和线电压 U_L 的关系为_____。

4. 在三角形连接的三相对称负载电路中，相电流 I_P 和线电流 I_L 的关系为_____；相电压 U_P 和线电压 U_L 的关系为_____。

5. 三相对称负载做星形或三角形连接时总有功功率_____。

6. 三相发电机相电压为 220 V，采用星形连接，则三个线电压为_____。

四、计算题

1. 一个三相对称电感性负载，其中每相电阻 $R = 3\ \Omega$，每相的感抗 $X_L = 4\ \Omega$，接在线电压为 380 V 的三相电源上，若负载做三角形连接时，试计算相电流、三相有功功率、无功功率、功率因数及视在功率各是多少？

2. 有一三相对称负载，每相的电阻 $R = 8\ \Omega$，感抗 $X_L = 6\ \Omega$，如果负载接成星形，接到 $U_L = 380$ V 的电源上，求负载的相电流、功率因数、总有功功率。

3. 三相对称电感性负载做三角形连接，线电压 $U_L = 380$ V，线电流 $I_L = 17.3$ A，三相总功率为 $P = 4.5$ kW，求每相负载的电阻和感抗。

4. 一个三相交流加热电炉，每相的电阻为 50 Ω，当线电压为 380 V 供电时：（1）电阻做星形连接；（2）电阻做三角形连接，问两种连接下电炉的电流和功率各是多少？

5. 有一台三相异步电动机绕组为星形连接，接于线电压为 380 V 的三相电源中，测得其线电流为 6.1 A，已知其有功功率为 $P = 3.3$ kW，求电动机每相绕组的电阻和感抗值？

6. 某三相对称负载总有功功率为 5.5 kW，现按△接法把它接在线电压为 380 V 的三相电源线路中，设此刻该负载取用的线电流 $I_L = 19.5$ A，求此负载的相电流、功率因数和每相的阻抗值。

7. 指出图 4-49 所示三相四线制低压供电线路中各负载的连接方式，并说明哪些负载必须对称？

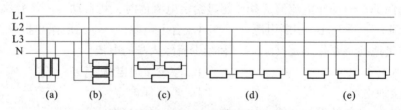

图 4-49　三相四线制低压供电线路

项目 5

磁路与变压器的工作原理及特性测试

模块 5.1　认识磁路

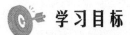 **学习目标**

1. 了解磁场的产生及特征。
2. 理解磁路的概念；理解铁磁物、非铁磁物的特性。
3. 掌握磁感应强度、磁通、磁导率、磁场强度等基本物
理量。

认识磁路　　认识磁路

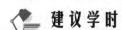 **建议学时**

2 学时

 思政学习

中国电磁引领世界

电磁技术可以说是目前世界上最为看重的技术之一，众多国家都在电磁技术方面投入了巨大的人力财力进行研究。目前来看，在电磁技术领域，中美属于第一梯队，而从当下来看，我国的电磁技术已经领先美国，属于世界领跑者的角色。自从点开了电磁这一科技，我国电磁相关的技术可以说是突飞猛进。

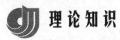 **理论知识**

5.1.1　磁与磁场

1. 磁体与磁极

磁体两端磁性最强的区域称为磁极。实验证明，任何磁体都具有两个磁极，而且无论怎样把磁体分割，它总是保持两个磁极。

2. 磁场与磁力线

磁体周围存在磁力作用的空间，称为磁场。

磁力线具有以下几个特征：

（1）磁力线是互不交叉的闭合曲线。在磁体外部由 N 极指向 S 极，在磁体内部由 S 极指向 N 极，如图 5-1（a）所示。

（2）磁力线的疏密程度反映了磁场的强弱，如图 5-1（b）所示。磁力线越密表示磁场越强，越疏表示磁场越弱。

（3）磁力线上任意一点的切线方向，就是该点的磁场方向。

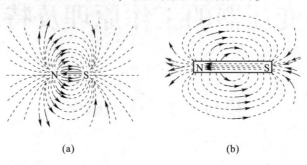

（a）　　　　　　　　　　　　（b）

图 5-1　磁力线

（a）磁力线分布；（b）闭合磁力线

3. 电流产生的磁场

（1）通电直导线周围的磁场：通电直导线周围磁场的磁力线是一些以导线上各点为圆心的同心圆，这些同心圆都在与导线垂直的平面上。

（2）通电螺线管的磁场：通电螺线管的磁力线，是一些穿过线圈横截面的闭合曲线，它的方向与电流方向之间的关系也可以用安培定则来判定，用右手握住螺线管，弯曲的四指指向线圈电流方向，则拇指方向就是螺线管内的磁场方向，即大拇指指向通电螺线管的 N 极。

磁力线的判定如图 5-2 所示。

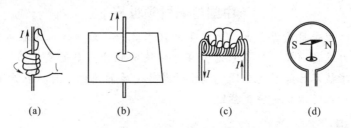

（a）　　　　　　（b）　　　　　　（c）　　　　　　（d）

图 5-2　磁力线的判定

（a）安培定则；（b）通电导线磁场；（c）通电螺线管磁场；（d）环形电流磁场

5.1.2　磁路的概念

磁路就是磁通的路径，磁路实质上是局限在一定路径内的磁场。工程上为了得到较强的磁场并有效地加以运用，常采用导磁性能良好的铁磁物质作成一定形状的铁芯，以便使磁场集中分布于由铁芯构成的闭合路径内，这种磁场通路才是我们要分析的磁路。很多电工设备，如变压器、电机、电器和电工仪表等，在工作时都要有磁场参与作用。

　　常见电气设备的磁路如图 5-3 所示，磁路中的磁通由励磁线圈中的励磁电流产生，经过铁芯和空气隙而闭合，如图 5-3（a）、（b）所示；也可由永久磁铁产生，如图 5-3（c）所示。磁路中可以有空气隙，如图 5-3（b）、（c）所示；也可以没有空气隙，如图 5-3（a）所示。

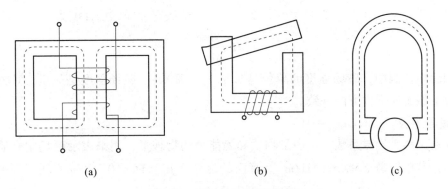

图 5-3　常见电气设备的磁路

（a）变压器；（b）电磁铁；（c）磁电式电表

5.1.3　磁路的基本物理量

表示磁场特性的主要物理量包括磁通、磁感应强度、磁场强度和磁导率。

1. 磁通 Φ

磁通 Φ 是描述磁场在某一范围内分布情况的物理量。穿过某一截面积 S 的磁力线的总数就是通过该截面积的磁通 Φ。磁通的单位是韦伯（Wb），简称韦。

在均匀磁场中，磁感应强度 B 与垂直于磁场方向的面积为 S 的乘积，称为通过该面积的磁通 Φ，即

$$\Phi = BS \tag{5-1}$$

2. 磁感应强度 B

磁感应强度 B 是一个表示磁场内某点的磁场强弱和方向的矢量，其方向可用小磁针 N 极在磁场中某点的指向确定，磁针 N 极的指向就是磁场的方向。磁感应强度与产生它的电流之间的方向关系满足右手螺旋法则。在磁场中某点放一个长度为 l、电流为 I 并与磁场方向垂直的导体，如果导体所受的电磁力为 F，则该点磁感应强度表示为

$$B = \frac{F}{lI} \tag{5-2}$$

在国际单位制中，磁感应强度的单位为 T（特斯拉）。

如果磁场内各点的磁感应强度大小相等、方向相同，这样的磁场称为均匀磁场。垂直穿过单位面积的磁力线数就反映此处的磁感应强度 B 的大小，所以磁感应强度 B 又称为磁通密度。在均匀磁场中，磁感应强度 B 也可以用与磁场垂直的单位面积上的磁通来表示，即

$$B = \Phi / S \qquad (5-3)$$

3. 磁场强度 H

磁场强度 H 是为了方便分析和计算磁路而引入的一个物理量，是一个用来确定磁场与电流之间关系的矢量，反映的是电流产生的磁场中某点磁场的强弱和方向，与磁场中有无磁介质无关。在通电线圈中，磁场强度 H 只与电流的大小有关，而与线圈中被磁化的物质，即与物质的磁导率 μ 无关。H 的大小由 B 与 μ 的比值决定，即磁场强度为

$$H = \frac{B}{\mu} \qquad (5-4)$$

在国际单位制中，磁场强度的单位是 A/m（安每米），磁场强度是矢量，其方向与磁场中该点的磁感应强度方向一致。

4. 磁导率 μ

磁导率又称为导磁系数，是衡量物质导磁能力的物理量，用来表示磁场中介质导磁性能的强弱，其单位是亨利/米（H/m）。真空的磁导率 $\mu_0 = 4\pi \times 10^{-7}$ H/m。任意一种物质的磁导率 μ 与真空的磁导率 μ_0 的比值，称为该物质的相对磁导率 μ_r，即 $\mu_r = \dfrac{\mu}{\mu_0}$。

根据磁导率的大小，可把物质分为以下三类。

（1）顺磁物质，如空气、铝、铬、铂等，其 μ_r 稍大于 1。

（2）反磁物质，如氢、铜等，其 μ_r 稍小于 1。顺磁物质与反磁物质一般称为非磁性材料。

（3）铁磁物质，如铁、钴、镍、硅钢、坡莫合金、铁氧体等，其相对磁导率 μ_r 远大于 1，可达几百甚至数万以上且不是一个常数。铁磁物质被广泛应用于电工技术及计算机技术等方面。

5.1.4 磁性材料的磁性能

磁性材料的相对磁导率很大，具有高导磁、磁饱和以及磁滞等磁性能，是制造电机、变压器和电气设备铁芯的主要材料。铁磁性物质的磁性能主要体现为高导磁性、磁饱和性和磁滞性。

1. 高导磁性

铁磁性材料的磁导率很高，可达 $10^2 \sim 10^4$ 数量级。在外磁场的作用下，其内部的磁感应强度大大增强，这种现象称为磁化。铁磁性材料的磁化现象与其内部的分子电流有关。所谓分子电流是指物质内部电子绕原子核旋转及电子本身自转所形成的回路电流，这个电流会产生磁场。同时，铁磁性材料内部的分子之间有一种相互作用力，使得若干个原子的磁场具有相同的方向，组成许多小磁体，具有磁性，这些小磁体称为磁畴。在没有外磁场作用时，这些磁畴的排列是不规则的，它们所产生磁场的平均值等于零或者非常微弱，对外不显示磁性，如图 5-4（a）所示。在一定强度的外磁场作用下，这些磁畴将顺着外磁场的方向转动，做有规则的排列，显示出很强的磁性，如图 5-4（b）所示，这就是铁磁性材

料的磁化现象。非磁性材料没有磁畴结构，所以不具有磁化特性。

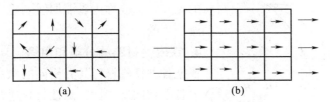

图 5-4 铁磁性材料有无外磁场作用的磁性

（a）无外磁场作用；（b）有外磁场作用

2. 磁饱和性

铁磁材料的磁饱和性体现在因磁化所产生的磁感应强度不会随外磁场的增强而无限地增强。当外磁场（或励磁电流）增大到一定值时，其内部所有的磁畴已基本上转向与外磁场一致的方向。因而，当外部磁场再增大时，其磁化磁感应强度不再继续增加，如图 5-5 所示。

从图 5-5 所示的铁磁材料的磁化曲线可知，该曲线经过原点，在 Oa 段，B 随 H 近似线性增加；在 ab 段，B 增长趋势缓慢下来；b 点以后，B 随 H 的增加速度减慢下来，逐渐趋于饱和。由于铁磁材料的磁化率不是常数，B 和 H 的关系是非线性的，无法用准确的数学表达式表示，只能用 B-H 曲线（即磁化曲线）表示。如图 5-6 所示，为使用实验方法，在反复磁化的情况下测得的几种常见铁磁材料的磁化曲线。

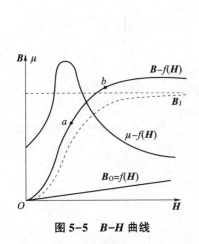

图 5-5 B-H 曲线

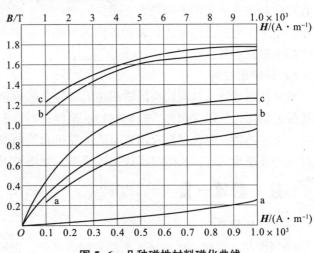

图 5-6 几种磁性材料磁化曲线

a—铸铁；b—铸钢；c—硅钢片

3. 磁滞性

磁滞性表现在铁磁材料在交变磁场中反复磁化时，磁感应强度的变化滞后于磁场强度的变化。当铁磁材料被磁化，磁场强度 H 由零增加到某值（$H = +H_m$）后，如果再减少 H，此时 B 并不沿着原来的曲线返回，而是沿着位于其上部的另一条曲线减弱，如图 5-7 所示。当 $H = 0$ 时，$B = B_r$，B_r 称为剩磁感应强度，简称剩磁。只有当 H 反方向变化到 $-H_c$ 时，B 才下降到零，H_c 称为矫顽力。由此可见，磁感应强度 B 的变化滞后于磁场强度 H 的变化，

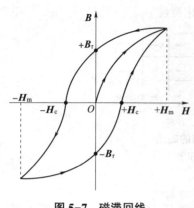

图 5-7 磁滞回线

这种现象称为磁滞现象。图 5-7 所示的回线表现了铁磁材料的磁滞性，故称为磁滞回线。磁滞性是由于分子热运动所产生的。

4. 铁磁性材料的分类和用途

依据各种铁磁材料具有不同的磁滞回线，其剩磁及矫顽力各不相同的特性，磁性材料通常可以分成三种类型，各具有不同的用途。

1）软磁材料

软磁材料比较容易磁化，当外磁场消失后，磁性大都消失。反映在磁滞回线上是剩磁和矫顽磁力均较小，磁滞回线窄而陡，包围的面积较小，磁滞损耗小，磁导率高。软磁材料适用于交变磁场或要求剩磁特别小的场合。一般用来制造电机、变压器和各种电器的铁芯，如灵敏继电器、接触器、磁放大器等。软磁材料中的铁氧体在电子技术中应用很广泛，例如做计算机的磁芯、磁鼓及录音设备的磁带、磁头，高频磁路中的铁芯、滤波器、脉冲变压器等。

2）硬磁材料

硬磁材料的特点是，必须用较强的外磁场才能使它磁化，但是一经磁化后，能保留很大的剩磁。反映在磁滞回线上是具有较高的剩磁和较大的矫顽磁力，磁滞回线较宽。硬磁材料适用于制造永久磁铁及磁电式仪表和各种扬声器及小型直流电动机中的永磁铁芯等。

3）矩铁磁材料

该种铁磁性物质具有较小的矫顽磁力和较大的剩磁，磁滞回线接近矩形，所以又称之为矩磁材料。该种材料稳定性良好且易于迅速翻转。矩磁材料常用来制造计算机和控制系统中的记忆元件和逻辑元件，其磁滞回线接近矩形，如图 5-8 所示。

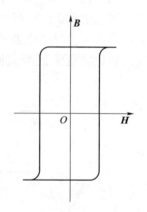

图 5-8 矩磁材料的磁滞回线

 想－想做－做

一、选择题

1. 当面积一定时，通过该面积的磁感线越多，则磁通将（　　）。

A. 越大　　　　　　　B. 越小　　　　　　　C. 不变　　　　　　　D. 无法判断

2. 相对磁导率越大，物质的导磁能力（　　）。

A. 越大　　　　　　　B. 越小　　　　　　　C. 无法判断

3. 当在通电线圈中插入铁芯，磁感应强度将（　　），磁场强度将（　　）。

A. 增大　　　　　　　B. 减小　　　　　　　C. 不变　　　　　　　D. 无法判断

4. 变压器铁芯中磁通 Φ 的大小与磁路的性质、铁芯绕组的匝数 N 和（　　）有关。

A. 线电阻圈　　　　　　　　　　　B. 线圈的绕制方向

C. 线圈电流 I　　　　　　　　　　　D. 线圈电压 U

5. 磁力线上某点的（　　）就是该点磁场的方向。

A. 法线方向　　　　B. 正方向　　　　C. 切线方向　　　　D. 反方向

6. 铁磁材料能够被磁化的根本原因是（　　）。

A. 有外磁场作用　　　　　　　　　B. 有良好的导磁性能

C. 反复交变磁化　　　　　　　　　D. 其内部有磁畴

7. 铁磁材料在磁化过程中，当外加磁场 H 不断增加，而测得的磁感应强度几乎不变的性质称为（　　）。

A. 高导磁性　　　　B. 磁饱和性　　　　C. 磁滞性　　　　D. 剩磁

8. 软磁材料主要特点是（　　）。

A. 剩磁小，磁滞损耗小　　　　　　B. 剩磁大，磁滞损耗小

C. 剩磁大，磁滞损耗大　　　　　　D. 剩磁小，磁滞损耗大

9. 用铁磁材料做电动机的铁芯，主要是利用其中的（　　）特性。

A. 高导磁性　　　　B. 磁饱和性　　　　C. 磁滞性　　　　D. 剩磁

二、多项选择题

1. 铁磁材料的特性有（　　）。

A. 高导磁性　　　　B. 磁饱和性　　　　C. 磁滞性　　　　D. 剩磁

2. 根据铁磁材料的特点可将其分为以下几种？（　　）

A. 软磁材料　　　　B. 硬磁材料　　　　C. 矩磁材料　　　　D. 非铁磁材料

三、简答题

1. 磁场的基本物理量有哪些？它们各自的物理意义及相互关系怎样？

2. 什么是磁路？分哪几种类型？

3. 磁路中的空气隙很小，为什么磁阻却很大？

4. 磁场中有一根短导线长 0.5 cm，当它与磁场方向垂直，并通有 0.2 A 电流时，所受到的磁力为 3×10^{-4} N，试求该处磁感应强度的大小。

5. 铁磁材料在磁化过程中有哪些特点？

四、判断题

1. 软磁性材料适合制作电动机的铁芯，而硬磁性材料适合制作永久磁铁。　　（　　）

2. 铁磁材料能够被磁化的根本原因是有外磁场作用。　　（　　）

模块 5.2　变压器的基本结构分析

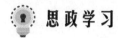

学习目标

1. 了解变压器的铭牌数据及参数测试的方法。
2. 理解特殊变压器的特点；理解变压器的额定参数、阻抗变换公式。
3. 掌握变压器的基本构造及工作原理。
4. 掌握判别变压器同名端的方法。

变压器基本结构

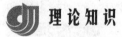

建议学时

4 学时

思政学习

用中国核心技术，解决中国实际问题

在电力系统中，变压器的地位十分重要，变压器一旦发生故障，就会减少和中断对部分用户的供电，如果不能及时的发现事故并处理事故，将会对电网安全可靠供电造成很大的威胁，对国民经济造成重大的损失，小到家用电器大到大型电力设备、电力运输，变压器都在其中起着至关重要的作用。目前，我国的智能电网已经进入全面建设的重要阶段，城乡配电网的智能化建设将全面拉开，所以对于变压器行业的要求也越来越高。

理论知识

5.2.1　单相变压器的基本结构

变压器是利用电磁感应原理传输电能或信号的器件，具有改变交流电压、交流电流、交换阻抗以及改变相位的作用，是一种十分常见的电气设备。按其用途的不同可分为电力变压器和特殊变压器两大类。如果是针对某种特殊需要而制造的变压器，称为特殊变压器。根据变压器的铁芯结构，可分为壳式和芯式两种；按冷却方式分为油冷变压器和空气变压器；根据电源的相数可分为单相变压器和三相变压器等。其中单相变压器的功率较小，主要应用于机床设备控制电路、安全照明电路以及各种家用电器的电源适配器中。不同种类的变压器的基本结构都是相同的。

单相变压器的基本构造如图 5-9 所示，它由闭合铁芯和一次、二次线圈绕组等组成。为了减少磁滞和涡流引起的能量损耗，变压器的铁芯一般用 0.35 mm 或 0.5 mm 厚的硅钢片叠成，叠片间互相绝缘。

1. 铁芯

铁芯构成了变压器的磁路。铁芯由薄硅钢片叠成，由铁芯柱和铁轭两部分构成。铁芯包围

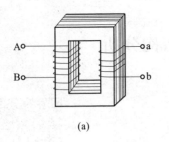 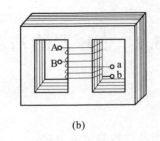 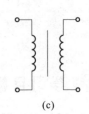

图 5-9　单相变压器的基本构造

（a）单相心式；（b）单相壳式；（c）单相变压器符号

绕组的变压器称为壳式变压器，如图 5-10 所示，这类变压器的机械强度好，铁芯易散热。

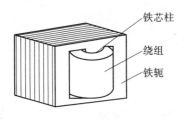 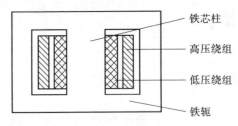

图 5-10　变压器的结构

2. 绕组

绕组是变压器的电路部分，绕组由漆包线绕制而成。其高压绕组必须置于外层，低压绕组置于里层，以增加高压绕组与铁芯之间的安全距离。工作时，连接电源的线圈称为一次绕组（简称原边），匝数用 N_1 表示；连接负载的线圈称为二次绕组（简称副边），匝数用 N_2 表示。线圈是变压器的电路部分，可按结构分为高压绕组（电压较高，匝数较多）和低压绕组（电压较低，匝数较少）。

5.2.2　变压器的工作原理

小型变压器的测试

根据变压器的副边是否连接负载，变压器可分为空载运行和负载运行。为了分析方便，把忽略绕组直流电阻、铁芯损耗、漏磁通和磁饱和影响的变压器称为理想变压器。

1. 变压器的空载运行

若变压器一次绕组接交流电压 u_1，而副绕组开路（$i_2=0$），称为变压器的空载运行。这时一次绕组通过的电流为空载电流 i_0。如图 5-11 所示，图中各电量的正方向按照关联方向标定。电流 i_0 在磁路中变化，产生交变主磁通 Φ，引起一次、二次绕组中产生感应电压 e_1 和 e_2。

设主磁通 $\Phi = \Phi_{\mathrm{m}}\sin \omega t$，根据推导，$e_1$ 和 e_2 的有效值分别为

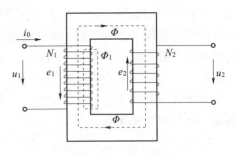

图 5-11　变压器空载运行

$$E_1 = \frac{E_{m1}}{\sqrt{2}} = 4.44fN_1\Phi_m \tag{5-5}$$

$$E_2 = 4.44fN_2\Phi_m \tag{5-6}$$

如果忽略一次绕组中的阻抗不计，则

$$U_1 \approx E_1 \quad U_{20} \approx E_2$$

即

$$\left.\begin{array}{l} U_1 = 4.44fN_1\Phi_m \\ U_{20} = 4.44fN_2\Phi_m \end{array}\right\} \tag{5-7}$$

由上式可知只要电源电压不变，铁芯中的主要磁通最大值 Φ_m 也不变。

可得

$$\frac{U_1}{U_{20}} = \frac{N_1}{N_2} = k$$

式中，$k = \dfrac{N_1}{N_2}$，称为变压器的电压比，也是一次绕组与二次绕组之间的匝数比。上式说明绕组的电压与匝数成正比，在原边匝数不变的情况下，只要改变副边的匝数就能改变输出电压的数值，这就是变压器的变压原理。

例 5-1　变压器一次绕组的匝数为 400 匝，电源电压为 5 000 V，频率为 50 Hz，求铁芯中的最大磁通 Φ_m。

解：根据式（5-7）得

$$\Phi_m = \frac{U_1}{4.44f_1N_1} = \frac{5\,000}{4.44\times50\times400} \approx 0.565\ (\text{Wb})$$

2. 变压器的有载运行

如果变压器的二次绕组接上负载，则在感应电动势的作用下，二次绕组将产生电流 $i_2 \neq 0$，这种情况称为变压器的有载运行，如图 5-12 所示。

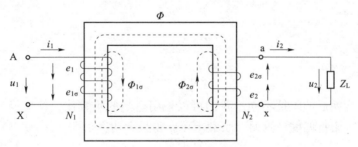

图 5-12　变压器的负载运行

由于二次绕组有电流通过，一次绕组的电流由空载电流 i_0 变为负载时的电流 i_1。但当外加电压 U_1 一定，不论空载或有载，铁芯中的主磁通 Φ_m 不变 $\left(\Phi_m = \dfrac{U_1}{4.44fN_1}\right)$，即

$$N_1I_1 \approx N_2I_2$$

所以

$$I_1 = \frac{N_2}{N_1}I_2 = \frac{1}{k}I_2 \tag{5-8}$$

即变压器有电流变换作用。

例 5-2　一台降压变压器，一次电压 $U_1 = 3\,000$ V，二次电压 $U_2 = 220$ V；如果二次侧接有一台 $P = 25$ kW 的电阻炉，求变压器一次、二次侧的电流。

解： 二次绕组电流就是电阻炉工作的电流

$$I_2 = \frac{P}{U_2} = \frac{25 \times 1\,000}{220} \approx 114 \text{ （A）}$$

由式（5-8）得

$$\frac{U_1}{U_2} = \frac{N_1}{N_2} = \frac{I_2}{I_1} = k$$

则一次电流为

$$I_1 = \frac{U_2}{U_1} I_2 = \frac{220}{3\,000} \times 114 \approx 8.36 \text{ （A）}$$

3. 变压器的阻抗变换作用

变压器不仅有电压变换和电流变换的作用，它还具有阻抗变换作用。如图 5-13（a）所示，在变压器的二次侧接上负载阻抗 Z，则在一次侧看进去可用一个阻抗 Z' 来等效，如图 5-13（b）所示。其等效的条件是：电压、电流及功率不变。

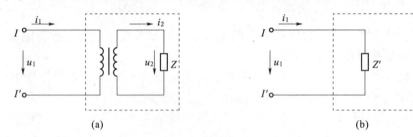

图 5-13　变压器的等效电路

（a）变压器的阻抗变换作用；（b）用阻抗 Z' 来等效

$$\frac{U_2}{I_2} = |Z| , \quad \frac{U_1}{I_1} = |Z'|$$

两式相比，得

$$\frac{|Z'|}{|Z|} = \frac{U_1}{U_2} \cdot \frac{I_2}{I_1} \tag{5-9}$$

$$|Z'| = k^2 |Z| \tag{5-10}$$

匝数不同，变换后的阻抗不同。我们可以采用适当的匝数比，使变换后的阻抗等于电源的内阻，称之为阻抗匹配。这时，负载上可获得最大功率。

例 5-3　在图 5-14 中正弦交流电源的端电压 $\dot{U}_S = 20$ V，内阻 $R_0 = 180$ Ω，负载阻抗 $R_L = 5$ Ω。（1）当等效电阻 $R'_L = R_0$ 时，求变压器的电压比及电源的输出功率。（2）求负载直接与电源连接时，电源的输出功率。

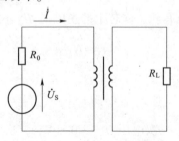

图 5-14　正弦交流电源

解：（1）变压器的电压比为

$$k = \frac{N_1}{N_2} = \sqrt{\frac{R'_L}{R_L}} = \sqrt{\frac{180}{5}} = 6$$

电源输出功率为

$$P = \left(\frac{U_S}{R_0 + R'_L}\right)^2 R'_L = \left(\frac{20}{180 + 180}\right)^2 \times 180 \approx 0.55 \text{（W）}$$

（2）当负载直接接在电源上时，输出功率为

$$P = \left(\frac{U_S}{R_0 + R_L}\right)^2 R_L = \left(\frac{20}{180 + 5}\right)^2 \times 5 \approx 0.058 \text{（W）}$$

5.2.3　变压器的额定值

1. 额定电压

变压器铭牌上有两个额定电压，即一次侧额定电压和二次侧额定电压。

一次侧额定电压指根据变压器的绝缘强度和允许发热而规定的一次绕组的正常工作电压；二次侧额定电压指一次绕组加额定电压时，二次绕组的开路电压。

注意：三相变压器原边和副边的额定电压都是指其线电压。使用变压器时，不允许超过其额定电压。

2. 额定电流

额定电流是根据变压器允许温升而规定的允许通过的最大电流值，以安或千安为单位，变压器的额定电流有原边额定电流 I_{1N} 和副边额定电流 I_{2N}。同样应注意，三相变压器中 I_{1N} 和 I_{2N} 都是指其线电流。使用变压器时，不要超过其额定电流值。变压器长期过负荷运行将缩短其使用寿命。

3. 额定容量

额定容量反映了变压器传递电功率的能力。指变压器在额定工作状态下，二次绕组的视在功率，以千伏安为单位。忽略变压器的损耗，单相变压器额定容量为

$$S_N = \frac{U_{1N} I_{1N}}{1\ 000} = \frac{U_{2N} I_{2N}}{1\ 000}$$

三相变压器的额定容量可表示为

$$S_N = \frac{\sqrt{3}\ U_{2N} I_{2N}}{1\ 000}$$

式中，U_{1N}、U_{2N} 及 I_{1N}、I_{2N} 为一次侧、二次侧的额定线电压、线电流。

4. 额定频率

变压器额定运行时，一次绕组外加电压的频率。我国的标准工频为 50 Hz，有些国家则规定为 60 Hz，使用时应注意。

5. 额定温升

变压器的额定温升是以环境温度为 +40 ℃ 作参考，规定在运行中允许变压器的温度超出参考环境温度的最大温升。

5.2.4　电力变压器

应用于电力系统变配电的变压器称为电力变压器，三相变压器是电力系统的重要设备。

1. 电力变压器的结构

在电力上常利用变压器进行电压变换，将低电压变换成高电压进行远距离传输，以便减少线路损耗和提高传输效率。对于三相电源进行电压变换，可用三台单相变压器组成的三相变压器组，或用一台三相变压器来完成。基本结构（图5-15）与单相变压器相似，闭合的铁芯上共有六个线圈，三个一次绕组（高压绕组），分别记为 AX、BY、CZ；另三个为二次绕组（低压绕组），分别记为 ax、by、cz。AX、ax 称为 A 相绕组，BY、by 称为 B 相绕组，CZ、cz 称为 C 相绕组。A（a）、B（b）、C（c）称为首端，其余称为末端。

三相变压器在电力系统中的主要作用是传输电能，故它的容量较大。一般大容量电力变压器的铁芯和绕组都要浸入装满变压器油的油箱中，以改善其散热条件。除此之外，变压器还设有储油柜、安全气道和气体继电器等一些其他附件。

2. 电力变压器的主要参数

使用变压器时，必须掌握其铭牌上的技术数据。图5-16所示为三相电力变压器铭牌。变压器铭牌上一般注明下列内容：型号、连接组别、容量、使用条件、冷却方式、电压等级等。

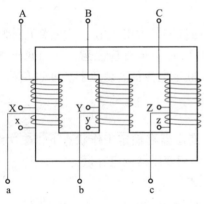

图5-15　三相变压器基本构造

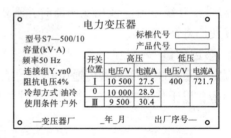

电力变压器				
型号 S7—500/10 容量(kV·A) 频率50 Hz 连接组 Y.yn0 阻抗电压4% 冷却方式 油冷 使用条件 户外			标椎代号 □ 产品代号 □	
开关位置	高压		低压	
	电压/V	电流A	电压/V	电流A
I	10 500	27.5	400	721.7
0	10 000	28.9		
III	9 500	30.4		
—变压器厂	_年_月		出厂序号—	

图5-16　三相电力变压器铭牌

1）型号

由字母和数字组成，字母表示的意义为：S—表示三相，D—表示单相，K—表示防爆，F—表示风冷等。

例如变压器型号为 S9-500/10，其中 S9 表示三相变压器的系列，它是我国统一设计的高效节能变压器；500 表示变压器容量，单位为千伏安（kV·A）；10 表示高压侧的电压，单位为千伏（kV），如图5-17所示。

2）连接组别

表示三相变压器的接法及高低压绕组线电压之间的相位关系。

三相变压器或三个单相变压器的一次绕组都可分别接成星形或三角形。实际上变压器

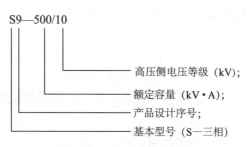

图 5-17　变压器型号举例

常用的接法有 Y/Y₀、Y/△、Y₀/△ 三种，符号 Y₀ 表示有中性线的星形接法，分子表示高压绕组的接法，分母表示低压绕组的接法。

新的标注法规定变压器绕组的连接方法表示如下：用大写字母表示高压侧，小写字母表示低压侧，如 Y 或 y 表示星形连接，D 或 d 表示三角形连接，N 或 n 表示接中性线。上述三种接法分别用 Y，yn；Y，d；Y_N，d 来表示。

由于三相绕组可以采用不同的连接，使三相变压器一次、二次绕组中的线电动势会出现不同的相位差，实践和理论证明：对于三相绕组，无论采用什么连接法，一次、二次线电动势的相位差总是 30° 的整数倍。因此，采用时钟盘面上的 12 个数字来表示这种相位差是很简明的。具体表示方法是：把高压边线电动势矢量作为时钟的长针，总是指着 "12"，而把低压边线电动势矢量作为短针，它指的数字与 12 之间的角度就表示高、低压边线电动势矢量之间的相位差。这个 "短针" 指的数字称为三相变压器连接组的标号（连接组是按一次、二次线电动势的相位关系把变压器绕组的连接分成各种不同连接类型）。常用的连接组有 Y，yn0；Y，d11；D，yn11 等。其中 Y，yn0 表示高压侧星形连接、低压侧星形连接且有中性线，"0" 表示高、低侧电动势是同相的。"11" 表示低压侧线电动势超前于高压侧线电动势 30°。

5.2.5　变压器的运行和维护

变压器并行运行，在国民经济建设中有着重要的意义。可提高供电的可靠性，当某台变压器出现故障时，重要用户可以不中断供电，还可减少初期的投资；并且当负载减少时，可断开某些变压器，提高供电效率和功率因数。变压器的并行运行必须满足额定电压相同，即变压比相等，相序必须一致，短路压降（阻抗压降）必须相等，同时连接组别必须相同等条件。否则，变压器容量不能充分发挥，甚至不能投入并联运行，严重时将会使变压器烧毁。此外，变压器常见的故障及原因有：

（1）变压器烧毁故障。引起变压器烧毁故障的原因大多是超过变压器的额定值，或将小功率变压器接入大负载，引起变压器电流过载。

（2）变压器绕组断路故障。引起变压器绕组断路故障的原因有绕组引出线接线不良、受到机械损伤等。

（3）变压器绕组短路故障。引起变压器绕组短路故障的主要原因是绝缘下降，高压打火所致。

（4）变压器绕组绝缘电阻下降故障。受潮是引起绝缘电阻下降故障的主要原因，其次是变压器过流过热后造成绝缘漆炭化也会使绝缘电阻下降。

 想－想 做－做

1. 变压器主要是由_____和_____两部分组成。

2. _____损耗和_____损耗称为铁芯损耗，它使铁芯发热。

3. 变压器的铁损和铜损可以通过_____试验和_____试验测得。

4. 变压器是利用电磁感应原理制成的一种静止的交流电磁设备。（　　）

5. 变压器一、二次绕组之间的电流变比是电压变比的倒数。（　　）

6. 变压器的额定容量是指变压器额定运行时输出的视在功率。（　　）

7. 为了减小变压器铁芯内的磁滞损耗和涡流损耗，铁芯多采用高导磁率、厚度为 0.35 mm 或 0.5 mm，表面涂绝缘漆的硅钢片叠成。（　　）

8. 变压器的同名端取决于绕组的绕向，改变绕向，极性也随之改变。（　　）

工作任务　变压器初次级绕组的判别及同名端的测定

姓名：　　　　　班级：　　　　　学号：　　　　　成绩：

实训目的：

1. 测量单相变压器的同名端及高低压侧。

2. 测量变压器的绝缘电阻。

实训器材： 设备、工具与材料、小型变压器、万用电表、干电池、开关。

摇表的使用

实验原理：

1. 变压器初次级绕组的判别

由于变压器运行时，铁芯损耗较小，忽略铁芯损耗不计，输出视在功率近似与输入视在功率相等，故有 $U_1 I_1 = U_2 I_2$，$\dfrac{U_1}{U_2} = \dfrac{I_2}{I_1}$，当功率一定时，电流与电压成反比；当 $U_1 > U_2$ 时，$I_2 > I_1$，故初级电流小，次级电流大。因此，初级绕组由于电流小用细导线，次级绕组电流大用粗导线，故通过接线端的粗细可以判别初、次级绕组。另外，通过测量初、次级绕组的电阻也可判别变压器初次级绕组。初级绕组由于匝数多、导线细又长，故电阻大；而次级绕组匝数少、导线粗又相对短些，故电阻小。

2. 同名端的测定

变压器的初、次绕组是相互耦合的，故可通过测定初、次级绕组的同名端学习同名端的测定方法。

1）直流测定法（图5-18）

如果 S 突然闭合，电流表正偏，则 A-a 为同极性端；电流表反偏，则 A-x 为同极性端。

2）交流测定法（图5-19）

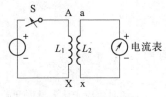

图5-18　直流测定法

图5-19　交流测定法

把两个线圈的任意两端（X-x）连接，然后在 AX 上加一低电压 U_{ax}。如果 $U_{Aa} = |U_{AX} - U_{ax}|$ 说明 A 与 a 或 X 与 x 为同极性端。如果 $U_{Aa} = |U_{AX} + U_{ax}|$ 说明 A 与 x 或 X 与 a 是同极性端。

考核评分标准如表5-1所示。

表5-1　考核评分标准

工作规范及要求
1. 判别变压器的初、次级绕组；
2. 同名端的判别；

3. 要求操作程序正确、动作规范；

4. 出现下列任意一种情况考核成绩记为"不合格"：

(1) 成绩低于 60 分；

(2) 转换时带电

考核内容	考核要求	评分标准	得分
判别变压器的初、次级绕组（50 分）	用万用表的欧姆挡分别测量初、次级绕组的电阻：$r_1 =$ ____ Ω，$r_2 =$ ____ Ω	1. 正确接线。 2. 正确选择量程，当不知道实测值时，应先从大量程开始，仪器不得作超载使用。 3. 转换仪器仪表的量程时，必须先断开电源，不得带电转换	
同名端的判别（一）(25 分)	直流测定法 按图接线，闭合开关 K 的瞬间，Ⓥ 表的指针偏_____，A 与_____互为同名端，X 与_____互为同名端。 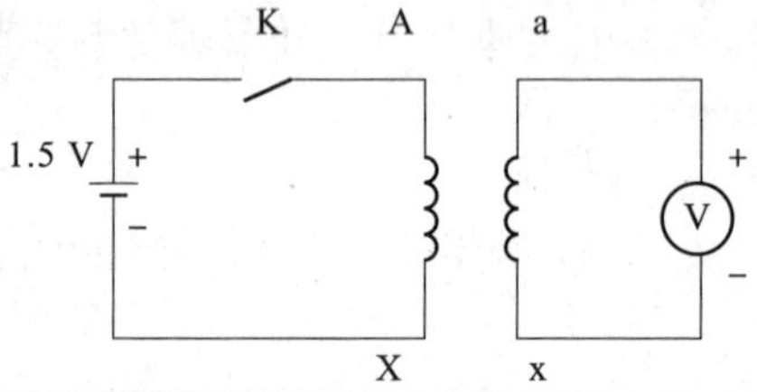 	1. 正确接线。 2. 正确选择量程，当不知道实测值时，应先从大量程开始，仪器不得作超载使用。 3. 转换仪器仪表的量程时，必须先断开电源，不得带电转换	
同名端的判别（二)(25 分)	交流测定法 按图接线，在高压绕组上加上额定电压 220 V，用交流电压表分别测量 $U_{AX} =$ ____ V，$U_{ax} =$ ____ V，$U_{Aa} =$ ____ V，两个绕组_____向串联，A 与_____互为同名端，X 与_____互为同名端。 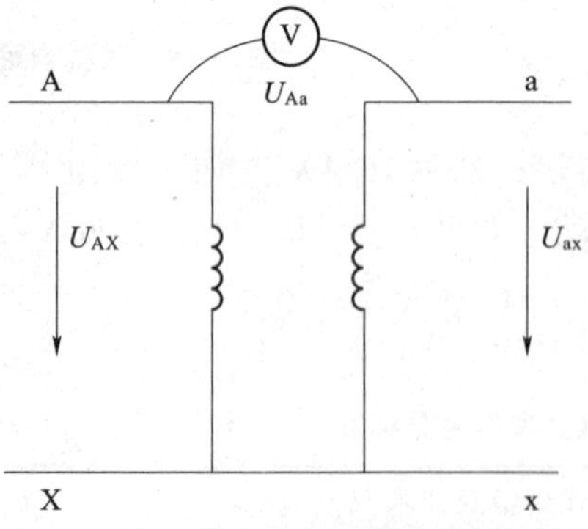 	1. 正确接线。 2. 正确选择量程，当不知道实测值时，应先从大量程开始，仪器不得作超载使用。 3. 转换仪器仪表的量程时，必须先断开电源，不得带电转换	
	合计总分		

模块 5.3　单相铁芯变压器特性分析

 **学习目标**

1. 通过测量，计算变压器的各项参数。
2. 学会测绘变压器的空载特性与外特性。
3. 掌握变压器参数测试及故障检修的方法。

建议学时

4 学时

思政学习

中国速度——火神山医院变压器吊装

"所有待送电设备验收均合格，具备送电条件；安全措施已全部拆除；……柜门已关好，无其他工作。确认完毕，送电！"当天下午，在火神山医院电力施工现场，随着送电前的再次确认，4 台环网柜和 24 台箱式变压器的送电工作正式拉开帷幕。"送电成功了！"验收人员爆发出欢呼。

自 2020 年 1 月 23 日接到防疫指挥部下达的火神山医院电力工程建设任务以来，国网武汉市蔡甸区供电公司快速响应、高效组织，当天就成立了临时党支部，党员做表率、当先锋，引领 200 余施工人员，冒着大雨、踩着泥泞，两个小时拆除了主供线路保障大型机械进场，连夜完成 2 条 10 kV 线路迁移，同时，根据建设方初步负荷需求提前调配好物资和车辆，制定供电施工整体初步设计方案，采取双电源供电方式，架设总容量 14 600 kV·A 的箱式变压器。此后，国网武汉市蔡甸区供电公司施工人员克服风雨、泥泞、管廊污水阻行等困难，根据医院责任施工单位建设情况来安装变压器和电缆管群，实行 24 h 施工，坚持"工地建设到哪里，电缆就铺设到哪里"，想方设法加快推进电力工程建设。至 2020 年 1 月 31 日，该公司完成了全部 24 台箱式变压器落位及电缆展放工作，开始送电。

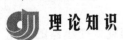 **理论知识**

5.3.1　变压器的运行特性

变压器的运行特性主要有外特性及效率特性。

变压器在负载运行时，一、二次绕组的内阻抗压降随负载变化而变化。负载电流增大时，内阻抗压降增大，二次绕组的端电压变化就大。变压器在传递功率的过程中，不可避免地要消耗一部分有功功率，即要产生各种损耗。衡量变压器运行性能的好坏，就是看二次侧绕组端电压的变化程度和各种损耗的大小，可用电压变化率和效率两个指标来衡量。

当电源电压有效值 U_1 及负载功率因数 $\cos \varphi_2$ 为常数时，二次绕组输出电压有效值 U_2 随负载电流有效值 I_2 的变化关系可用曲线 $U_2 = f(I_2)$ 来表示，该曲线称为变压器的外特性曲线，如图 5-20 所示。图 5-20 表明，当负载为电阻性和电感性时，U_2 随 I_2 的增加而下降，且感性负载比阻性负载下降更明显；对于容性负载，U_2 随 I_2 的增加而上升。

变压器二次侧功率 P_2 是由一次侧功率 P_1 决定的，它不会随变压器所带负载的变化而变化。因为 $P_2 = I_2 U_2$，当负载变化引起 I_2 变化时，U_2 就会跟随 I_2 的变化而变化。

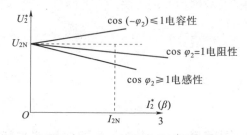

图 5-20　变压器的外特性曲线

电压变化率：从前面变压器的外特性可以看出，当负载有波动时，变压器输出的二次电压就会有波动。从我们使用电能来说，当然是希望电压越稳定越好。

电压变化率越小，变压器的稳定性越好。一般变压器的电压变化率为 4%~6%。

国家规定用来 $\Delta U\%$ 表征电压变化率，它反映了电网电压的稳定性。分析变压器的外特性，当功率因数 $\cos \varphi$ 越接近 1，电压的波动就越小。因此我们在使用电气设备时，如果能尽量提高功率因数，就有助于电压的稳定。实际运行中的变压器不可避免地会因为材料、工艺等问题而产生损耗。

$$\Delta U\% = \frac{U_{2N} - U_2}{U_{2N}} \times 100\%$$

式中，U_{2N} 为变压器二次侧的额定电压，即空载电压；U_2 为负载为额定负载（即电流为额定电流）时的二次侧电压。

5.3.2　变压器的损耗与效率

实际运行中的变压器不可避免地会因为材料、工艺等问题而产生损耗。变压器的损耗分为两种：

（1）铁损耗。铁损耗是磁通在铁芯中交变和运行时产生的损耗，与负载没有任何关系。因为磁通大小一般没有变动，所以铁损耗又称为不变损耗或空载损耗，用 P_{Fe} 表示。

（2）铜损耗。铜损耗是电流在绕组中与绕组的电阻产生的热损耗，用 P_{Cu} 表示。铜损耗的大小取决于负载电流的大小以及绕组中电阻的大小，所以铜损耗又称为可变损耗。

当变压器二次绕阻接负载后，在电压 U_2 的作用下，有电流通过负载吸收功率。对于单相变压器负载吸收的有功功率为

$$P_2 = U_2 I_2 \cos \varphi_2$$

式中，$\cos \varphi_2$ 为负载的功率因数。这时一次绕组从电源吸收的有功功率为

$$P_1 = U_1 I_1 \cos \varphi_1$$

式中，φ_1 是 u_1 与 i_1 的相位差。

变压器从电源得到的有功功率 P_1 不会全部由负载吸收，因传输过程中有能量损耗，即铜损 P_{Cu} 和铁损 P_{Fe}，这些损耗均变为热量使变压器温度升高。根据能量守恒定律

$$P_1 = P_2 + P_{Cu} + P_{Fe}$$

则变压器的效率为

$$\eta = \frac{P_2}{P_1} \times 100\% = \frac{P_2}{P_2 + P_{Cu} + P_{Fe}} \times 100\% \tag{5-11}$$

变压器的效率很高，对于大容量的变压器，其效率一般可达 $95\% \sim 99\%$。

例 5-4　有一台 $50 \text{ kV} \cdot \text{A}$，$6\,600/230 \text{ V}$ 的单相变压器供照明负载用电，测得铁损 $P_{Fe} = 500 \text{ W}$，额定负载时铜损 $P_{Cu} = 1\,486 \text{ W}$，满载时副边电压为 220 V。求（1）额定电流 I_{1N}、I_{2N}；（2）电压变化率 $\Delta U\%$；（3）额定负载时的效率 η。

解：（1）根据 $S_N = I_{2N} \cdot U_{2N}$ 得

$$I_{2N} = \frac{S_N}{U_{2N}} = \frac{50\,000}{230} \approx 217 \text{（A）}$$

$$I_{1N} = \frac{I_{2N}}{k} = I_{2N} \cdot \frac{U_{2N}}{U_{1N}} = 217 \times \frac{230}{6\,600} \approx 7.56 \text{（A）}$$

（2）$\Delta U\% = \dfrac{U_{2N} - U_2}{U_{2N}} \times 100\% = \dfrac{230 - 220}{230} \times 100\% \approx 4.3\%$

（3）根据公式得

$$P_2 = I_{2N} U_{2N} \cos \varphi_2 = 217 \times 220 = 47\,740 \text{（W）}$$

根据式（5-11）得

$$\eta = \frac{P_2}{P_1} \times 100\% = \frac{P_2}{P_2 + P_{Cu} + P_{Fe}} \times 100\%$$

$$= \frac{47\,740}{47\,740 + 1\,486 + 500} \times 100\% \approx 96\%$$

想－想做－做

1. 为什么本实验将低压绕组作为原边进行通电实验？此时，在实验过程中应注意什么问题？

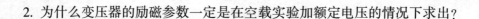
2. 为什么变压器的励磁参数一定是在空载实验加额定电压的情况下求出？

3. 什么是变压器的外特性？一般希望电力变压器的外特性呈什么形状？

工作任务　变压器特性测试

姓名：　　　　　　**班级：**　　　　　　**学号：**　　　　　　**成绩：**

实训目的：

1. 根据实验内容，绘出变压器的外特性和空载特性曲线。

2. 根据额定负载时测得的数据，计算变压器的各项参数。

实训器材： 交流电压表、交流电流表、单相功率表、试验变压器、白炽灯。

实验原理：

铁芯变压器是一个非线性元件，铁芯中的磁感应强度 B 取决于外加电压的有效值 U。当副边开路（即空载）时，原边的励磁电流 I_{10} 与磁场强度 H 成正比。在变压器副边空载时，原边电压与电流的关系称为变压器的空载特性，这与铁芯的磁化曲线（B–H 曲线）是一致的。

空载实验通常是将高压侧开路，由低压侧通电进行测量，又因空载时功率因数很低，故测量功率时应采用低功率因数瓦特表。此外因变压器空载时阻抗很大，故电压表应接在电流表外侧。

由各仪表读得变压器原边的 U_1、I_1、P_1 及副边的 U_2、I_2，并用万用表 $R \times 1$ 挡测出原、副绕组的电阻 R_1 和 R_2，即可算得变压器的以下各项参数值：

电压比 $K_u = \dfrac{U_1}{U_2}$，电流比 $K_i = \dfrac{I_2}{I_1}$；原边阻抗 $Z_1 = \dfrac{U_1}{I_1}$，副边阻抗 $Z_2 = \dfrac{U_2}{I_2}$；阻抗比 $= \dfrac{Z_1}{Z_2}$，负载功率 $P_2 = U_2 I_2 \cos \varphi_2$；损耗功率 $P_o = P_1 - P_2$，原边线圈铜损 $P_{Cu1} = I_1^2 R_1$，副边铜损 $P_{Cu2} = I_2^2 R_2$，铁损 $P_{Fe} = P_o - (P_{Cu1} + P_{Cu2})$。

考核评分标准如表 5-2 所示。

表 5-2　考核评分标准

工作规范及要求
1. 高压实验，注意安全，以防高压触电。
2. 遇异常情况，应立即断开电源，待处理好故障后，再继续实验。
3. 图 5-21 所示为测试变压器参数的电路。

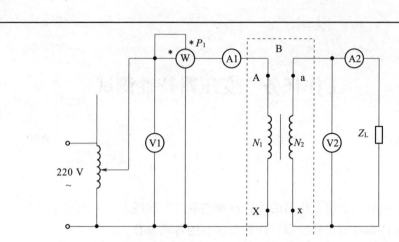

图 5-21 测试变压器参数的电路

4. 出现下列情况考核成绩记为"不合格"：

成绩低于 60 分

考核内容	考核要求	评分标准	得分
变压器空载实验（50 分）	利用"铁芯变压器"及其中的灯组负载，按图 5-21 所示线路接线。其中 A、X 为变压器的高压绕组，接 220 V；a、x 为变压器的低压绕组，选 110 V 的那一组。高压绕组接 220 V，低压绕组不接负载（即变压器处在空载状态），经指导教师检查后方可进行实验	1. 按图 5-21 线路接线。（10 分） 2. 根据实验内容，填写表 5-3。（20 分） 3. 根据额定负载时测得的数据，计算变压器的各项参数（20 分）	
变压器负载实验（50 分）	在图 5-21 的基础上，保持原边加 220 V 不变，在负载端分别加 1、2、3 只灯泡（每只 25 W，220 V），每次均测量出 U_1、U_2、I_1、I_2，计算出阻抗比，记入表 5-4 中。根据阻抗比和副边的负载阻抗计算出等效到原边的阻抗值。绘制变压器的外特性曲线 $U_2 = f(I_2)$	1. 根据实验内容，填写表 5-4。（10 分） 2. 绘出变压器的外特性和空载特性曲线。（20 分） 3. 根据额定负载时测得的数据，计算变压器的各项参数（20 分）	
合计总分			

1. 变压器空载实验

测出 U_1、U_2、P，填入表 5-3，计算 k 值。此时，功率表测量出的数据为变压器的铁损。

表 5-3 空载实验测量值

U_1/V	U_2/V	P/W	k（计算）

2. 变压器负载实验

在图 5-21 的基础上，保持原边加 220 V 不变，在负载端分别加 1、2、3 只灯泡（每只 25 W，220 V），每次均测量出 U_1、U_2、I_1、I_2，计算出阻抗比，记入表 5-4 中。根据阻抗比和副边的负载阻抗计算出等效到原边的阻抗值。

表 5-4 负载实验测量值

项目	U_1/V	U_2/V	I_1/A	I_2/A	原边阻抗	副边阻抗	阻抗比
1 只灯							
2 只灯							
3 只灯							

在下面空白处绘制变压器的外特性曲线 $U_2 = f(I_2)$。

模块 5.4 特种变压器应用

特殊变压器

1. 了解特种变压器的特点。
2. 理解电压互感器、电流互感器变比计算。
3. 掌握电压互感器、电流互感器的使用。
4. 掌握小型变压器参数测试及故障检修的方法。

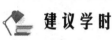

2 学时

特种变压器应用（电压
互感器、电流互感器）

摇表的使用

中国变压器技术水平比肩全球

具有特殊用途的变压器通称为特种变压器。变压器除了做交流电压的变换外，还有其他各种用途，如变更电源的频率，整流设备的电源，电焊设备的电源，电炉电源或作电压互感器、电流互感器等。由于这些变压器的工作条件、负荷情况和一般变压器不同，故不能用一般变压器的计算方法进行计算。

随着我国特高压、智能电网建设特别是配电自动化水平的不断升级，我国的输配电设备制造业的市场未来将面临智能化、融合化、成套化和海外化等四大趋势。作为配电网中电力供电的基本单元，配电变压器设备生产企业必须加强市场开拓力度，提高产品自主创新能力，创建自有品牌，深耕全球市场。

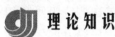

5.4.1 自耦变压器

自耦变压器的结构特点是二次绕组是一次绕组的一部分，而且一次、二次绕组不但有磁的耦合，还有电的联系，上述变压、变流和变阻抗关系都适用于它，如图 5-22 所示。

由图 5-22 可知：

$$k_Z = \frac{U_1}{U_2} = \frac{N_1}{N_2} = \frac{I_2}{I_1}$$

式中，U_1、I_1 为一次绕组的电压和电流有效值；U_2、I_2 为二次绕组的电压和电流有效值；k_Z 为自耦变压器的电压比。

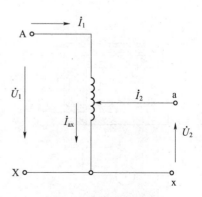

图 5-22 自耦变压器

实验室中常用的变压器就是一种可改变二次绕组匝数的特殊自耦变压器，它可以均匀地改变输出电压。图5-23所示为单相自耦变压器的外形和原理电路图。除了单相自耦变压器之外，还有三相自耦变压器。

使用自耦变压器时应注意：

（1）输入端应接交流电源，输出端接负载，不能接错，否则，有可能将变压器烧坏；使用完毕后，手柄应退回零位。

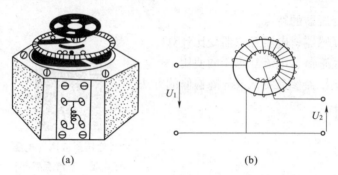

(a)   (b)

图5-23　单相自耦变压器的外形和原理电路图

（a）外形；（b）原理电路图

（2）由于高、低压侧电路有电的联系，如果高压侧有电气故障，会影响到低压侧，所以高、低压侧应为同一绝缘等级。

（3）安全操作规程中规定，自耦变压器不能作为安全变压器使用。这是因为自耦变压器的高、低压侧电路有电的联系，万一接错线路，就可能引发触电事故。

5.4.2　仪用互感器

1. 电压互感器

电压互感器是一个单相双绕组变压器，它的一次侧绕组匝数较多，二次侧绕组匝数相对较少，类似于一台降压变压器，主要用于测量高电压。其一次侧与被测电路并联，二次侧与交流电压表并联，如图5-24所示。电压互感器一次、二次侧的电压关系为

$$U_1 = \frac{N_1}{N_2}U_2 = K_u U_2$$

式中，K_u为变压比。电压互感器二次侧的额定电压一般为100 V。

使用电压互感器时应注意：

（1）电压互感器的低压侧（二次侧）不允许短路，否则会烧毁互感器；故在高压侧（一次侧）应接入熔断器进行保护。

（2）为防止电压互感器高压绕组绝缘损坏，使低压侧出现高电压，电压互感器的铁芯、金属外壳和二次绕组的一端必须可靠接地。

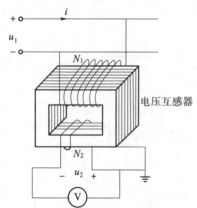

图5-24　电压互感器

2. 电流互感器

电流互感器是一个单相双绕组变压器，它的一次侧匝数很少而二次侧匝数相对较多，类似于一台升压变压器，主要用于测量大电流。其一次侧与被测电路串联，二次侧与交流电流表串联，如图 5-25 所示。电流互感器一次、二次侧的电流关系为

$$I_1 = \frac{N_2}{N_1} I_2 = K_i I_2$$

式中，K_i 为变流比。电流互感器二次侧的额定电流一般为 5 A。

使用电流互感器时应注意：

（1）二次侧绕组不能开路，否则会产生高压，严重时烧毁互感器；

（2）二次绕组一端与铁芯必须可靠接地。

3. 钳形电流表

在工程实际中，常用钳形电流表测量线路中的电流。其结构如图 5-26 所示。它是由一个铁芯可以开、闭的电流互感器和一只电流表组装而成的。测量时按下压块，把可动铁芯张开，将被测电流的导线套进钳形电流表内，这根被测量的导线就是电流互感器的一次绕组（一匝）。电流表接在二次绕组的两端，其刻度是乘以变流比的换算值，即可读出被测电流的大小。钳形电流表用来测量正在运行中设备的电流，不需断开电路就可以进行测量电流的大小，使用非常方便。

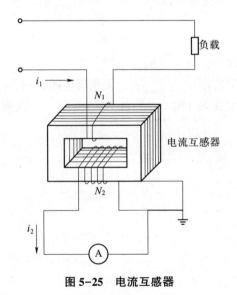

图 5-25 电流互感器

图 5-26 钳形电流表的结构

5.4.3 电焊变压器

交流电焊机（交流弧焊机）在生产中应用很广。它主要由电焊变压器串联一个可变电抗器组成，如图 5-27 所示。

为了保证焊接质量和电弧燃烧的稳定性，对电焊变压器有以下要求：空载时有 60 ~

70 V的电弧点火电压；有载后的副边电压降和输出电流下降很快，具有陡降的外特性，如图 5-28 所示。这样，当焊条与焊件接触时相当于电焊变压器的输出端短路，由于电焊变压器的原、副绕组分装在两个铁芯柱上，漏抗较大，同时还串联有可变电抗器，因此，短路电流不会过大。该电流在焊条与焊件接触处产生较大的热量，当迅速提起焊条时，焊条与焊件之间产生电弧，即可进行焊接。

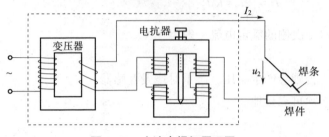

图 5-27　交流电焊机原理图　　　　　图 5-28　电焊变压器的外特性

焊接过程中的电弧相当于电阻，其电压降约 30 V，当焊条与焊件距离变化时，电阻值要变化，因为该电阻比电路中的电抗小得多，所以，焊接电流变化并不明显，这对焊接是有利的。

为了适应不同的焊件和不同规格的焊条，焊接电流的大小可通过调节可变电抗器的空气隙来实现。空气隙大，焊接电流增大，反之焊接电流减小。

想－想做－做

1. 如果实际电流是 150 A 那么应选择变比为_____的互感器。

2. 测一般电阻用_____表，测绝缘电阻值用_____表，测精确电阻值用_____。

3. 一只电流互感器，铭牌标明穿 2 匝时变比为 150/5，当改为 75/5 时，一次侧应穿多少匝？

4. 电压互感器二次侧为什么必须接地？

5. 电流互感器二次侧为什么要有一点接地？

单元测试题

姓名：　　　　　**班级：**　　　　　　**学号：**　　　　　　**成绩：**

一、单项选择题

1. 变压器是一种（　　）的电气设备，它利用电磁感应原理将一种电压等级的交流电转变成同频率的另一种电压等级的交流电。

A. 滚动　　　　　　B. 运动　　　　　　C. 旋转　　　　　　D. 静止

3. 电力变压器按冷却介质可分为（　　）和干式两种。

A. 油浸式　　　　　B. 风冷式　　　　　C. 自冷式　　　　　D. 水冷式

4. 变压器的铁芯是（　　）部分。

A. 磁路　　　　　　B. 电路　　　　　　C. 开路　　　　　　D. 短路

5. 变压器铁芯的结构一般分为（　　）和壳式两类。

A. 圆式　　　　　　B. 角式　　　　　　C. 心式　　　　　　D. 球式

6. 变压器（　　）铁芯的特点是铁轭靠着绕组的顶面和底面，但不包围绕组的侧面。

A. 圆式　　　　　　B. 壳式　　　　　　C. 心式　　　　　　D. 球式

7. 变压器的铁芯一般采用（　　）叠制而成。

A. 铜钢片　　　　　B. 铁（硅）钢片　　C. 硅钢片　　　　　D. 磁钢片

9. 变压器的铁芯硅钢片（　　）。

A. 片厚则涡流损耗大，片薄则涡流损耗小

B. 片厚则涡流损耗大，片薄则涡流损耗大

C. 片厚则涡流损耗小，片薄则涡流损耗小

D. 片厚则涡流损耗小，片薄则涡流损耗大

10. 电力变压器利用电磁感应原理将（　　）。

A. 一种电压等级的交流电转变为同频率的另一种电压等级的交流电

B. 一种电压等级的交流电转变为另一种频率的另一种电压等级的交流电

C. 一种电压等级的交流电转变为另一种频率的同一电压等级的交流电

D. 一种电压等级的交流电转变为同一种频率的同一电压等级的交流电

11. 关于电力变压器能否转变直流电的电压，下列说法中正确的是（　　）。

A. 变压器可以转变直流电的电压

B. 变压器不能转变直流电的电压

C. 变压器可以转变直流电的电压，但转变效果不如交流电好

D. 以上答案皆不对

12. 互感器是一种特殊的（　　）。

A. 变压器　　　　　B. 断路器　　　　　C. 隔离开关　　　　D. 避雷器

13. （　　）的作用是将系统的高电压转变为低电压，供测量、保护、监控用。

A. 高压断路器　　　B. 隔离开关　　　　C. 电压互感器　　　D. 电流互感器

14. 电流互感器分为测量用电流互感器和（　　　）用电流互感器。

A. 实验　　　　　　B. 保护　　　　　　C. 跳闸　　　　　　D. 运行

15. 由于电压线圈的内阻抗很大，所以电压互感器运行时，相当于一台空载运行的变压器，故二次侧不能（　　　），否则绕组将被烧毁。

A. 开路　　　　　　B. 短路　　　　　　C. 分路　　　　　　D. 接地

16. 电流互感器是按（　　　）工作的，其结构与普通变压器相似。

A. 电场原理　　　　　　　　　　B. 磁场原理

C. 电磁感应原理　　　　　　　　D. 欧姆定律

17. （　　　）是将高压系统中的电流或低压系统中的大电流改变为低压的标准小电流（5 A 或 1 A），供测量仪表、继电保护自动装置、计算机监控系统用。

A. 电流互感器　　B. 断路器　　　　C. 隔离开关　　　　D. 避雷器

18. 如图 5-29 所示，利用直流法测量单相变压器的同名端。1、2 为原绕组的抽头，3、4 为副绕组的抽头。当开关闭合时，直流电流表正偏，这说明（　　　）。

A. 1、3 同名　　B. 1、4 同名　　C. 1、2 同名　　D. 3、4 同名

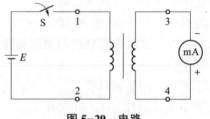

图 5-29　电路

19. 如图 5-30 所示，利用交流法测量同一铁芯上的两个绕组同名端。1、2 为 1#绕组的抽头，3、4 为 2#绕组的抽头。现将 2-4 短接，1-2 间加交流电压，则根据电压表的读数，若（　　　），则 2、4 同名。

A. $V_1+V_2=V_3$　　　B. $|V_1-V_2|=V_3$　　　C. $V_3+V_2=V_1$　　　D. $|V_3-V_2|=V_1$

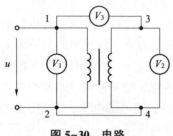

图 5-30　电路

20. 电流互感器的特点是：原绕组匝数比副绕组匝数＿＿＿＿＿；比较导线截面积，原绕组比副绕组＿＿＿＿＿。（　　　）

A. 多/粗　　　　　B. 多/细　　　　　C. 少/粗　　　　　D. 少/细

二、判断题

1. 互感器是一种特殊的变压器。　　　　　　　　　　　　　　　　　　　（　　　）

2. 互感器分电压互感器和电流互感器两大类，它们是供电系统中测量、保护、操作用

的重要设备。　　　　　　　　　　　　　　　　　　　　　　　　　　　　　（　　）

3. 电流互感器是将系统的高电压转变为低电压，供测量、保护、监控用。　（　　）

4. 电压互感器是将高压系统中的电流或低压系统中的大电流转变为标准的小电流，供测量、保护、监控用。　　　　　　　　　　　　　　　　　　　　　　　　（　　）

5. 电压互感器是将系统的高电压改变为标准的低电压（50 V 或 1 V）。　（　　）

6. 变压器是一种静止的电气设备，它利用电磁感应原理将一种电压等级的交流电转变成异频率的另一种电压等级的交流电。　　　　　　　　　　　　　　　　　（　　）

7. 电力变压器按冷却介质可分为油浸式和干式两种。　　　　　　　　　　（　　）

8. 变压器的铁芯是电路部分，由铁芯柱和铁轭两部分组成。　　　　　　　（　　）

9. 变压器铁芯硅钢片厚则涡流损耗小，薄则涡流损耗大。　　　　　　　　（　　）

10. 绕组是变压器的磁路部分，一般用绝缘纸包的铜线绕制而成。　　　　（　　）

11. 变压器二次不带负载，一次也与电网断开（无电源励磁）的调压，称为无励磁调压，一般无励磁调压的配电变压器的调压范围是±5%或 2×2.5%。　　　　　　（　　）

12. 变压器中，带负载进行变换绕组分接的调压，称为有载调压。　　　　（　　）

13. 变压器运行时，由于绕组和铁芯中产生的损耗转化为热量，必须及时散热，以免变压器过热造成事故。　　　　　　　　　　　　　　　　　　　　　　　　（　　）

三、计算题

1. 某单相变压器，一次电压为 220 V，二次电压为 20 V，二次线圈为 100 匝，求该变压器的变压比及一次线圈的匝数。

2. 某单相变压器，一次侧电压为 10 kV，二次侧电压为 400 V，一次侧电流为 10 A，求变压比和二次侧电流是多少。

3. 一台容量为 100 kV·A 的单相电力变压器，一次侧的额定电压为 10 kV，二次侧的额定电流为 1 000 A，求变压比和二次侧电压及一次侧的电流分别是多少。

4. 单相变压器一、二次的额定电压为 220 V/36 V，额定容量为 2 kV·A。若在二次侧接 15 盏 36 V、100 W 的电灯，求变压器一、二次绕组的电流各是多少。

5. 一台三相变压器额定容量为 400 kV·A，一、二次侧的额定电压分别为 10 kV 和 400 V。一次绕组为星形接线，二次绕组为三角形接线，求：

（1）一、二次侧额定电流为多少？

（2）若一次侧每相绕组的匝数是 150 匝，则二次侧每相绕组的匝数是多少？

6. 某台变压器额定容量为 100 kV·A，额定电压为 10 kV/0.4 kV。空载试验测得的空载损耗为 0.6 kW，短路试验测得的负载损耗为 2.4 kW，试求满载并且 $\cos \varphi = 0.8$ 时的效率以及变压器最经济运行时的最大效率。

项目6

三相异步电动机的工作原理及基本控制

模块 6.1　常用低压电器

学习目标

1. 掌握常用低压电器的结构与工作原理。
2. 能够将所学的低压电器运用于实际电动机控制电路的分析中。

建议学时

4 学时

思政学习

从模仿制造到自行开发设计——中国电器行业的进步

低压电器是一种能根据外界的信号和要求，手动或自动地接通、断开电路，以实现对电路或非电对象的切换、控制、保护、检测、变换和调节的元件或设备。中国低压电器行业从简单装配、模仿制造到自行开发设计，现发展到近 1 000 个系列，生产企业 1 500 家左右，年产值约 200 亿人民币。国家及地方政府积极鼓励企业和产业集群进行产业价值链延伸，扶持低压电器企业向"专、精、特"方向发展，形成若干各有特色、重点突出的产业链，从而带动产业升级。

理论知识

低压电器是指工作电压在直流 1 200 V、交流 1 000 V 以下电路中起通断、控制、保护与调节等作用的电气设备。

6.1.1　开关

1. 刀开关（QS）

刀开关又称刀闸，是手动电器中结构最简单的一种，在各种供电线路和配电设备中起隔离开关作用，也用来不频繁地接通、分断容量较小的低压供电线路或启动小容量的三相异步电动机。常用的刀开关有开启式负荷开关、封闭式负荷开关、刀熔开关、隔离开关等。

刀开关的结构、外形和图形符号如图 6-1 和图 6-2 所示，主要由静插座、触刀、操作手柄、绝缘底板组成。静插座由导电材料和弹性材料制成，固定在绝缘材料制成的底板上，推动手柄带动触刀插入静插座中，电路便接通；否则电路便断开。

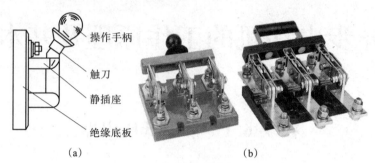

（a） （b）

图 6-1　刀开关的结构及外形

（a）结构；（b）外形

刀开关按照极数分为：单极、双极和三极；按有无灭弧装置分为：带灭弧装置和不带灭弧装置；按刀的转换方向分为：单掷和双掷；按接线方式分为：板前接线式和板后接线式；按操作方式分为：直接手柄操作和远距离联杆操作；按有无熔断器分为带熔断器式刀开关和不带熔断器式刀开关。

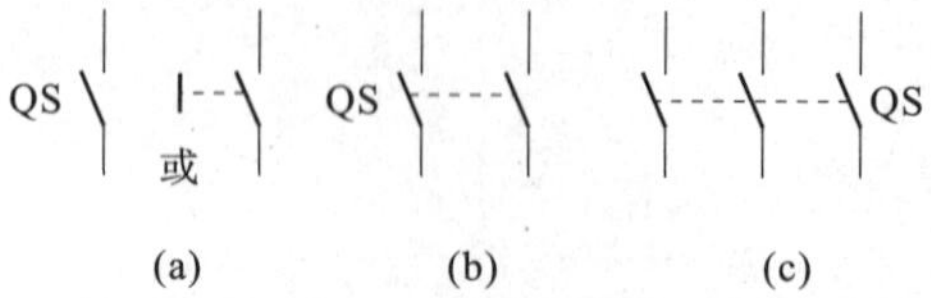

$$QS \diagdown \mid \text{-} \mid \diagdown \quad 或 \quad QS \diagdown \diagdown \quad \diagdown \diagdown \diagdown QS$$

（a） （b） （c）

图 6-2　刀开关的图形符号

（a）单极；（b）双极；（c）三极

1）开启式负荷开关

开启式负荷开关由瓷底板、静触头、触刀、瓷柄、熔体和胶壳等构成，又称为瓷底胶盖负荷开关。HK 系列开启式负荷开关的结构及外形如图 6-3 所示。

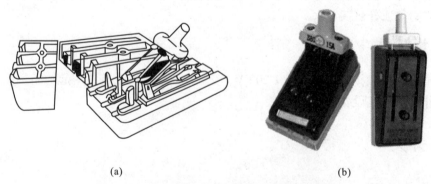

（a） （b）

图 6-3　HK 系列开启式负荷开关的结构及外形

（a）结构；（b）外形

HK 系列开启式负荷开关自身不带灭弧装置，仅利用胶盖的遮护防止电弧对人手灼伤，因此，它不适用于操作较大的负荷，主要用做电气照明电路、小容量电动机（5.5 kW 以下）电路的不频繁通断控制，也可用做分支电路的配电开关。

安装和使用时应注意：

（1）电源进线应接在静触头一边的进线端（进线座应在上方），用电设备应接在动触头一边的出线端。这样，当开关断开时，触刀和熔丝均不带电，以保证更换熔丝时的安全。

（2）安装时，刀开关在合闸状态下手柄应该向上，不能倒装和平装，以防止触刀松动落下时误合闸。

2）封闭式负荷开关

封闭式负荷开关由触刀、熔体、操作机构和铁外壳等构成。由于整个开关装于铁壳内，又称铁壳开关，其结构及外形如图 6-4 所示。

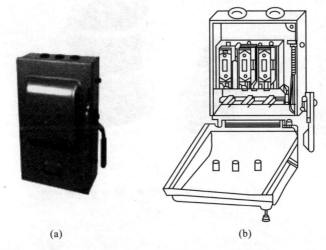

（a）   （b）

图 6-4　HH 系列封闭式负荷开关结构及外形

（a）外形；（b）结构

HH 系列封闭式开关的特点是盖子打开时开关不能闭合或开关闭合时盖子不能打开。操作机构中，在手柄转轴与底座之间装有速动弹簧，能使开关快速接通与断开，而开关的通断速度与手柄操作速度无关，这样有利于迅速灭弧，主要用于 15 kW 以下电动机不频繁直接启动与停止控制。

HH 系列封闭式负荷开关在使用时应注意以下几点：

（1）对于照明和电热电路负载，可根据其额定电压、额定电流来选择 HH 系列封闭式负荷开关；而对于电动机负载，应按电动机额定电流的 1.5 倍来选择 HH 系列封闭式负荷开关。

（2）HH 系列封闭式负荷开关的外壳应可靠接地，避免因漏电而造成触电事故。

（3）铁壳开关不允许随意放在地面上使用。

（4）操作时要在铁壳开关的手柄侧，不要面对开关，以免意外故障使开关爆炸，铁壳飞出伤人。

2. 组合开关（QS）

组合开关的结构由（多层绝缘壳内的）动触片、静触片、绝缘连杆、转轴、手柄等部分组成，可用作交流 50 Hz、380 V 以下和直流 220 V 及以下的电源引入开关，也可用于 4 kW 及以下小功率电动机的直接启动和正反转，以及机床照明电路中的控制开关。其结构、外形及符号如图 6-5 所示。

组合开关的结构紧凑、安装面积小、操作方便、省力，可根据接线方式的不同而组合成各种类型。使用时要根据电源的种类、电压等级、额定电流和触头数进行选用。

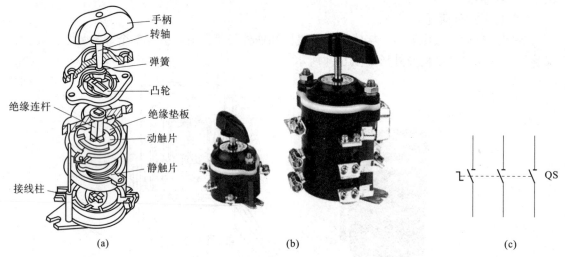

图 6-5　组合开关的结构、外形及符号

（a）结构；（b）外形；（c）符号

3. 按钮（SB）

按钮是一种手动且一般可以自动复位的主令电器。在低压控制系统中，手动发出控制信号，可远距离操纵各种电磁开关，如继电器、接触器等，从而实现对电动机的远程操作、控制电路的电气联锁等。

按钮的形式很多，其结构一般由按钮帽、复位弹簧、桥式触头和外壳等组成，其结构及符号如图 6-6 所示。按静态时的触头的分合状态可分为常闭按钮、常开按钮和复合按钮。按钮有一对常闭触头和常开触头，当按下按钮帽时，常开触头闭合，常闭触头断开；松开按钮帽，触头在弹簧的作用下复位，则常开触头断开，常闭触头闭合。按钮主要根据使用场合所需要的触点数、触点形式及颜色来选用。

4. 万能转换开关

转换开关是一种多挡位、多触点、能够控制多回路的主令电器，主要用于各种控制设备中性线路的换接、遥控和电流表、电压表的换相测量等，也可用于控制小容量电动机的启动、换向、调速。图 6-7 所示为转换开关结构示意图。

转换开关是能够换接多个电路的一种手动控制电器，具有较多操作位置和触点。由于它能控制多个回路，适应复杂线路的要求，故有"万能"转换开关之称，通过继电器和接

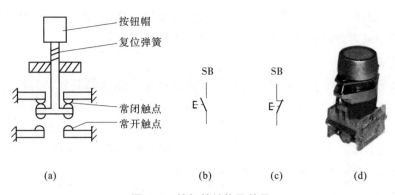

图 6-6　按钮的结构及符号

（a）结构；（b）常开按钮符号；（c）常闭按钮符号；（d）外形

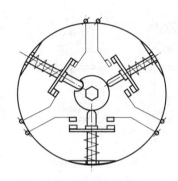

图 6-7　转换开关结构示意图

触器间接控制电动机或测量仪表。常用的转换开关类型主要有两大类，即万能转换开关和组合开关，二者的结构和工作原理基本相似，在某些应用场合二者可相互替代。转换开关按结构类型分为普通型、开启组合型和防护组合型等；按用途又分为主令控制用和控制电动机用两种。4 极 5 挡位转换开关的结构及图形符号如图 6-8 所示。

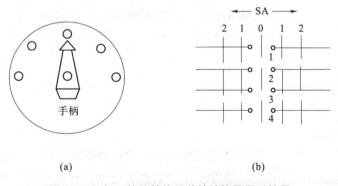

图 6-8　4 极 5 挡位转换开关的结构及图形符号

（a）结构；（b）4 极 5 挡位转换开关的图形符号

转换开关的主要参数有手柄类型、触点通断状态表、工作电压、触头数量及其电流容量，在产品目录及说明书中都有详细说明。常用的转换开关有 LW2、LW5、LW6、LW8、

LW9、LW12、LW16、3LB 等系列，其中 LW2 系列用于断路器操作回路的控制，LW5、LW6 系列多用于电力拖动系统中对线路或电动机进行控制。

5. 行程开关（SQ）

行程开关是用来反映工作机械的行程位置而发出命令以控制其运动方向和行程的小容量开关电器。从结构上看行程开关由操作头、触头系统和外壳组成，如图 6-9 所示，其图形符号如图 6-10 所示。当安装在生产机械上的挡块撞击滚轮 1 时，撞杆 6 转向右边，带动凸轮 2 转动，压迫推杆 3，使微动开关 4 的常闭触头迅速断开，常开触头迅速闭合。一旦受力消失，各触头由复位弹簧 5 的作用恢复到原来状态。

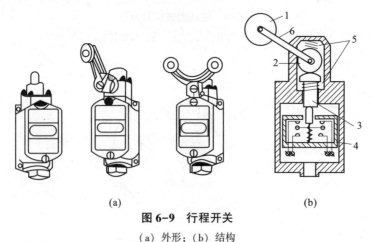

(a)　　　　　　　　　　　　　　　(b)

图 6-9　行程开关

（a）外形；（b）结构

1—滚轮；2—凸轮；3—推杆；4—微动开关；5—复位弹簧；6—撞杆

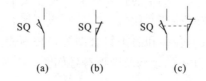

(a)　　　　(b)　　　　(c)

图 6-10　行程开关的图形符号

（a）常开触点；（b）常闭触点；（c）复合触点

6.1.2　熔断器（FU）

1. 熔断器的结构

熔断器是一种结构简单、使用方便、价格低廉的短路保护电器，它由熔体和安装熔体的绝缘管或绝缘座组成。使用时串联在被保护电路的首端，当该电路发生严重过载或短路故障时，熔体自行熔断，切断故障电流。熔体的熔断时间与经过熔体的电流大小有关，如果经过熔体的电流超过其额定电流的数值越大，那么熔体熔断得越快。

熔断器的类型主要有瓷插式、螺旋式和管式三种，如图 6-11 所示，熔断器的图形符号如图 6-11（d）所示。

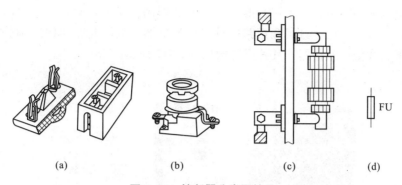

图 6-11　熔断器分类及符号

（a）瓷插式；（b）螺旋式；（c）管式；（d）图形符号

2. 熔断器的参数

1）额定电压

额定电压指保证熔断器长期正常工作的电压。熔断器的额定电压不能小于电网的额定电压。

2）额定电流

额定电流指保证熔断器能长期正常工作，各部件温升不超过允许值时所允许通过的最大电流。熔断器的额定电流不能小于熔体的额定电流。

熔断器的额定电流是指载流部分和接触部分所允许长期工作的电流；熔体的额定电流是指长期通过熔体而熔体不会熔断的最大电流。在同一个熔断器内，可装入不同额定电流的熔体，但熔体的额定电流不能超过熔断器的额定电流。例如，RL1-60 型螺旋式熔断器，额定电流为 60 A，额定电压 500 V，则 15 A、20 A、30 A、35 A、60 A 的熔体都可装入此熔断器使用。

3）熔断器的选择

使用熔断器时应按以下方法选择：

（1）对于电炉和照明等电阻性负载，可用作过载保护和短路保护，熔体的额定电流应稍大于或等于负载的额定电流。

（2）电动机的启动电流很大，熔体的额定电流因考虑启动时熔体不能熔断而应选得较大，因此对电动机只宜做短路保护而不能做过载保护。

对于单台电动机，熔体的额定电流（I_{fN}）应不小于电动机额定电流（I_N）的 1.5～2.5 倍，即 $I_{fN} \geqslant (1.5 \sim 2.5)I_N$。轻载启动或启动时间较短时，系数可取 1.5，带负载启动、启动时间较长或启动较频繁时，系数可取 2.5。

对于多台电动机的短路保护，熔体的额定电流（I_{fN}）应不小于最大一台电动机的额定电流（I_{Nmax}）的 1.5～2.5 倍，加上同时使用的其他电动机额定电流之和（$\sum I_N$），即

$$I_{fN} \geqslant (1.5 \sim 2.5)I_{Nmax} + \sum I_N \tag{6-1}$$

6.1.3　低压断路器（QF）

自动空气断路器又称为自动空气开关或自动开关，它相当于刀开关、熔断器、热继电

器和欠压继电器的功能组合，是一种既起手动开关作用，又可自动有效地对串联在其后面的电气设备的失压、欠压、过载和短路进行保护的电器。低压断路器按结构分为框架式低压断路器和塑壳式低压断路器，其外形结构如图 6-12 所示。

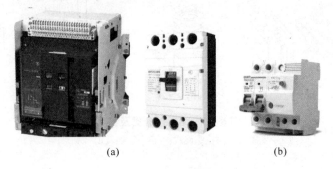

(a)　　　　　　　　　　　　(b)

图 6-12　低压断路器的分类

（a）框架式低压断路器；（b）塑壳式低压断路器

低压断路器主要由触头系统、灭弧室、传动机构和脱扣机构几部分组成，如图 6-13 所示。脱扣器是低压断路器中用来接收信号的元件。若线路中出现不正常情况或由操作人员或继电保护装置发出信号时，脱扣器会根据信号的情况通过传递元件使触头动作掉闸切断电路。低压断路器的脱扣器一般有过流脱扣器、热脱扣器、失压脱扣器、分励脱扣器等几种。

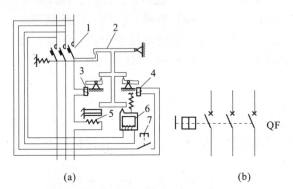

(a)　　　　　　　　　　　　(b)

图 6-13　DZ 断路器结构和符号

（a）结构图；（b）符号

1—主触头；2—自由脱扣器；3—过电流脱扣器；4—分励脱扣器；5—热脱扣器；6—失压脱扣器；7—按钮

主触头是由操作机构和自由脱扣器操纵其通断的，其通断可用操作手柄操作，也可用电磁机构操作，故障时自动脱扣，当电路恢复正常时，必须重新手动合闸后才能工作。空气断路器具有体积小、安装方便、操作安全的特点。脱扣时将三相电源同时切断，可避免电动机断相运行。在短路故障排除以后，可重复使用，不像熔断器需更换新熔体。

低压断路器在使用时其额定电压和额定电流应不小于电路的正常工作电流；热脱扣器的整定电流应与所控制的电动机额定电流或负载额定电流相等；电磁脱扣器的瞬时脱扣整定电流应大于负载电路正常工作时的尖峰电流。

6.1.4 接触器（KM）

接触器是一种靠电磁力的作用使触点闭合或断开来接通和断开电路的自动控制电器，可用来频繁地接通和断开主电路及大容量的控制电路，并具有远距离操作、失压保护、欠电压保护、控制容量大、工作可靠及寿命长等优点，在电力拖动自动控制系统中应用非常广泛。

接触器按工作原理可分为电磁式、气动式和液压式。按控制主回路的电源种类可分为交流接触器和直流接触器两种。

1. 交流接触器的结构和工作原理

接触器由电磁机构、触头系统、灭弧系统、释放弹簧机构、辅助触头及基座等几部分组成。其结构、外形及图形符号如图6-14和图6-15所示。

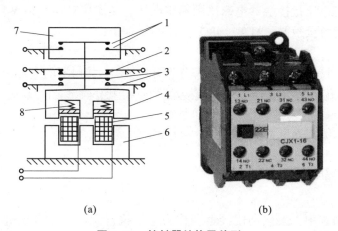

(a)   (b)

图6-14 接触器结构及外形

（a）结构；（b）外形

1—主触头；2—常闭辅助触头；3—常开辅助触头；4—动铁芯；5—电磁铁芯；6—静铁芯；7—弹簧；8—灭弧罩

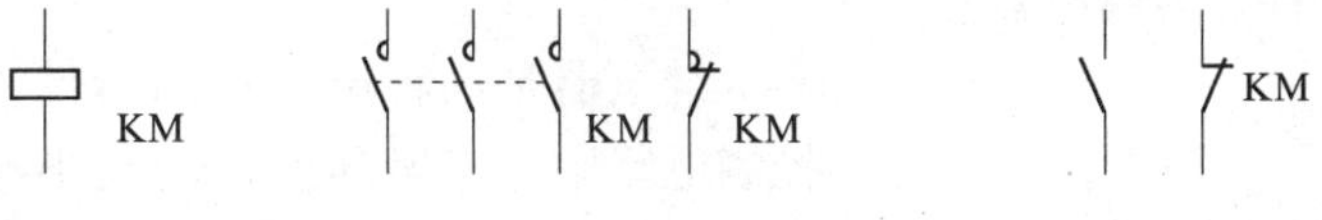

(a)   (b)   (c)

图6-15 交流接触器的图形符号

（a）线圈；（b）常开、常闭主触点；（c）常开、常闭辅助触点

接触器的触点分主触点和辅助触点。主触点的接触面有灭弧装置，用于通断电流较大的主电路，一般只有常开触点。辅助触点的额定电流较小，用来接通和分断小电流的控制电路，体积较小，一般由两对常开触点和两对常闭触点组成。

当线圈接通额定电压，产生电磁力，克服弹簧反力，吸引动铁芯向下运动，动铁芯带动绝缘连杆和主触头向下运动时，辅助触头中的常开触头闭合，常闭触头断开。当线圈失电或电压低于释放电压时，电磁力小于弹簧反力，辅助触头中的常开触头断开，常闭触头闭合。

2. 接触器的参数

1）额定电压

接触器的额定电压指在规定条件下，能保证电器正常工作的电压值，指主触头的额定电压。接触器额定工作电压标注在接触器的铭牌上。交流接触器：127 V、220 V、380 V、500 V；直流接触器：110 V、220 V、440 V。

2）额定电流

接触器的额定电流指主触头的额定电流，由工作电压、操作频率、使用类别、外壳防护形式、触头寿命等所决定，该值标注在铭牌上。交流接触器：5 A、10 A、20 A、40 A、60 A、100 A、150 A、250 A、400 A、600 A；直流接触器：40 A、80 A、100 A、150 A、250 A、400 A、600 A。辅助触头的额定电流通常为5 A。

3）励磁线圈额定电压

励磁线圈额定电压指接触器电磁线圈额定电压。交流接触器：36 V、110 V（127 V）、220 V、380 V；直流接触器：24 V、48 V、220 V、440 V。

4）操作频率

指接触器在每小时内可能实现的最高操作循环次数。对接触器的电寿命、灭弧罩的工作条件和电磁线圈的温升有直接的影响。交直流接触器的额定操作频率：1 200 次/h 或 600 次/h。

5）寿命

寿命包括机械寿命和电寿命。

6.1.5 继电器

在机电控制系统中，虽然利用接触器作为电气执行元件可以实现最基本的自动控制，但对于稍复杂的情况就无能为力。在极大多数的机电控制系统中，需要根据系统的各种状态或参数进行判断和逻辑运算，然后根据逻辑运算结果去控制接触器等电气执行元件，实现自动控制的目的。这就需要能够对系统的各种状态或参数进行判断和逻辑运算的电气元件，这一类电气元件称为继电器。

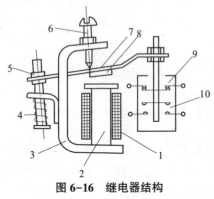

图6-16　继电器结构

1—线圈；2—铁芯；3—磁轭；4—弹簧；
5—调节螺母；6—调节螺钉；7—衔铁；
8—非磁性垫片；9—动断触点；10—动合触点

继电器是一种电子控制器件，通常应用于自动控制电路中，它实际上是用较小的电流去控制较大电流的一种"自动开关"。电磁式继电器一般由铁芯、线圈、衔铁、触点簧片等组成，如图6-16所示。

继电器是一种根据电量或非电量（如温度、压力）的变化来接通或断开小电流电路的自动电器，其触头通常接在控制电路中，从而实现控制和保护的目的。继电器作为系统的各种状态或参量判断和逻辑运算的电气元件，主要起信号转换和传递作用，其触点容量较小。所以，通常接在控制电路中用于反映控制信号，而不能像接触器那样直接接到有一定负荷的主回路中。

继电器的种类很多，按它反映信号的种类可分为电流继电器、电压继电器、速度继电器、压力继电器、温度继电器等；按动作原理分为电磁式、感应式、电动式和电子式；按动作时间分为瞬时动作和延时动作。电磁式继电器有直流和交流之分，它们的重要结构和工作原理与接触器基本相同，由感测机构、中间机构和执行机构组成。感测机构把感测到的电气量或非电气量传递给中间机构，将它与预定（整定）值相比较，当达到预定值（过量或欠量）时，中间机构使执行机构动作，从而接通或断开电路。下面介绍几种常用的继电器。

1. 中间继电器（KA）

中间继电器是用来转换和传递控制信号的元件。它的输入信号是线圈的通电断电信号，输出信号为触点的动作。它本质上是电压继电器，触头数量较多，当其他电器触头数或容量不够时可借助于中间继电器做中间转换，来控制多个元件或回路。中间继电器的图形符号如图6-17所示，其文字符号用KA表示。其结构由线圈、静铁芯衔铁、触点系统、反作用弹簧和复位弹簧等组成，与接触器基本相同。

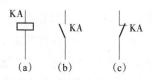

图6-17 中间继电器的图形符号
（a）线圈；（b）常开触点；
（c）常闭触点

中间继电器的主要技术参数有额定电压、额定电流、触点对数以及线圈电压种类和规格等。选用时要注意线圈的电压种类和规格应与控制电路相一致。

2. 热继电器

热继电器主要是用于电气设备（主要是电动机）的过负荷保护。热继电器是一种利用电流热效应原理动作的电器，它具有与电动机容许过载特性相近的反时限动作特性，主要与接触器配合使用，用于对三相异步电动机的过负荷和断相保护。

1）热继电器的结构

图6-18所示为双金属片式热继电器的结构，由图中可见，热继电器主要由双金属片、热元件、复位按钮、传动杆、拉簧、调节旋钮、触点和接线端子等组成。图6-19所示为热继电器的图形符号和文字符号。

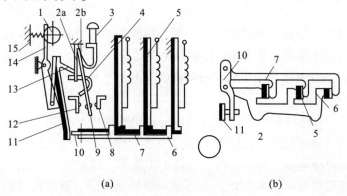

（a）   （b）

图6-18 双金属片式热继电器的结构
（a）结构；（b）局部图
1—电流调节凸轮；2a、2b—片簧；3—手动复位按钮；4—弓簧片；5—主双金属片；6—外导板；7—内导板；
8—常闭静触头；9—动触头；10—杠杆；11—补偿双金属片；12—常开静触头；13—推杆；14—边杆；15—弹簧

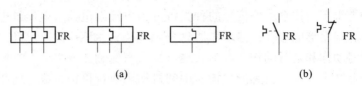

(a)   (b)

图6-19　热继电器的图形符号和文字符号

（a）热元件；（b）触点

双金属片是将两种线膨胀系数不同的金属用机械辗压方法使之形成一体的金属片。膨胀系数大的（如铁镍铬合金、铜合金）称为主动层，膨胀系数小的（如铁镍类合金）称为被动层。由于两种线膨胀系数不同的金属紧密地贴合在一起，当产生热效应时，使得双金属片向膨胀系数小的一侧弯曲，由弯曲产生的位移带动触头动作。

2）热继电器的选择原则

热继电器主要用于电动机的过载保护，使用中应考虑电动机的工作环境、启动情况、负载性质等因素，具体应按以下几个方面来选择。

（1）热继电器结构形式的选择：定子绕组接法的电动机可选用两相或三相结构热继电器，△接法的电动机应选用带断相保护装置的三相结构热继电器。

（2）热继电器的额定电流：应根据电动机或用电负载的额定电流选择热继电器和热元件的额定电流，一般热元件的额定电流应等于或稍大于电动机的额定电流。

（3）热继电器的动作电流整定值一般为电动机额定电流的 $1.05\sim1.1$ 倍。

（4）对于反复短时工作的电动机（如起重机电动机），由于电动机不断重复升温降温，热继电器双金属片的温升跟不上电动机绕组的温升变化，电动机将得不到可靠的过载保护。因此，不宜选用双金属片热继电器，而应选用过电流继电器或热敏电阻式温度继电器来进行保护。

3）热继电器的使用

（1）安装前检查热继电器的铭牌及技术数据，如额定电压、电流是否符合实际使用要求。

（2）安装接线时，应注意勿使螺钉、垫圈、接线头等零件掉落，以免落入电气元件内部造成动作卡阻或短路现象，并将螺钉拧紧以免振动松脱。

（3）安装时，热继电器底面与地面的倾斜度应不大于 $5°$。

3. 时间继电器（KT）

时间继电器是一种从得到输入信号（线圈的通电或断电）开始，经过一个预先设定的延时后才输出信号（触点的闭合或断开）的继电器。根据延时方式的不同，可分为通电延时继电器和断电延时继电器，其图形符号如表6-1所示。通电延时继电器接收输入信号后，延迟一定的时间输出信号才发生变化。而当输入信号消失后，输出信号瞬时复位。断电延时继电器接收输入信号后，瞬时产生输出信号。而当输入信号消失后，延迟一定的时间输出信号才复位。

表 6-1　时间继电器的图形符号

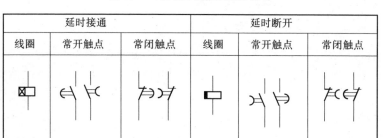

延时接通			延时断开		
线圈	常开触点	常闭触点	线圈	常开触点	常闭触点

 想 — 想 做 — 做

1. 试述低压电器的主要特点和分类。

2. 对低压电器有何主要技术要求？

3. 试述控制继电器的种类及其用途。

4. 对低压接触器有何技术要求？怎样提高其寿命？

5. 选用断路器时应如何考虑上、下级保护特性的配合？断路器与熔断器的保护特性又应如何配合？

模块 6.2　电动机结构分析与维护

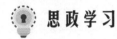

学习目标

1. 了解电动机基本结构及工作原理。
2. 认识电动机铭牌及机械特性。
3. 理解电机启动 \ 调速 \ 制动。
4. 会判断电动机故障。

三相异步电机

建议学时

6 学时

思政学习

无惧困难中国工业电机向全球第一梯队进发

我国电机行业已经形成了一整套完整的业务体系，产品的品种、规格、性能和产量都已基本满足我国国民经济的发展需要。我国中小型电动机保有量已经达到 16 亿千瓦，成为世界上最大的中小型电动机生产、使用和出口大国。

从技术水平上看，我国特种电机行业仍较为落后，尤其是核心关键技术仍依赖进口或者与国外先进企业进行合作。但随着下游需求的推动，以及行业技术研发投入水平的不断提高，我国特种电机行业的技术实力正在发生质的改变，行业技术进步潜力巨大。

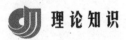

理论知识

6.2.1　电动机的分类

电动机按工作电源种类划分：可分为直流电动机和交流电动机。直流电动机按结构及工作原理可分为：无刷直流电动机和有刷直流电动机。有刷直流电动机可分为：永磁直流电动机和电磁直流电动机。电磁直流电动机可分为：串励直流电动机、并励直流电动机、他励直流电动机和复励直流电动机。永磁直流电动机可分为：稀土永磁直流电动机、铁氧体永磁直流电动机和铝镍钴永磁直流电动机。其中交流电动机还可分为：同步电动机和异步电动机。同步电动机可分为：永磁同步电动机、磁阻同步电动机和磁滞同步电动机。异步电动机可分为：感应电动机和交流换向器电动机。感应电动机可分为：三相异步电动机、单相异步电动机和罩极异步电动机等。交流换向器电动机可分为：单相串励电动机、交直流两用电动机和推斥电动机。具体分类如图 6-20 所示。

三相异步电动机具有结构简单、运行可靠、维护方便、效率较高等特点，应用最为广泛，本模块主要介绍三相异步电动机。

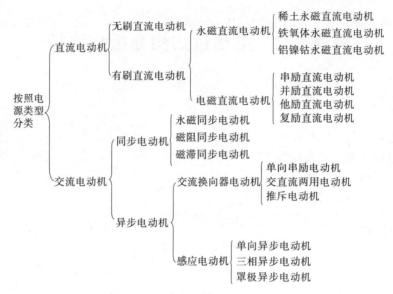

图 6-20　电动机的分类

6.2.2　三相异步电动机的基本结构

三相异步电动机的结构包括两大部分：固定不动的定子和可以旋转的转子。定子和转子之间有 $0.2 \sim 1.5$ mm 的空气隙，转子的轴支撑在两边端盖的轴承之中，如图 6-21 所示。

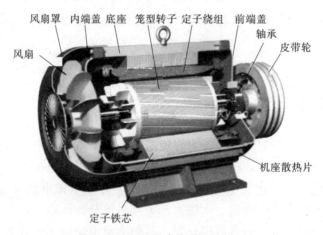

图 6-21　三相异步电动机结构图

1. 定子

定子是用来产生旋转磁场的。定子由基座（外壳）、定子铁芯、定子绕组组成，如图 6-22 所示。

1）定子外壳

三相电动机外壳包括机座、端盖、轴承盖、接线盒及吊环等部件。

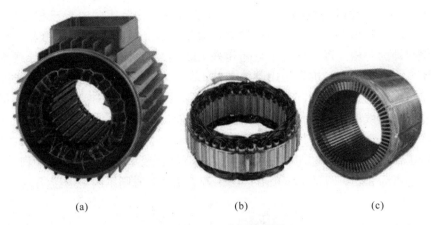

图6-22 定子结构图

(a) 定子；(b) 定子绕组；(c) 定子铁芯

机座：铸铁或铸钢浇铸成型，它的作用是保护和固定三相电动机的定子绕组。中、小型三相电动机的机座还有两个端盖支承着转子，它是三相电动机机械结构的重要组成部分。通常，机座的外表要求散热性能好，所以一般都铸有散热片。

端盖：用铸铁或铸钢浇铸成型，它的作用是把转子固定在定子内腔中心，使转子能够在定子中均匀地旋转。

轴承盖：也是铸铁或铸钢浇铸成型的，它的作用是固定转子，使转子不能轴向移动，另外起存放润滑油和保护轴承的作用。

接线盒：一般是用铸铁浇铸，其作用是保护和固定绕组的引出线端子。

吊环：一般是用铸钢制造，安装在机座的上端，用来起吊、搬抬三相电动机。

2）定子铁芯

异步电动机定子铁芯是电动机磁路的一部分，由 0.35~0.5 mm 厚且表面涂有绝缘漆的薄硅钢片叠压而成，如图6-23所示。由于硅钢片较薄而且片与片之间是绝缘的，所以减少了由于交变磁通通过而引起的铁芯涡流损耗。铁芯内圆有均匀分布的槽口，用来嵌放定子绕组。

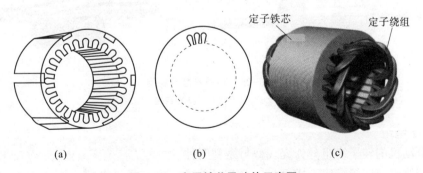

图6-23 定子铁芯及冲片示意图

(a) 定子铁芯；(b) 定子冲片；(c) 定子外形

3）定子绕组

定子绕组是三相电动机的电路部分，三相电动机有三相绕组，通入三相对称电流时，就会产生旋转磁场。三相绕组由三个彼此独立的绕组组成，且每个绕组又由若干线圈连接而成。每个绕组即为一相，每个绕组在空间相差120°电角度。线圈由绝缘铜导线或绝缘铝导线绕制。中、小型三相电动机多采用圆漆包线，大、中型三相电动机的定子线圈则用较大截面的绝缘扁铜线或扁铝线绕制后，再按一定规律嵌入定子铁芯槽内。定子三相绕组中的每一相都有两个出线端，首端分别标为U1、V1、W1，末端分别标为U2、V2、W2。这六个出线端都从接线盒中引出，其连接如图6-24所示。为了在实际接线时方便，将各相绕组的末端进行了错位引出，通过连接板可以将定子绕组接成星形或三角形。因此，若三相电动机的额定电压为380 V时采用三角形接法，若为220 V时则采用星形接法。

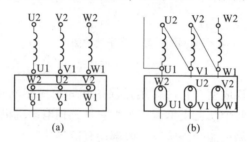

图6-24 定子绕组的连接

（a）星形连接；（b）三角形连接

2. 转子

三相异步电动机的转子由转子铁芯、转子绕组、转轴等组成，是能够进行旋转的部分。

1）转子铁芯

转子铁芯是电动机磁路的另一部分，一般用硅钢片叠成圆柱形固定在转轴上，铁芯外圆周上均匀分布的槽用于放置转子绕组。为了改善电动机的启动和运行性能，鼠笼式异步电动机铁芯一般采用斜槽结构，如图6-25所示。

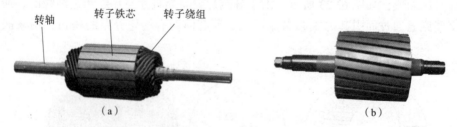

图6-25 转子铁芯与绕组

（a）转子铁芯；（b）绕组

2）转子绕组

异步电动机的转子绕组分为绕线型与笼型两种。

绕线型绕组与定子绕组一样也是一个三相绕组，在转子铁芯槽内嵌3个绕组，其末端按星形接法连接，三相引出线分别接到转轴上的三个与转轴绝缘的集电环上，通过电刷装置与外电路相连，这就有可能在转子电路中串接电阻或电动势以改善电动机的运行性能，如图 6-26 和图 6-27 所示。

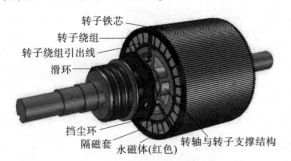

图 6-26　绕线型转子绕组

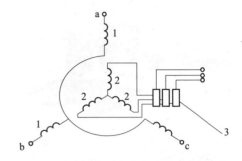

图 6-27　绕线转子异步电动机的电路连接

1—定子绕组；2—转子绕组；3—集电环

　　笼型绕组在转子铁芯的每一个槽中插入一根铜条，在铜条两端各用一个铜环（称为端环）把导条连接起来，形状如鼠笼，如图 6-28（a）所示。也可用铸铝的方法，把转子导条和端环风扇叶片用铝液一次浇铸而成，称为铸铝转子，如图 6-28（b）所示。100 kW 以下的异步电动机一般采用铸铝转子。

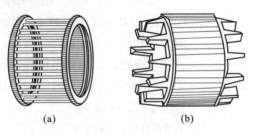

(a)　　　　　　　　　　(b)

图 6-28　笼型转子绕组

（a）铜排转子；（b）铸铝转子

3）其他部分

　　其他部分包括端盖、风扇等。端盖除了起防护作用外，在端盖上还装有轴承，用以支撑转子轴。风扇则用来通风冷却电动机。三相异步电动机的定子与转子之间的空气隙，一般仅为 0.2~1.5 mm。气隙太大，电动机运行时的功率因数降低；气隙太小，使装配困难，运行不可靠，高次谐波磁场增强，从而使附加损耗增加以及使启动性能变差。

6.2.3　三相异步电动机的工作原理

　　为了说明三相异步电动机的工作原理，做如下演示实验，如图 6-29 所示。在装有手柄的蹄形磁铁的两极间放置一个端面短路的铜条笼型转子，当转动手柄带动蹄形磁铁旋转时，发现导体也跟着旋转；若改变磁铁的转向，则导体的转向也跟着改变。这是因为当磁铁旋转时，磁铁与闭合的导体发生相对运动，鼠笼式导体切割磁力线而在其内部产生感应电动势和感应电流。感应电流又使导体受到一个电磁力的作用，于是导体就沿磁铁的旋转方向转动起来，这就是异步电动机的基本原理。因此，旋转的磁场和闭合的转子绕组是使电动机旋转的两个必要因素。

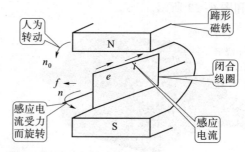

图 6-29　笼型转子转动实验装置

1. 旋转磁场的产生

在上述的实验中靠磁铁的转动来获得转子转动，它是用机械能换取机械能，没有实际意义。在实际应用中，在定子绕组通入对称的三相交流电，便会产生旋转的磁场代替实验中蹄形磁铁转动时产生的磁场。

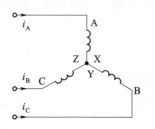

图 6-30　三相异步电动机定子接线

所谓旋转磁场是指极性与大小不变，且沿着一定方向以一定速度旋转的磁场。

如图 6-30 所示，最简单的三相定子绕组 AX、BY、CZ，它们在空间按互差120°的规律对称排列，并接成星形与三相电源 U、V、W 相连，则三相定子绕组便通过三相对称电流：随着电流在定子绕组中通过，在三相定子绕组中就会产生旋转磁场，各相电流的瞬时表达式为

$$i_A = I_m \sin \omega t$$
$$i_B = I_m \sin(\omega t - 120°)$$
$$i_C = I_m \sin(\omega t - 240°)$$

三相对称电流的波形如图 6-31 所示，以三相绕组电流变化的几个瞬间来分析三相绕组电流在空间形成的磁场分布情况。

当 $\omega t = 0°$ 时，$i_A = 0$，AX 绕组中无电流；i_B 为负，BY 绕组中的电流从 Y 流入 B 流出；i_C 为正，CZ 绕组中的电流从 C 流入 Z 流出；由右手螺旋定则可得合成磁场的方向如图 6-31（a）所示。当 $\omega t = 120°$ 时，$i_B = 0$，BY 绕组中无电流；i_A 为正，AX 绕组中的电流从 A 流入 X 流出；i_C 为负，CZ 绕组中的电流从 Z 流入 C 流出；由右手螺旋定则可得合成磁场的方向如图 6-31（b）所示。当 $\omega t = 240°$ 时，$i_C = 0$，CZ 绕组中无电流；i_A 为负，AX 绕组中的电流从 X 流入 A 流出；i_B 为正，BY 绕组中的电流从 B 流入 Y 流出；由右手螺旋定则可得合成磁场的方向如图 6-31（c）所示。

可见，当定子绕组中的电流变化一个周期时，合成磁场也按电流的相序方向在空间旋转一周。随着定子绕组中的三相电流不断地做周期性变化，产生的合成磁场也不断地旋转，因此称为旋转磁场。旋转磁场的方向由图 6-31 可以看出，三相交流电按 U-V-W 相序变化，则产生的旋转磁场在空间上以顺时针方向旋转。若我们任意对调电动机两相绕组的电流相序，如 U-W-V 相序，则由理论分析和实践证明，产生的旋转磁场以逆时针方向旋转。由此可知，旋转磁场的旋转方向取决于通入绕组中的三相交流电源的相序，只要任意对调电动机的相序，则可改变旋转磁场的方向。

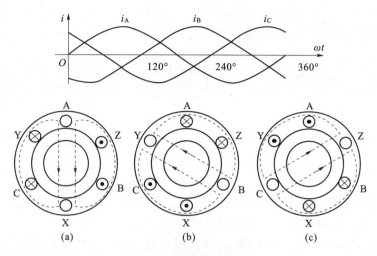

图 6-31 旋转磁场的形成

（a）$\omega t = 0°$；（b）$\omega t = 120°$；（c）$\omega t = 240°$

2. 转子转动的原理

当三相异步电动机的定子绕组通入三相对称的电流时，便在定子、转子之间的空气隙中产生旋转的磁场。设旋转的磁场以 n_1 的速度逆时针旋转，转子铁芯顺时针方向切割磁感线，产生感应电动势，如图 6-32 所示。感应电动势的方向可根据右手定则判定。转子电路为闭合电路，在感应电动势的作用下，产生感应电流。载流导体在磁场中要受到力的作用，其方向可以用左手定则判定，这些电磁力对转轴形成的一个电磁转矩，其作用方向同旋转磁场的旋转方向一致。

所以说三相异步电动机是利用定子三相对称绕组中通以三相对称交流电所产生的旋转磁场与转子绕组内的感应电流相互作用而旋转的。

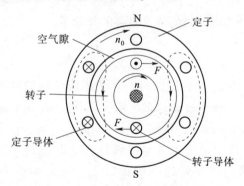

图 6-32 三相电动机的转动原理

3. 三相异步电动机的极数与转速

1）极数（磁极对数 p）

三相异步电动机的极数就是旋转磁场的极数。旋转磁场的极数和三相绕组的安排有关。当每相绕组只有一个线圈，绕组的始端之间相差 120° 空间角时，产生的旋转磁场具有一对极，即 $p = 1$；当每相绕组为两个线圈串联，绕组的始端之间相差 60° 空间角时，产生的旋转磁场具有两对极，即 $p=2$；同理，如果要产生三对极，即 $p=3$ 的旋转磁场，则每相绕组必须有均匀安排在空间的串联的三个线圈，绕组的始端之间相差 $40°$（$=120°/p$）空间角。极数 p 与绕组的始端之间的空间角 θ 的关系为

$$\theta = \frac{120°}{p} \tag{6-2}$$

2）转速

三相异步电动机旋转磁场的转速 n_0 与电动机磁极对数 p 有关，它们的关系是

$$n_0 = \frac{60f_1}{p} \tag{6-3}$$

由式（6-3）可知，旋转磁场的转速 n_0 决定于电流频率 f_1 和磁场的极数 p。对某一异步电动机而言，f_1 和 p 通常是一定的，所以磁场转速 n_0 是个常数。

在我国，工频 $f_1 = 50$ Hz，因此对应于不同极对数 p 的旋转磁场转速如表 6-2 所示。

表 6-2　极对数对应旋转磁场转速

p	1	2	3	4	5	6
n_0	3 000	1 500	1 000	750	600	500

3）转差率 s

电动机转子转动方向与磁场旋转的方向相同，但转子的转速 n 不可能达到与旋转磁场的转速 n_0 相等，否则转子与旋转磁场之间就没有相对运动，因而磁力线就不切割转子导体，转子电动势、转子电流以及转矩也就都不存在。也就是说旋转磁场与转子之间存在转速差，因此我们把这种电动机称为异步电动机，又因为这种电动机的转动原理是建立在电磁感应基础上的，故又称为感应电动机。

旋转磁场的转速 n_0 常称为同步转速。用来表示转子转速 n 与磁场转速 n_0 相差程度的物理量称为转差率 s，它是异步电动机的一个重要的物理量。

$$s = \frac{n_0 - n}{n_0} = \frac{\Delta n}{n_0} \tag{6-4}$$

当旋转磁场以同步转速 n_0 开始旋转时，转子则因机械惯性尚未转动，转子的瞬间转速 $n = 0$，这时转差率 $s = 1$。转子转动起来之后，$n > 0$，（$n_0 - n$）差值减小，电动机的转差率 $s < 1$。如果转轴上的阻转矩加大，则转子转速 n 降低，即异步程度加大，才能产生足够大的感应电动势和电流，产生足够大的电磁转矩，这时的转差率 s 增大；反之，s 减小。异步电动机运行时，转速与同步转速一般很接近，转差率很小。在额定工作状态下为 $0.015 \sim 0.06$。

根据式（6-4）可得到电动机的转速常用公式为

$$n = (1-s)n_0 \tag{6-5}$$

例 6-1　有一台三相异步电动机，其额定转速 $n = 975$ r/min，电源频率 $f = 50$ Hz，求电动机的极数和额定负载时的转差率 s。

解：由于电动机的额定转速接近而略小于同步转速，而同步转速对应于不同的极对数有一系列固定的数值。显然，与 975 r/min 最相近的同步转速 $n_0 = 1 000$ r/min，与此相应的

磁极对数 $p=3$。因此，额定负载时的转差率为

$$s=\frac{n_0-n}{n_0}\times100\%=\frac{1\ 000-975}{1\ 000}\times100\%=2.5\%$$

6.2.4　三相异步电动机的电磁转矩和机械特性

1. 异步电动机的转矩特性

异步电动机的转矩 T 是由旋转磁场的每极磁通 $\varPhi$ 与转子电流 I_2 相互作用而产生的。电磁转矩的大小与转子绕组中的电流 I 及旋转磁场的强弱有关。

当电源电压、频率和转子参数一定时，转矩 T 随着转差率 s 变化的情况可用 $T=f(s)$ 曲线来表示，该曲线称为异步电动机的转矩特性曲线，如图 6-33（a）所示。

在 $0<s<s_m$ 区段，转矩 T 随 s 的增大而增大；在 $s_m<s<1$ 区段，转矩 T 随 s 的增大而减小；当 $s=s_m$ 时，T 出现最大值 T_m，称为最大转矩，此时的转差率 s_m 称为临界转差率。

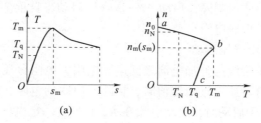

图 6-33　三相异步电动机的特性曲线

（a）$T=f(s)$ 曲线；（b）$n=f(T)$ 曲线

2. 异步电动机的机械特性

为了更直接地表示电磁转矩 T 和转速 n 之间的关系，将曲线 $T=f(s)$ 变换为 $n=f(T)$ 曲线，称为异步电动机的机械特性曲线，如图 6-33（b）所示。当转子转速等于零，对应的转矩称为启动转矩 T_q，只要大于负载转矩，转子就开始旋转并逐渐加速。从机械特性可以看出 $0<n<n_m$ 区间，转速升高，电磁转矩加大，电磁转矩大于负载转矩，所以，电动机一直处于加速状态，过 n_m 点后，转速在升高，T 将随之减小，直到电磁转矩等于负载转矩，电动机进入稳速运行状态。在机械特性曲线中，ab 段相对比较稳定，称为稳定运行区，若负载转矩大于 T_m 则电磁转矩将总是小于负载转矩，转子减速直至停转。

6.2.5　启动、调速、制动方法

三相异步电动机启动时与直流电动机一样，启动电流大，对电源有较大的冲击，因此容量较大的电动机不允许直接启动。需要在三相异步电动机的各种启动方法中选择一种对电源、对负载最合适的方法。

1. 三相异步电动机的直接启动

异步电动机接入三相电源后，如果电磁转矩 T 大于负载转矩 T_c，电动机就可以从静止状态过渡到稳定运转状态，这个过程叫作直接启动，如图 6-34 所示。直接启动时，将定子

绕组直接接入额定电压。电动机启动时由于旋转磁场对静止的转子相对运动速度很大，转子导体切割磁力线的速度也很快，所以电动机的启动电流很大，一般为额定电流的5~7倍。由于启动后转子的速度不断增加，所以电流将迅速下降。若电动机启动不频繁，则短时间的启动过程对电动机本身的影响并不大。但当电网的容量较小时，这么大的启动电流会使电网电压显著降低，从而影响电网上其他设备的正常工作。当电源容量相对于电动机的功率足够大时候（电动机容量不大于主变压器容量的10%~15%），可直接启动。一般中小型笼型异步电动机常用直接启动。此外，必须根据具体的情况选择不同的启动方法。三相异步电动机的启动方法与电动机转子的结构有关。异步电动机的转子有笼型和绕线型两种结构形式，这两种结构的电动机启动方法有所不同。

2. 三相异步电动机的降压启动

降压启动的目的是为了限制启动电流，在启动时借助启动设备将电源电压适当降低后加到定子绕组上，待电动机转速升高到接近稳定时，再使电压恢复到额定值。降压启动在限制启动电流的同时，也限制了启动转矩，因此只适用于轻载或空载情况下的启动。常用的降压启动有定子绕组串联电阻降压启动、Y-△降压启动、自耦变压器降压启动、延边三角形降压启动、转子绕组串联电阻启动等。

1）定子绕组串联电阻降压启动

三相异步电动机定子绕组与外加电源之间串联电阻，电阻分压后，定子线圈上的启动电压和启动电流减小，待转速接近稳定值时，切除所串联的电阻，这时电动机实施全压运行，如图6-35所示。由于启动时，启动电流在 R_Q 上产生一定电压降，使得加在定子绕组端的电压降低了，因此限制了启动电流。调节电阻 R_Q 的大小可以将启动电流限制在允许的范围内。

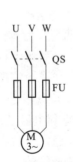

图6-34　电动机直接启动

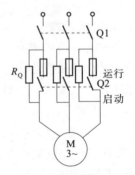

图6-35　定子绕组串联电阻降压启动

采用定子绕组串联电阻降压启动时，虽然降低了启动电流，但也使启动转矩大大减小。所以这种启动方法只适用于空载或轻载启动，同时由于采用电阻降压启动时损耗较大，它一般用于低压电动机启动中。

2）Y-△降压启动

若电动机在正常工作时其定子绕组是连接成三角形的，那么在启动时可以将定子绕组连接成星形，通电后电动机运转，当转速升高到接近额定转速时再换接成三角形连接。根据三相交流电路的理论，用星-三角换接启动可以使电动机的启动电流降低到全压启动时的1/3。但要注意的是，由于电动机的启动转矩与电压的平方成正比，所以，用星-三角换接启动时电动机的启动转矩也是直接启动时的 1/3。这种启动方法适用于电动机正常运行时定子绕组为三角形连接的空载或轻载启动。其原理图如图 6-36 所示。

　　3）自耦变压器降压启动

　　对于有些三相异步电动机来说，在正常运转时要求其转子绕组必须接成星形，这样一来就不能采用丫-△启动方式，我们可以用三相自耦变压器将电动机在启动过程中的端电压降低，同样达到减小启动电流的作用。自耦变压器降压启动是利用自耦变压器将电网电压降低后再加到电动机定子绕组上，待转速接近稳定值时，再将电动机直接接到电网上。其原理图如图 6-37 所示。自耦变压器备有 40%、60%、80% 等多种抽头，使用时可根据电动机启动转矩的要求具体选择。

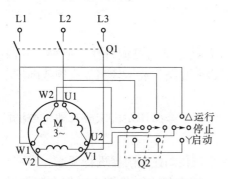

图 6-36　星-三角降压启动原理图

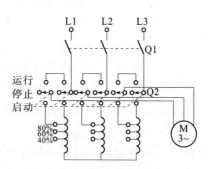

图 6-37　自耦变压器降压启动原理图

　　4）延边三角形降压启动

　　这种电动机的每相绕组都带有中心抽头，抽头比例可按启动要求在制造电动机前确定。启动时的接法如图 6-38（a）所示，部分绕组做△连接，其余绕组向外延伸，所以称为延边三角形启动。启动中降压比例取决于抽头比例，绕组延伸部分越多则降压比越大。启动结束后，将电动机的三相中心抽头断开并使绕组依次首尾相接以△接法运行，如图 6-38（b）所示。延边三角形降压启动主要用于专用电动机上。

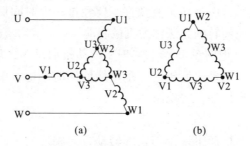

图 6-38　延边三角形降压启动
（a）延边三角形启动；（b）三角形运行

　　至于绕线转子异步电动机的启动，只要在转子回路串联适当的电阻，就既可限制启动电流，又可增大启动转矩，克服了笼型异步电动机启动电流大、启动转矩小的缺点。绕线转子异步电动机在启动过程中，需要逐级将启动电阻切除。

3. 三相异步电动机的调速

调速就是在同一负载下能得到不同的转速,以满足生产过程的要求。根据转差率的定义

$$s = \frac{n_0 - n}{n_0}$$

异步电动机的转速为 $\qquad n = (1-s)\,n_0 = (1-s)\,\dfrac{60f}{p}$ $\qquad\qquad$ (6-6)

因此,异步电动机的调速可通过改变磁极对数 p、转差率 s 以及电源的频率 f 来实现。

可通过三个途径进行调速:改变电源频率 f,改变磁极对数 p,改变转差率 s。前两者是笼式电动机的调速方法,后者是绕线式电动机的调速方法。

1) 变频调速

此方法可获得平滑且范围较大的调速效果,且具有硬的机械特性;但须有专门的变频装置——由可控硅整流器和可控硅逆变器组成,设备复杂,成本较高,应用范围较小。

2) 改变磁极对数调速——变极调速

此方法不能实现无级调速,但它简单方便,常用于金属切割机床或其他生产机械上。

3) 转子电路串联电阻调速

在绕线式异步电动机的转子电路中,串入一个三相调速变阻器进行调速。

此方法能平滑地调节绕线式电动机的转速,且设备简单、投资少;但变阻器增加了损耗,故常用于短时调速或调速范围不太大的场合。

由上可知,异步电动机的各种调速方法都不太理想,所以异步电动机常用于要求转速比较稳定或调速性能要求不高的场合。

4. 三相异步电动机的制动

制动是给电动机一个与转动方向相反的转矩,促使它在断开电源后很快地减速或停转。制动一般可分为机械制动和电气制动两种。

1) 机械制动

电动机与电源断开之后,由于转子有惯性,要经过一段时间后才会停车。利用机械装置使电动机断开电源后迅速停转的方法称为机械制动。

机械制动通常利用电磁抱闸制动器来实现。电动机启动时,电磁抱闸线圈同时通电,电磁铁吸合,使抱闸打开;电动机断电时,抱闸线圈同时断电,电磁铁释放,在弹簧作用下,抱闸把电动机转子紧紧抱住,实现制动。

2) 电气制动

电气制动的关键是电动机产生一个与实际转动方向相反的电磁转矩,使电动机旋转磁场的转动方向与实际转向相反,从而使电动机减速或停转,只是电磁转矩称为制动转矩。电气制动的主要方法有反接制动、能耗制动及再生制动。

(1) 反接制动。

三相异步电动机反接制动实质上是通过改变异步电动机定子绕组中的三相电源相序,使转子受一个与原转动方向相反的转矩而迅速停转。它的原理接近正、反转控制。但要注意的是当转子转速接近零时,应及时切断电源,以免电动机反转。为了限制电流,对

功率较大的电动机进行制动时必须在定子电路（鼠笼式）或转子电路（绕线式）中接入电阻。

这种方法比较简单，制动力强，效果较好，但制动过程中的冲击也强烈，易损坏传动器件且能量消耗较大，频繁反接制动会使电动机过热。对有些中型车床和铣床的主轴的制动采用这种方法。

（2）能耗制动。

能耗制动可以克服电源反接制动难以准确停车的缺点，制动后电动机能稳定停车。能耗制动的方法是在电动机断开三相电源的同时，在定子任意两相绕组线圈中通入直流电压，使其产生励磁电流，定子绕组产生一个恒定的磁场。此时，电动机转子由于惯性还在旋转并切割该恒定磁场，使转子受到一个与转子转动方向相反的 F 力的作用，于是产生制动转矩实现制动。当电动机转速接近零时，定子绕组与直流电源断开。这种方法是用消耗转子的动能（转换为电能）来进行制动的，所以称为能耗制动。

这种制动能量消耗小，制动准确而平稳，无冲击，但需要直流电流，在有些机床中采用这种制动方法。

（3）再生自动（发电反馈制动）。

在电动机工作过程中，由于外来因素的影响，使电动机转速 n 超过旋转磁场的同步转速 n_0（一般指势能负荷，如起重机在下放重物时），电动机进入发电机状态，此时电磁转矩的方向与转子的旋转方向相反，变为制动转矩，电动机将机械能转变成电能向电网反馈，故又称为再生制动或回馈制动。如当起重机快速下放重物时，重物拖动转子，使其转速 $n > n_0$，重物受到制动而等速下降。

6.2.6 电动机的铭牌数据

电动机外壳上有一块铭牌，它注明这台三相电动机的主要技术数据，是选择、安装、使用和修理（包括重绕组）三相电动机的重要依据，如图6-39所示。

三相异步电动机			
型号Y-112-M-4		编号	
4.0 kW		8.8 A	
380 V	1 440 r/min	LW82 dB	
接法△	防护等级IP44	50 Hz	45 kg
标准编号	工作制SI	B级绝缘	年　月
××电机厂			

图6-39 异步电动机铭牌

1. 型号（Y-112-M-4）

Y为电动机的系列代号，表示异步电动机，112为基座至输出转轴的中心高度（mm），M为机座类别（L为长号机座，M为中号机座，S为短号机座），4为磁极数。如Y-180M2-4的型号含义为：

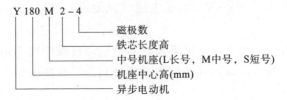

Y 180 M 2 - 4
磁极数
铁芯长度高
中号机座(L长号，M中号，S短号)
机座中心高(mm)
异步电动机

2. 额定功率（4.0 kW）

额定功率是指电动机在额定工作状态下运行时转轴上所能输出的机械功率，单位为瓦（W）或千瓦（kW）。

3. 额定电压（380 V）

额定电压是指接到电动机绕组上的线电压，用 U_N 表示。三相电动机要求所接的电源电压值的变动一般不应超过额定电压的±5%。电压过高，电动机容易烧毁；电压过低，电动机难以启动，即使启动后电动机也可能带不动负载，容易烧坏。按我国国家标准规定，电动机的电压等级分为 220 V、380 V、3 kV、6 kV 和 10 kV。

4. 额定电流（8.8 A）

额定电流是指三相电动机在额定电源电压下，输出额定功率时，流入定子绕组的线电流，用 I_N 表示，以安（A）为单位。若超过额定电流过载运行，三相电动机就会过热乃至烧毁。三相异步电动机的额定功率与其他额定数据之间有如下关系式

$$P_N = \sqrt{3}\, U_N I_N \cos\varphi_N \eta_N \tag{6-7}$$

式中，$\cos\varphi_N$ 为额定功率因数；η_N 为额定效率。

5. 额定频率（50 Hz）

额定频率是指电动机所接的交流电源每秒钟内周期变化的次数，用 f_N 表示。我国规定标准电源频率为 50 Hz。

6. 额定转速（1 440 r/min）

额定转速表示三相电动机在额定工作情况下运行时每分钟的转速，用 n_N 表示，一般是略小于对应的同步转速 n_1，如 $n_1 = 1\,500$ r/min，则 $n_N = 1\,440$ r/min。

7. 绝缘等级

绝缘等级是指三相电动机所采用的绝缘材料的耐热能力，它表明三相电动机允许的最高工作温度。它与电动机绝缘材料所能承受的温度有关。A 级绝缘为 105 ℃，E 级绝缘为 120 ℃，B 级绝缘为 130 ℃，F 级绝缘为 155 ℃，H 级绝缘为 180 ℃。

8. 接法

三相电动机定子绕组的连接方法有星形（Y）和三角形（△）两种。定子绕组的连接只能按规定方法连接，不能任意改变接法，否则会损坏三相电动机。

9. 防护等级（IP44）

防护等级表示三相电动机外壳的防护等级，其中 IP 是防护等级标志符号，其后面的两位数字分别表示电动机防固体和防水能力。数字越大，防护能力越强，如 IP44 中第一位数字"4"表示电动机能防止直径或厚度大于 1 mm 的固体进入电动机内壳；第二位数字"4"表示能承受任何方向的溅水。

10. 定额

定额是指三相电动机的运转状态，即允许连续使用的时间，分为连续、短时、周期断

续三种。

1）连续

连续工作状态是指电动机带额定负载运行时，运行时间很长，电动机的温升可以达到稳态温升的工作方式。

2）短时

短时工作状态是指电动机带额定负载运行时，运行时间很短，使电动机的温升达不到稳态温升；停机时间很长，使电动机的温升可以降到零的工作方式。

3）周期断续

周期断续工作状态是指电动机带额定负载运行时，运行时间很短，使电动机的温升达不到稳态温升；停止时间也很短，使电动机的温升降不到零，工作周期小于 10 min 的工作方式。

 想－想 做－做

1. 交流异步电动机的转子绕组有_____和_____两种

2. 鼠笼型电动机的启动方法有_____启动、_____启动两种。

3. 异步电动机的调速有_____、_____、_____调速。

3. 电动机启动电流是额定电流的_____倍。

4. 使电动机反转的方法是_____。

5. 一台三相交流电动机的额定电压是 380 V，功率是 7.5 kW，其额定电流大约是_____ A，如功率为 22 kW，其额定电流大约又是_____ A。

6. 如图 6-40 所示电动机的三相定子绕组，要接成星形应把三相绕组_____，连成三角形时要把三相绕组_____，请在图上连接。

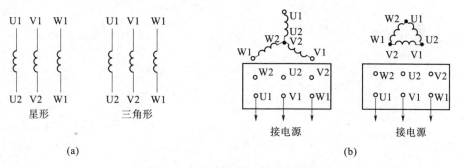

(a)   (b)

图 6-40 电动机的三相定子绕组

工作任务　三相异步电动机绕组首尾端的判别

姓名：　　　　**学号：**　　　　**班级：**　　　　**成绩：**

实训目的：

1. 按步骤拆卸电动机，注意操作规范，掌握拆卸技巧。

2. 三相异步电动机绕组首尾端的判别。

实训器材： 三相异步电动机一台、连接软导线若干、号码管若干、电池 1 节、绝缘胶布 1 卷、鳄鱼夹若干。

工作原理：

当各种原因造成电动机绕组六个引出线头分不清首尾端时，必须先分清三相绕组的首尾端，才能进行电动机的星形和三角形连接，否则电动机无法正确接线使用，更不可盲目接线，以免引起电动机内部故障，因此必须分清 6 个线头的首尾端后才能接线。

1. 操作程序及方法

方法一：万用表毫安挡判别，如图 6-41 所示。

（1）先用摇表或万用表的电阻挡，分别找出三相绕组的各相两个线头。

（2）给各相绕组假设编号为 U1 和 U2、V1 和 V2、W1 和 W2。

（3）按图 6-41 所示接线，用手转动电动机转子，如万用表（微安挡）指针不动，则证明假设的编号是正确的；若指针有偏转，说明其中有一相首尾端假设编号不对。

用万用表判断电动机定子绕组首尾端的方法应逐相对调重测，直至正确为止。

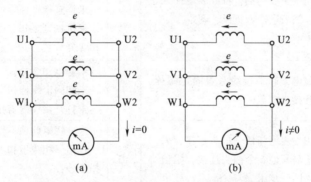

图 6-41　万用表毫安挡判断电动机绕组首尾端

方法二：用万用表和电池判别，如图 6-42 所示。

（1）先分清三相绕组各相的两个线头，并将各相绕组端子假设为 U1 和 U2、V1 和 V2、W1 和 W2。

（2）注视万用表（微安挡）指针摆动的方向，合上开关瞬间，若指针摆向大于零的一边正偏，则接电池正极的线头与万用表负极（黑表笔）所接的线头同为首端或尾端；如指针反向摆动反偏，则接电池正极的线头与万用表正极（红表笔）所接的线头同为首端或尾端。

（3）再将电池和开关接另一相两个线头进行测试，就可正确判别各相的首尾端。

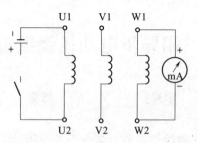

图 6-42 用万用表和电池判别电动机定子绕组首尾端的方法

2. 技术安全要求

（1）万用表使用时要注意量程的转换，不用时要置于空挡。

（2）安装时各线头螺栓要紧固，标示要明确。

（3）要随时注意验电，防止触电。

考核评分标准如表 6-3 所示。

表 6-3 考核评分标准

序号	考核内容	评分要素	配分	评分标准	得分
1	准备工作	选择工用具及材料	5	每少选、错选一件扣1分	
2	检查调整万用表	将万用表水平摆放	5	万用表未水平摆放扣5分	
		检查万用表，将万用表功能转换旋钮调至欧姆挡，将红表笔插入正极，黑表笔插入负极，调零	14	正、负表笔线连接极性插错扣4分； 挡位调错扣3分； 未检查指针在零位上扣3分； 未机械调零扣2分，未短路调零扣2分	
3	拆开接线盒盖	验电，卸下接线盒盖固定螺栓，拆开接线盒盖	7	未验电扣2分； 未卸固定螺栓扣2分； 未打开接线盒盖扣3分	
4	分绕组	用一表笔与任一抽头连接，另一表笔与其他5个抽头连接，阻值小的为同一绕组	10	未分绕组此项不得分； 找错一相绕组扣5分，未做标记扣2分； 万用表测量后挡位未归位扣3分	
5	找首尾端	将万用表转换旋钮调至直流电流100 mA挡	8	未调整万用表挡位此项不得分； 挡位调错扣3分； 未检查表针在零位上扣3分； 未机械调零扣2分	
		将万用表测试表笔与一相绕组的两个抽头分别相接，电池组与另一相绕组两个抽头分别连接。瞬间接电，指针反转，正极为首端；指针正转，负极为首端	10	未找首尾端此项不得分； 电池组通电时间超过2 s一次扣3分； 首尾端找错一相扣5分； 首尾端未做标记扣2分	

续表

序号	考核内容	评分要素	配分	评分标准	得分
6	接线	试电笔验电，接线，三角形接法连接电源线	12	未三角形接法此项不得分； 未用试电笔验电扣2分； 接线错误扣8分； 螺母未上紧一个扣1分，垫片、弹簧垫少装一个扣1分	
		安装接线盒盖，对角上接线盒盖固定螺栓	6	未装接线盒盖扣4分； 对角上接线盒未装螺栓扣2分	
7	试机	合空气开关，启动电动机	13	未用试电笔对配电箱验电扣2分； 未检查电动机周围无障碍物扣2分； 合空气开关未戴绝缘手套扣2分，未侧身扣1分； 按错按钮扣1分； 未检查电动机运行情况扣5分	
8	停机	停运电动机，分开空气开关	4	未停运电动机此项不得分； 未分开空气开关停止操作不得分； 按错按钮扣1分； 分空气开关未戴绝缘手套扣2分，未侧身扣1分	
9	拆线	拆下电源线、接线片、抽头线	6	未拆下电源线、接线片、抽头线分别扣2分	
10	清理场地	收拾工具，清理现场		未收、少收工具总分中扣3分，场地不清洁从总分中扣5分	
11	安全文明操作	按国家或企业颁发有关安全规定执行操作		每违反一项规定从总分中扣5分，严重违规取消考核	
12	考核时限	在规定时间内完成		超时停止操作考核	
	合计		100		

模块 6.3　三相异步电动机点动与长动控制

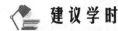

学习目标

1. 掌握三相异步电动机点动、连动控制意义。
2. 理解接触器自锁环节的作用。
3. 掌握三相异步电动机的点动、连动控制原理分析。
4. 电气原理图识图。

低压电器和
电机控制

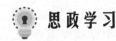

建议学时

4 学时

思政学习

中国先进工业科学核心技术——工业电气自动化

当代社会，电气控制及其自动化已经成为工农商各行业不可或缺的技术。在全球化的席卷之下，各国科技进行不断地碰撞与融合，使得技术的发展日益成熟，更使其成为社会技术发展主要的依持力量，从而很大程度上推进了社会经济的发展。同时，高校也越来越注重相关专业人才的培养，使电气控制技术的发展有了人才上的支持。总之，电气控制技术的发展有很重大的现实意义与社会意义。

电气自动化这个专业从 20 世纪 50 年代开始在我国出现并发展，名称为工业企业电气自动化。虽然国家对该专业做了几次大规模的调整，但由于其专业面宽，适用性广，一直到现在仍然焕发着勃勃生机。根据教育部的安排，它属于工科电气信息类，新名称为电气工程及其自动化。电气自动化在我国各个生产领域都得到了广泛的应用，并取得不错的效果。

理论知识

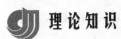

6.3.1　点动控制电路

对于小功率的三相异步电动机最简单的直接启动电路如图 6-43 所示，它仅由刀开关、熔断器和电动机构成。电路元件少，接线简单，但是电路不能实现遥控和自动，并且没有多种保护，因此，它只适用于工作时间不长的小型电动机。

点动控制电路就是按下按钮电动机就转动，松开按钮电动机就停转。

用接触器构成的点动控制电路如图 6-44 所示，图中 L1、L2、L3 为三相电源进线，该电路由刀开关 QS、熔断器 FU 和接触器 KM、按钮 SB、热继电器 FR 组成。其中由 QS、FU、KM 主触头、热继电器 FR 的热元件与电动机 M 构成主电路，由 SB 及 KM 线圈、热继电器 FR 的常闭触头构成辅助控制电路，其电源由 L1、L2、L3 中的任两相提供。

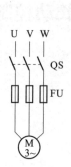

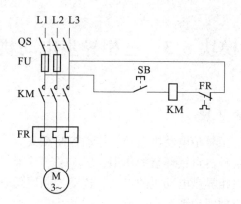

图 6-43 电动机直接启动电路　　　　**图 6-44 电动机点动控制电路**

当电动机需点动控制时，先合上电源开关 QS 引入三相电源，按下启动按钮 SB，接触器线圈 KM 通电，其衔铁吸合带动触头系统动作，连接在主电路中的三个常开主触头 KM 闭合，电动机 M 接通电源启动运行。松开 SB 按钮，接触器 KM 线圈断电，其衔铁受弹簧力的作用而复位，其触头系统恢复常态，即接在主电路中的三个主触头断开，电动机断电停转。这种只有按下按钮 SB 时，电动机才旋转，松开按钮 SB 时就停转的电路，称为点动控制电路。

6.3.2　长动控制电路

如果电动机需要连续运转，则要在点动控制电路的基础上进行改进，如图 6-45 所示的控制电路也称为电动机长动控制电路。该电路的主电路与点动控制电路相同，辅助控制电路中增加了停止按钮 SB1 和接触器的常开辅助触头 KM。

电动机启动时，合上电源开关 QS，接通辅助电路电源。按下启动按钮 SB2，接触器 KM 线圈通电吸合，KM 常开主触头与常开辅助触头同时闭合。主触头闭

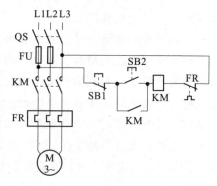

图 6-45 电动机长动控制电路

合，使电动机接入三相交流电源启动，并接在启动按钮 SB2 两端的常开辅助触头闭合，短接了 SB2，松开手时，启动按钮 SB2 自动复位，但接触器 KM 线圈仍通过自身常开辅助触头这一通路而保持通电，从而确保电动机继续运转。这种依靠接触器自身常开辅助触头闭合而使其线圈保持通电的作用，称为自锁。

电动机需要停止时，按下停止按钮 SB1，接触器 KM 线圈断电，KM 的常开主触头、常开辅助触头均断开，分别切断电动机主电路和辅助电路，电动机因断电停止转动。

工作任务 电动机点动及长动控制线路安装

姓名：　　　　　**学号：**　　　　　**班级：**　　　　　**成绩：**

目的：

1. 学习和掌握控制元件的结构、工作原理和使用方法。

2. 掌握异步电动机基本控制电路。

3. 通过三相异步电动机的启停控制电路的实训任务，进一步学习和掌握接触器控制电路的结构、工作原理。

实训器材： 三相异步电动机、隔离开关、熔断器、交流接触器、按钮、万用表、接线端子板等。

考核评分标准：

1. 按点动、长动控制电路图接线。

2. 经检察后进行下面操作：

（1）合上断路器 QS，观察电动机和接触器的工作状态。

（2）按下操作控制面板上"启动"按钮，观察接触器和电动机的工作状态。

（3）按下操作控制面板上"停止"按钮，观察接触器和电动机的工作状态。

（4）当未合上断路器 QS 时，进行（2）和（3）步操作，观察结果。

考核评分标准如表 6-4 所示。

表 6-4　考核评分标准

考核内容	考核要求	评分标准	得分
按点动控制电路图接线（30分）		正确接线，错一处扣 5 分	

考核内容	考核要求	评分标准	得分
点动实验与记录（20分）	当电动机需点动控制时，先合上电源开关 QS 引入三相电源。 按下启动按钮 SB，接触器线圈 KM 通电，其衔铁吸合带动触头系统动作，连接在主电路中的三个常开主触头 KM 闭合，电动机 M 接通电源启动运行。 松开 SB 按钮，接触器 KM 线圈断电，其衔铁受弹簧力的作用而复位，其触头系统恢复常态，即接在主电路中的三个主触头断开，电动机断电停转	1. 按下操作控制面板上"启动"按钮，观察接触器和电动机的工作状态，将观察的结果填入表 6-5；（5 分） 2. 按下操作控制面板上"停止"按钮，观察接触器和电动机的工作状态；（5 分） 3. 当未合上短路器 QS 时，进行（2）和（3）步操作，观察结果（10 分）	
按长动控制电路图接线（30分）		正确接线，错一处扣 5 分	
长动实验与记录（20分）	电动机启动时，合上电源开关 QS，接通辅助电路电源。 按下启动按钮 SB2，接触器 KM 线圈通电吸合，KM 常开主触头与常开辅助触头同时闭合。主触头闭合，使电动机接入三相交流电源启动；并接在启动按钮 SB2 两端的常开辅助触头闭合，短接了 SB2。 松开手时，启动按钮 SB2 自动复位，但接触器 KM 线圈仍通过自身常开辅助触头这一通路而保持通电，从而确保电动机继续运转。 电动机需要停止时，按下停止按钮 SB1，接触器 KM 线圈断电，KM 的常开主触头、常开辅助触头均断开，电动机因断电停转	1. 按下操作控制面板"启动"按钮，观察接触器和电动机的工作状态，将观察的结果填入表 6-6；（5 分） 2. 按下操作控制面板"停止"按钮，观察接触器和电动机的工作状态；（5 分） 3. 当未合上短路器 QS 时，进行（2）和（3）步操作，观察结果（10 分）	
合计总分			

表 6-5　点动分析结果（记录）

动作	接触器状态	电动机状态
合上 QS		
按下启动按钮		
按下停止按钮		
未合上 QS，按下启动		
未合上 QS，按下停止		

表 6-6　长动分析结果（记录）

动作	接触器状态	电动机状态
合上 QS		
按下启动按钮		
按下停止按钮		
未合上 QS，按下启动		
未合上 QS，按下停止		

模块 6.4　电动机正反转控制

三相异步电机
的启动

1. 掌握三相电动机的正反转控制的要求、电路的组成及控制电路分析。
2. 能安装正反转控制线路。

建议学时

4 学时

思政学习

中国制造 2025——智能制造工程

　　紧密围绕重点制造领域关键环节，开展新一代信息技术与制造装备融合的集成创新和工程应用。支持政产学研用联合攻关，开发智能产品和自主可控的智能装置并实现产业化。依托优势企业，紧扣关键工序智能化、关键岗位机器人替代、生产过程智能优化控制、供应链优化，建设重点领域智能工厂/数字化车间。在基础条件好、需求迫切的重点地区、行业和企业中，分类实施流程制造、离散制造、智能装备和产品、新业态新模式、智能化管理、智能化服务等试点示范及应用推广。建立智能制造标准体系和信息安全保障系统，搭建智能制造网络系统平台。2020 年，制造业重点领域智能化水平显著提升，试点示范项目运营成本降低 30%，产品生产周期缩短 30%，不良品率降低 30%。到 2025 年，制造业重点领域全面实现智能化，试点示范项目运营成本降低 50%，产品生产周期缩短 50%，不良品率降低 50%。

理论知识

6.4.1　控制线路动作原理

　　在生产过程中，很多设备需要正反两个方向运动，如起重机的升降、电梯的升降等。为了实现三相异步电动机正反转，只要将电动机接入电源的任意两根连线对调一下即可，因此必须采用不同相序连接的两个交流接触器来实现这一要求。图 6-46（a）所示为正反转的主电路，KM1 接通，电动机正转；KM2 接通，对调了三相电源的 L1、L3 相序，从而实现反转。

1. 电动机正反转无互锁控制电路

　　图 6-46（b）所示为电动机正反转无互锁的控制电路。按下正转按钮 SB2，KM1 线圈通电，KM1 主触头及常开辅助触头闭合，电动机实现正转；若按下反转按钮 SB3，KM2 线圈通电，KM2 主触头及常开辅助触头闭合，电动机实现反转。按下停止按钮 SB1，KM1 或

KM2 线圈失电，主触头断开，电动机停止运转。值得注意的是，线路要求接触器 KM1 和 KM2 不能同时通电，否则它们的主触头同时闭合，若将按钮 SB2 和 SB3 同时按下，将造成 L1、L3 两相电源短路。因此要求在各自的控制电路中串入对方的常闭辅助触点，如图 6-46（c）所示。

2. 电动机正反转互锁控制电路

如图 6-46（c）所示，电动机正反转互锁控制电路是利用两个接触器、三个按钮组成的双重互锁的正反转控制线路。在 KM1 和 KM2 线圈各自的支路中相互串联了对方的一副常闭辅助触头，当正转接触器 KM1 的线圈通断时，其常闭辅助触点断开，此时即使按下反转按钮 SB2 也不能使 KM2 的线圈通电，以保证 KM1 和 KM2 不会同时通电，从而防止了相间短路事故的发生。KM1 和 KM2 这两副常闭辅助触头在线路中所起的作用称为互锁作用（或联锁作用）。在此控制电路中，电动机一旦正转，则此时按下反转按钮将不起作用，因此，这种控制电路在电动机由正转转向反转时，必须先按停止按钮 SB2，使原来通电的 KM1 线圈失电，KM1 常闭辅助触点复位闭合，然后，再按下反转按钮 SB3，才能使反转接触器 KM2 的线圈得电，电动机才能反转。反之，由反转改为正转也要先按停止按钮。此电路只能按照"正—停—反—停"的操作进行控制。这对于需要频繁正反转启动的电动机非常不方便。若在电动机正转时按下反转按钮，能同时使 KM1 线圈得电，就可以解决这一问题。为此，可以改进为图 6-46（d）所示的控制电路。

3. 电动机正反转双重联锁的控制电路

如图 6-46（d）所示，复合按钮和接触器组成的双重联锁的正、反转控制电路。当电动机正转时，按下反转按钮 SB3，它的常闭触点断开，使正转接触器 KM1 线圈断电，同时 KM2 的常开触点闭合，反转接触器 KM2 的线圈通电，于是电动机由正转直接实现反转。反之，当电动机反转时，按下 SB2 可以使电动机直接实现正转，此电路可以直接实现"正—反—停"的操作控制。该电路安全可靠、操作方便。

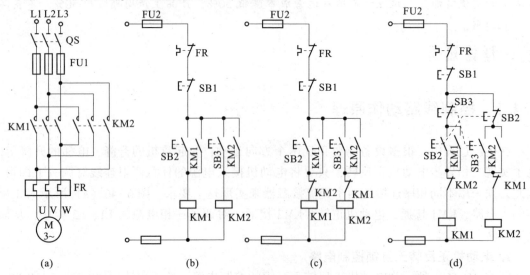

图 6-46　电动机正反转电路

（a）主电路；（b）无互锁电路；（c）电气互锁电路；（d）双重互锁电路

在电路中除了接入熔断器保护外，接入热继电器 FR 实现电路的多重保护。电动机在正反转运行过程中，由于过载或其他原因，使负载电流超过额定值时，经过一定时间，串接在主回路中的热元件使双金属片因受热弯曲，使串接在控制回路中热继电器的常闭触头断开，切断控制回路，接触器 KM1 或 KM2 的线圈断电，主触头断开，电动机 M 停转，达到了过载保护的目的。

想一想做一做

1. 线路图 6-46 中是如何实现电动机正反转的？

2. 写出控制线路的动作原理：

（1）正转：按 SB1；

（2）反转：按 SB2；

（3）停止：按 SB3。

3. 上述电动机正反转控线路有什么缺点，结合下列两个电动机正反转线路分析不同点？

工作任务　电动机正反转电路安装

姓名：　　　　班级：　　　　学号：　　　　成绩：

目的：

1. 熟悉三相异步电动机的继电器–接触器控制系统的控制原理，熟悉交流接触器、热继电器、自动空气断路器及按钮等低压电器的动作原理。

2. 掌握三相异步电动机的正反转控制电路的连接方法。

3. 熟知三相异步电动机正反转控制电路的控制过程。

实训器材：三相异步电动机、低压控制电器配盘、其他相关设备及导线。

考核评分标准如表6-7所示。

表6-7　考核评分标准

工作规范及要求

1. 根据电气控制原理图绘出电动机正反转控制线路的元件位置图和电气接线图。

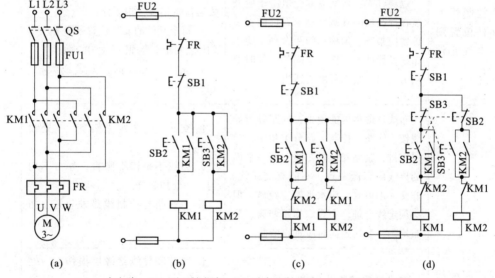

（a）主电路；（b）无互锁电路；（c）电气互锁电路；（d）双重互锁电路

2. 按需要选择、配齐所有电气元件，并进行元件质量检验。

3. 在控制板上按元件位置图安装电气元件。

4. 按接线图的走线方向，进行板前明配线布线。

5. 根据电气接线图检查控制板上布线是否正确。

6. 安装电动机。连接电源、电动机等控制板外部的导线。

7. 连接电动机和按钮金属外壳的保护接地线（若按钮为塑料外壳，则不需接地线）。

8. 热继电器的整定电流应按电动机的额定电流自行整定。

9. 总体检查测试。

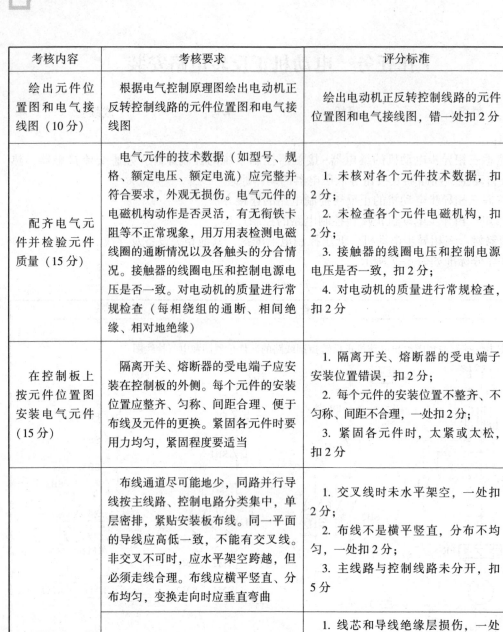

考核内容	考核要求	评分标准	得分
绘出元件位置图和电气接线图（10分）	根据电气控制原理图绘出电动机正反转控制线路的元件位置图和电气接线图	绘出电动机正反转控制线路的元件位置图和电气接线图，错一处扣2分	
配齐电气元件并检验元件质量（15分）	电气元件的技术数据（如型号、规格、额定电压、额定电流）应完整并符合要求，外观无损伤。电气元件的电磁机构动作是否灵活，有无衔铁卡阻等不正常现象，用万用表检测电磁线圈的通断情况以及各触头的分合情况。接触器的线圈电压和控制电源电压是否一致。对电动机的质量进行常规检查（每相绕组的通断、相间绝缘、相对地绝缘）	1. 未核对各个元件技术数据，扣2分； 2. 未检查各个元件电磁机构，扣2分； 3. 接触器的线圈电压和控制电源电压是否一致，扣2分； 4. 对电动机的质量进行常规检查，扣2分	
在控制板上按元件位置图安装电气元件（15分）	隔离开关、熔断器的受电端子应安装在控制板的外侧。每个元件的安装位置应整齐、匀称、间距合理、便于布线及元件的更换。紧固各元件时要用力均匀，紧固程度要适当	1. 隔离开关、熔断器的受电端子安装位置错误，扣2分； 2. 每个元件的安装位置不整齐、不匀称、间距不合理，一处扣2分； 3. 紧固各元件时，太紧或太松，扣2分	
板前明配线布线（35分）	布线通道尽可能地少，同路并行导线按主线路、控制电路分类集中，单层密排，紧贴安装板布线。同一平面的导线应高低一致，不能有交叉线。非交叉不可时，应水平架空跨越，但必须走线合理。布线应横平竖直、分布均匀，变换走向时应垂直弯曲	1. 交叉线时未水平架空，一处扣2分； 2. 布线不是横平竖直，分布不均匀，一处扣2分； 3. 主线路与控制线路未分开，扣5分	
	布线时严禁损伤线芯和导线绝缘层。两个接线端子之间的导线中间应无接头，每根导线的两端应套上号码管。导线与接线端子连接时，不得压在绝缘层上，接触圈顺时针绕，不允许反圈、线芯不要露出过长。按钮内接线时，用力不可过猛，以防螺钉打滑。一个电气元件接线端子上的连接导线不得多于两根	1. 线芯和导线绝缘层损伤，一处扣2分； 2. 两个接线端子之间的导线中间有接头，一处扣2分； 3. 导线与接线端子连接时，压在绝缘层上，接触圈反圈、线芯露出过长，一处扣2分； 4. 按钮内接线时，用力过猛，螺钉打滑，一处扣2分； 5. 一个电气元件接线端子上的连接导线多于两根，一处扣2分	

续表

考核内容	考核要求	评分标准	得分
检查布线，安装电动机并连上保护接地，整定热继电器的电流（15分）	根据电气接线图检查控制板上布线是否正确，然后安装电动机，连接电源、电动机等控制板外部的导线，连接电动机和按钮金属外壳的保护接地线（若按钮为塑料外壳，则不需接地线），热继电器的热元件应串接在主电路中，其常闭触头应串接在控制电路中	1. 连接电源、电动机等控制板外部的导线，错一处扣2分； 2. 未连接电动机和按钮金属外壳的保护接地线，扣5分； 3. 热继电器的整定电流设定不对，扣2分	
总体检查（10分）	按电路原理图或电气接线图从电源端开始，逐段核对接线及接线端子处连接是否正确，有无漏接、错接之处。检查导线接点是否符合要求，压接是否牢固。接触应良好，以免接负载运行时产生闪弧现象。用万用表检查线路的通断情况。用兆欧表检查线路的绝缘电阻不得小于 5 MΩ	1. 核对接线及接线端子处连接是否正确，有漏接、错接之处，未检查扣10分； 2. 未用万用表检查线路的通断情况扣10分； 3. 未用兆欧表检查线路的绝缘电阻扣10分	
合计总分			

单元测试题

姓名：　　　　　**班级：**　　　　　**学号：**　　　　　**成绩：**

一、填空题

1. 异步电动机转子绕组的电流是依靠＿＿＿＿原理产生的，电动机转子电流（有功分量）与＿＿＿＿磁场相互作用，产生＿＿＿＿，使电动机旋转，实现了能量转换。

2. 异步电动机有三种运行状态，它们是＿＿＿＿、＿＿＿＿和＿＿＿＿。

3. 异步电动机稳定运行时转子的转速比定子旋转磁动势的转速要＿＿＿＿，有＿＿＿＿的存在是异步电动机旋转的必要条件。

4. 当 $0<s<1$ 时，异步电动机运行于＿＿＿＿状态，此时电磁转矩性质为＿＿＿＿，电动势性质为＿＿＿＿。

5. 三相异步电动机转速 n，定子旋转磁动势转速 n_1，当 $n<n_1$ 是＿＿＿＿运行状态，当 $n>n_1$ 是＿＿＿＿运行状态，当 n 与 n_1 反向时是＿＿＿＿运行状态。

6. 异步电动机转差率 $s=$＿＿＿＿。作为电动机运行状态，s 是在＿＿＿＿范围内变化，一般情况下，异步电动机在额定负载时的转差率在＿＿＿＿之间。

7. 一台三相异步电动机，若转子转向与气隙旋转磁场转向一致，且 $n=1\,040$ r/min，则转差率 $s=$＿＿＿＿，此时电动机运行于＿＿＿＿状态；若转子转向与气隙旋转磁场转向相反，且 $n=500$ r/min，转差率 $s=$＿＿＿＿，此时电动机运行于＿＿＿＿状态。

8. 一台三相异步电动机，额定频率为 50 Hz，6 极电动机，额定转速为 970 r/mim，其额定转差率为＿＿＿＿，转子电流频率 $f_2=$＿＿＿＿ Hz。

9. 要改变三相异步电动机的转向，可通过＿＿＿＿的方法来实现。

10. 如果绕线式异步电动机转子绕组开路时，电动机接通电源后，转子绕组上是否有感应电动势？＿＿＿＿；是否有电磁力矩？＿＿＿＿。

11. 在继电-接触控制中，当不允许两个继电器同时吸合时，往往把一个接触器的常闭辅助触头与另一个接触器的线圈串联，这种方法称为＿＿＿＿。

12. 用接触器自己的辅助触头在保证自己长期通电的方法是＿＿＿＿。

13. 原理图一般分为＿＿＿＿和＿＿＿＿两个部分。

14. 为了易于区别主电路和辅助电路，通过强电流的主电路用＿＿＿＿线画出，通过弱电流的辅助电路一般用＿＿＿＿线画出。

15. 熔断器应＿＿＿＿接在所保护的电路中，作为＿＿＿＿保护。

16. 热继电器是用作电动机＿＿＿＿保护的自动电器。

17. 电流继电器有过电流继电器和欠电流继电器两种。过电流继电器在电路正常工作时衔铁处于＿＿＿＿状态，欠电流继电器在电路正常工作时衔铁处于＿＿＿＿状态。

二、选择题

1. 一台绕线式异步电动机，将定子三相绕组短接，转子三相绕组通入三相交流电流，转子旋转磁场正转时，这时电动机将会（　　　）。

A. 正向旋转　　　　B. 反向旋转　　　　C. 不会旋转

2. 绕线式异步电动机，定子绕组通入三相交流电流，旋转磁场正转，转子绕组开路，此时电动机会（   ）。

A. 正向旋转　　　　　B. 反向旋转　　　　　C. 不会旋转

3. 甲乙两个接触器，欲实现互锁控制，则应（   ）。

A. 在甲接触器的线圈电路中串入乙接触器的动断触点

B. 在乙接触器的线圈电路中串入甲接触器的动断触点

C. 在两接触器的线圈电路中互串对方的动断触点

D. 在两接触器的线圈电路中互串对方的动合触点

4. 甲乙两个接触器，若要求甲工作后方允许乙接触器工作，则应（   ）。

A. 在乙接触器的线圈电路中串入甲接触器的动合触点

B. 在乙接触器的线圈电路中串入甲接触器的动断触点

C. 在甲接触器的线圈电路中串入乙接触器的动合触点

D. 在甲接触器的线圈电路中串入乙接触器的动断触点

5. 同一电器的各个部件在图中可以不画在一起的图是（   ）。

A. 电气原理图　　B. 电器布置图　　C. 电气安装接线图　D. 电气系统图

6. 以下不属于保护电器的是（   ）。

A. 行程开关　　　B. 空气开关　　　C. 热继电器　　　　D. 熔断器

7. 发生短路故障时，电流越大，熔断器动作时间就（   ）。

A. 越长　　　　　B. 越短　　　　　C. 不变　　　　　　D. 无法判断

8. 空气开关不具有（   ）保护。

A. 短路　　　　　B. 过载　　　　　C. 欠流　　　　　　D. 欠压

9. 三相带断路保护、额定电流是 20 A 的热继电器，其型号应为（   ）。

A. JR3-30/2D　　B. JR3-20/3D　　C. JR3-30/2　　D. JR3-20/3

10. 自动空气开关中的电磁脱扣器承担（   ）保护作用。

A. 短路　　　　　B. 过载　　　　　C. 失压　　　　　　D. 欠压

11. 断电延时型时间继电器，它的动合触点为（   ）。

A. 延时闭合的动合触点

B. 瞬时动合触点

C. 瞬时闭合的延时断开的动合触点

D. 延时闭合的瞬时断开的动合触点

三、分析题

1. 分析控制电路故障并加以改正，如图 6-47 所示。

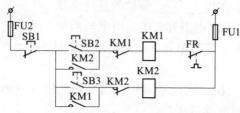

图 6-47　控制电路

2. 分析如图 6-48 所示电路，哪个电路有自锁控制功能？并说明其他电路不能自锁的原因。

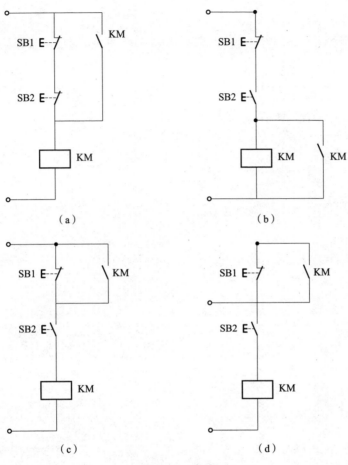

图 6-48　电路

项目 7

电路的暂态分析

模块 7.1　初始值与稳态值分析

初始值与稳态
值分析

学习目标

1. 掌握动态过程的基本概念及换路定律。
2. 理解电感中的电流不能发生突变和电容两端电压不能发生突变的原因。
3. 初始值与稳态值的计算方法。

建议学时

2 学时

思政学习

大国重器

神威·太湖之光超级计算机——这台由我国并行计算机工程技术研究中心研制、安装在国家超级计算无锡中心的超级计算机，是世界上首个峰值运算速度超过十亿亿次的超级计算机，峰值速度为 12.5 亿亿次/秒，持续性能为 9.3 亿亿次/秒，一分钟计算能力相当于全世界 72 亿人同时用计算机计算 32 年。神威·太湖之光共安装了 40 960 个中国自主研发的"神威 26010"众核处理器，该处理器采用 64 位自主神威指令系统。神威·太湖之光有三项成果入围超算界的诺贝尔奖——戈登贝尔奖，并凭借其中一项最终获奖。

理论学习

电路在刚接通或断开的瞬间，从一种稳定状态变为另一种稳定状态的中间变化过程称为过渡过程，也称为暂态。在电工电路中，很多电路都含有电容或电感，含有电容、电感的电路在通断时都会产生过渡过程。过渡过程是电路的一种暂时状态，这种暂态在某些电路中会造成危害，损坏电气设备，需要加以重视；但在另一些电路中，过渡过程又能满足工程中的某些具体应用，需要我们去深入了解。

7.1.1 什么是过渡过程

1. 过渡过程现象

过渡过程又称为瞬态过程、暂态过程、动态过程等，指的是电路在一定条件下从一种稳定状态变化达到另一种新的稳定状态的中间过程。它研究的是电路在过渡过程期间电流和电压的变化规律。在生活中，汽车的加速、制动、减速等过程都是过渡过程，这些过程的变化都需要一定时间，不可能在 0 s 内完成，这个中间的时间就是过渡过程。电动机在启动时，转速是从零速逐渐上升到额定转速，这中间也经历了过渡过程。在电路中，也存在着类似的过渡过程，下面通过一个实验电路来验证过渡过程。实验电路如图 7-1 所示，图中 R、L、C 分别串联一个小灯泡（小灯泡可等效为一个电阻），当开关闭合的瞬间，电路中的三条支路有以下现象：电阻电路中的小灯泡立即点亮，没有过渡过程；电容电路中的小灯泡也立即点亮，但亮后逐渐熄灭，即出现了过渡现象；电感电路小灯泡逐渐变亮，也出现了过渡现象。

如图 7-2 所示，单独对电阻电路进行分析，开关 S 闭合前，$i=0$，$u_R=0$；S 闭合后，电流 i 随电压 u 等比例变化，因此电阻电路不存在暂态过程。

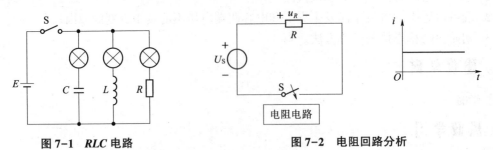

图 7-1　RLC 电路　　　　　　　　图 7-2　电阻回路分析

如图 7-3 所示，单独对电容电路进行分析，开关 S 闭合前 $i_c=0$，$u_c=0$，开关 S 闭合后，U_C 由 0 升到 U_S，逐渐达到稳定状态，可见电容电路存在暂态过程。同理，电感上的电流也是从 0 逐渐升到 I_S，也存在暂态过程。

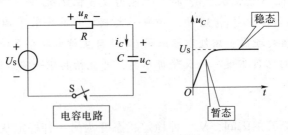

图 7-3　电容回路分析

2. 产生过渡过程的原因

根据实验分析可知，过渡过程的产生有两个因素：一是电路中存在着储能元件电感和电容；二是电路出现了换路现象。换路现象就是电路开关的闭合或断开，使电路的结构或电路参数发生了变化。

为什么含有电感或电容的电路在换路时出现过渡过程，而电阻电路则不会呢？这是因为电阻是耗能元件，通电后电能全部以热能耗尽，断电即结束不再耗能；而电感与电容都是储能元件，在完成电能的储存、转移或再分配的过程中，必须要经历一定的时间，即电容上的电压、电感上的电流不能跃变。

3. 过渡过程的特点

过渡过程持续时间较短，但是在这个过程中，电路有可能会产生比稳态时高几十、几百倍电流和电压，一般称为过电压、过电流。在电力系统中，过渡过程的出现常常引起过电压和过电流，若不采取一定的保护措施，就可能损坏电气设备。然而在电子线路中，我们常常利用电容充电和放电的过程来实现一些特定功能，如积分电路、微分电路等。

7.1.2　换路定律

1. 电容中电压不能跃变

在换路时，电容两端电压只能随时间逐渐变化，而不能跃变，这是因为电容储存的电能为

$$W_C = \frac{1}{2}Cu_C^2 \tag{7-1}$$

由于能量的存储或释放都不能瞬间完成，因此 W_C 不能跃变，则 u_C 亦不能跃变。

2. 电感中的电流不能跃变

电感中储存的电能为

$$W_L = \frac{1}{2}Li_L^2 \tag{7-2}$$

同理，由于 W_L 不能跃变，则 i_L 亦不能跃变。

上述两点是确定电路换路时初始状态的基础，因为电路在换路时首先要确定电路的初始状态。为便于分析，设 $t=0$ 时电路换路，在 $t=0$ 的前一瞬间，电路处于原有的稳定状态，记为 $t=0_-$；$t=0$ 后的瞬间，电路进入过渡过程，记为 $t=0_+$。由此，换路定律为

$$u_C(0_+) = u_C(0_-) \tag{7-3}$$
$$i_L(0_+) = i_L(0_-) \tag{7-4}$$

式中，$u_C(0_+)$ 是电容电压的初始值；$i_L(0_+)$ 是电感电流的初始值。即换路的瞬间，电容电压及电感电流无法跃变，其初始值等于换路前的瞬间的电容电压值和电感电流值。电感、电容电路在换路瞬间都遵循此规律。

3. 稳态值 $f(\infty)$ 的计算

对于稳定电路，在经过足够长的时间后，即理论上 t 时，电路暂态响应消失，只剩下与外加激励有关的分量。在直流激励下，电路中各部分电压和电流不再变化，为一个常量（稳态值），此时

$$i_C(\infty) = 0 \qquad u_L(\infty) = 0$$

不论是换路前的稳定状态，或是换路后经暂态过程达到的稳定状态，求法都一样：若为直流，则电容开路、电感短路，再求出各值。

例 7-1 在图 7-4 所示电路中，开关 S 闭合前电路已处于稳态，试确定 S 闭合后电压 u_C 和电流 i_C、i_1、i_2 的初始值和稳态值。

解：（1）求初始值

由于 S 闭合前，电路已稳定，C 相当于开路，$i_1 = I_S = 1.5$ A。因此，根据换路定律，由换路前（S 断开时）的电路得

$$u_C(0) = R_1 I_S = 4 \times 1.5 = 6 \text{（V）}$$

然后，由换路后（S 闭合时）的电路求得

$$i_1(0) = \frac{u_C(0)}{R_1} = \frac{6}{4} = 1.5 \text{（A）}$$

$$i_2(0) = \frac{u_C(0)}{R_2} = \frac{6}{2} = 3 \text{（A）}$$

$$i_C(0) = I_S - i_1(0) - i_2(0) = 1.5 - 1.5 - 3 = -3 \text{（A）}$$

（2）求稳态值

由于电路稳定后，C 相当于开路。因此，首先求得

$$i_C(\infty) = 0 \text{ A}$$

然后，进一步求得

$$i_1(\infty) = \frac{R_2}{R_1 + R_2} I_S = \frac{2}{4+2} \times 1.5 = 0.5 \text{（A）}$$

$$i_2(\infty) = I_S - i_1(\infty) - i_C(\infty) = 1.5 - 0.5 - 0 = 1 \text{（A）}$$

$$u_C(\infty) = R_1 i_1(\infty) = 4 \times 0.5 = 2 \text{（V）}$$

想－想做－做

在图 7-5 所示电路中，开关 S 闭合前电路已处于稳态，试确定 S 闭合后电压 u_L 和电流 i_L、i_1、i_2 的初始值和稳态值。

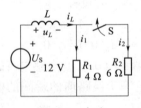

图 7-5　电路

模块 7.2　*RC*、*RL* 串联电路的过渡过程分析

学习目标

1. 掌握一阶 *RC*、*RL* 电路的零输入响应的求解方法。
2. 掌握一阶 *RC*、*RL* 电路的零状态响应的求解方法。

RC、RL 串联电路的
过渡过程

建议学时

4 学时

思政学习

做人要忍，做事要稳！

当一个电感与电阻组成 *RL* 电路，在 0 突变到 *u* 或 *u* 突变到 0 的阶跃电压的作用下，由于自感的作用，电路中的电流不会瞬间突变；与此类似，电容和电阻组成的 *RC* 电路在阶跃电压的作用下，电容上的电压也不会瞬间变化，这些都是暂态过程。

暂态过程一般时间很短，但这一过程中出现的现象却很重要。某些电气设备由于开关操作所引起的暂态过程，可能出现比稳态时大数倍至数十倍的电压或电流，从而威胁电气设备和人身安全，因此在设计中要考虑暂态过程的影响。我们做人也要这样做事要稳，毛毛躁躁者必出错，临阵脱逃者难成功。当你做好选择、下定决心，就要坚持到底，不管是输是赢，不管是得是失，只要你的选择是对的，就不要放弃，不要退缩。成大事者，做人能忍，做事会稳，不在琐事上浪费时间，把忍当作学习的机会，把稳当成努力的关键。强者都是含着泪忍着气奔跑的，在忍的同时，提升自己，因忍成赢家，因稳成大事！

理论学习

7.2.1　*RC* 串联电路的过渡过程

RC 串联电路的过渡过程分为充电过程和放电过程。

1. *RC* 串联电路的充电过程

RC 充电电路如图 7-6 所示。

在开关 S 与电源接通之前，先将 S 置于 1 端，此时电容上的电压为 0。当开关 S 与 2 端闭合，由换路定律得

$$u_C(0_+) = u_C(0_-) = 0 \qquad (7-5)$$

电路的初始充电电流为

$$i_C(0_+) = \frac{U_S - u_C(0_+)}{R} = \frac{U_S}{R} \qquad (7-6)$$

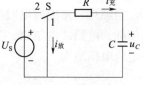

图 7-6　*RC* 充电电路

电阻上的初始电压为 $\qquad u_R(0_+)=Ri(0_+)=U_S$ (7-7)

经过一定的充电时间，电容充满电荷，电路进入一个新的稳定状态，这时

$$u_C=U_S,\ i_C=0,\ u_R=0$$

研究电容的充电过程，就是研究电路中电压和电流由初始状态变化到新的稳定状态的

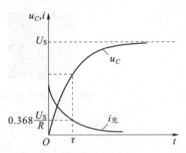

图 7-7　充电电压和电流的变化曲线

变化规律。当电源接通的瞬间电容电压为 0，U_S 全都加在电阻上，充电电流最大。随着电容的充电，电容两端电压逐渐上升，电阻两端电压随之下降，充电电流也逐渐下降，直到 $u_C=U_S$，$i_C=0$，充电结束。充电电压和电流的变化曲线如图 7-7 所示，由图可见，在充电的初始阶段，电压和电流上升（下降）较快，以后越来越慢，直到充电结束。

充电曲线是按指数规律变化的，指数规律是开始时变化率很大，随着时间的推移其变化率越来越小。

在充电过程中，电阻和电容的值越大，充电越慢；电阻和电容的值越小，充电越快，即电阻和电容的值之积"RC"决定了充电的快慢。RC 乘积称为充电电路的时间常数，用 τ 表示，$\tau=RC$，单位为 s。当 R 为 1 Ω 时，C 为 1 F，τ 为 1 s。

τ 值是决定充电时间长短的重要参数。理论分析可知，充电时间 t 为无限长时，才会使 $u_C=U_S$，$i_C=0$，充电才结束。但在工程中，充电时间 t 为 $(3\sim5)\tau$ 时，就认为充电已经结束了。表 7-1 所示为充电电压与充电时间的关系，当充电时间为 3τ 时，电容上电压上升到电源电压的 95%，当充电时间为 5τ 时，电容上电压上升到总电压的 99%，已经和电源电压非常接近了。

表 7-1　充电电压与充电时间的关系

t	0	τ	2τ	3τ	4τ	5τ
U_C/U_S	0	63.2%	86.5%	95%	98.2%	99.3%

2. RC 串联电路的放电过程

电流和电压的放电曲线如图 7-8 所示。电容放电是电容能量的释放过程。设电容两端的电压为电源电压 U_S，当开关 S 与 1 端闭合，电容通过电阻放电，此时放电电流的方向与充电电流的方向相反。根据换路定律，可确定放电电路的初始状态为

电容电压为 $u_C(0_+)=u_C(0_-)=U_S$ (7-8)

电阻电压 $\qquad u_R=-U_S e^{-\frac{t}{RC}}=-U_S$ (7-9)

放电电流 $\quad i_C(0_+)=\dfrac{u_R(0_+)}{R}=-\dfrac{U_S}{R}$ (7-10)

当经过一定的放电时间，电容储存的电能被电阻所消耗，电路放电结束，进入另一种稳定状态，此时各电流电压值为

$$u_C=0,\ u_R=0,\ i_C=0$$

电容在放电过程中，其电流和电压按怎样的规律

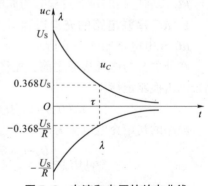

图 7-8　电流和电压的放电曲线

变化呢？如图 7-8 所示，在放电开始时，电容两端电压最高等于电源电压，放电速度最快，随着放电时间的延续，电容两端的电压也随之下降，放电速度逐渐减慢。放电曲线亦按照指数规律变化。由理论分析可知，当时间 t 为无限大时，放电才结束。

在工程中，同样认为 $t=(3\sim5)\tau$ 时，放电已结束。表 7-2 所示为放电电压与放电时间的关系，当 $t=3\tau$ 时，电容电压剩下 5%，当 $t=5\tau$ 时，电容电压剩下 0.7%，已经能满足工程需要了。

表 7-2　放电电压与放电时间的关系

t	0	τ	2τ	3τ	4τ	5τ
U_C/U_S	100%	36.8%	13.5%	5%	1.8%	0.7%

3. RC 积分电路

在工程上有时需要一种三角波，三角波可从 RC 电路获得，积分电路是应用 RC 电路的实例，它将输入的矩形波变换为三角波或锯齿波，输出电压为电容两端电压。如图 7-9 所示，S 是电子开关，在 1、2 两端做切换工作，当电子开关置于 2 端时，U_S 通过 R 对电容 C 充电，$U_i=U_S$；当电子开关置于 1 端时，电容通过 R 放电，电压 u_i 为一系列由电子开关控制的矩形方波。

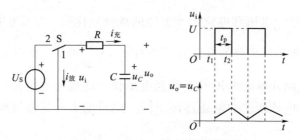

图 7-9　积分电路及其电压曲线

4. RC 微分电路

在工程应用中有时需要一种尖脉冲，如晶闸管触发电路需要的脉冲就是一个尖脉冲，尖脉冲可以由矩形波通过 RC 电路获得，如图 7-10 所示，输出电压为电阻两端电压。S 是电子开关，在 1、2 两端做切换工作。当电容充电时，输出为正脉冲；当电容放电时，输出为负脉冲，即输入为矩形波时，输出为一系列的正负尖脉冲。改变 τ 值的大小，可改变脉冲的尖锐程度；此电路在工程应用上称为微分电路。

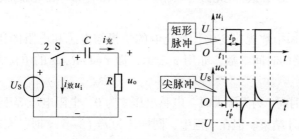

图 7-10　微分电路及其电压曲线

7.2.2 *RL* 串联电路的过渡过程

1. *RL* 串联电路充电

RL 串联充电电路如图 7-11 所示。

将开关 S 与 2 端接通，电路开始充电。根据换路定律，在开关切换的瞬间，有

$$i_L(0_+) = i_L(0_-) = 0 \tag{7-11}$$

由于电感中的初始电流为 0，则电阻两端的初始电压亦为 0，即

$$u_R(0_+) = Ri_L(0_+) = 0 \tag{7-12}$$

此时电源电压全部加在电感两端，即

$$u_L(0_+) = U_S - u_R(0_+) = U_S \tag{7-13}$$

当电路充电结束，进入稳定工作状态，各电压电流值为

$$u_L = 0$$

$$u_R = U_S$$

$$i_L = \frac{U_S}{R} = I_S$$

电路在充电过程中，电压和电流按着怎样的规律变化呢？当充电刚开始，电源电压全部加在电感两端，根据电感电路的电流电压关系 $u_L = L\dfrac{\Delta i}{\Delta t}$ 可知，此时 u_L 最大，电流的变化律也最大，因此充电刚开始时电流的上升速度最快。随着充电电流的逐渐增大，电阻两端的电压逐渐增大，电感两端的电压逐渐下降，电流的上升速度逐渐减慢，其充电曲线如图 7-12 所示。

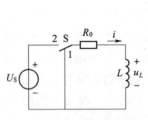

图 7-11 *RL* 串联充电电路

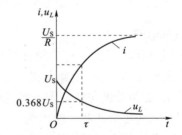

图 7-12 *RL* 电路充电曲线

该充电曲线也遵循指数规律变化，其充电的快慢与电感和电阻的比值 "L/R" 成正比，L/R 称为 *RL* 串联电路的时间常数，亦用 τ 表示，即 $\tau = L/R$，τ 的单位为 s。当 $R = 1\ \Omega$，$L = 1\ H$，则 $\tau = 1\ s$。

理论上，当充电时间 t 为无限大时，电感电压才为 0，电阻电压等于电源电压，充电电流等于 u_S/R，此时充电才结束。但在工程中，同样认为 $t = (3 \sim 5)\tau$ 时，充电已结束。表 7-3 所示为充电电流和充电时间的关系，查表可知，当 $t = 3\tau$ 时，充电电流达到了 95%；当 $t = 5\tau$ 时，充电电流达到了 99.3%，已经非常接近终值。

表 7-3　充电电流和充电时间的关系

t	0	τ	2τ	3τ	4τ	5τ
I_L/I_S	0	63.2%	86.5%	95%	98.2%	99.3%

2. RL 串联电路放电

RL 串联放电电路如图 7-13 所示。

设放电前电路中的电流为 I_0，当将开关 S 接通，根据换路定律，各变量的初始值为

$$i_L(0_+)=i_L(0_-)=I_0 \tag{7-14}$$

电阻两端的电压为

$$u_R(0_+)=Ri_L(0_+)=RI_0 \tag{7-15}$$

电感两端的电压为

$$u_L(0_+)=-u_R(0_+)=-RI_0 \tag{7-16}$$

经过一定的放电时间，电路放电结束，电感中储存的电能被电阻所消耗，其各放电量为

$$i_L=0 \quad u_L=0 \quad u_R=0$$

放电电流亦是按指数规律下降，如图 7-14 所示。由放电理论分析，当放电时间 t 为无穷大时，各电量才为 0，放电才结束。在工程中同样认为 $t=(3\sim5)\tau$ 时，放电就结束了。表 7-4 所示为放电电流和放电时间之间的关系。

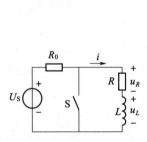

图 7-13　RL 串联放电电路

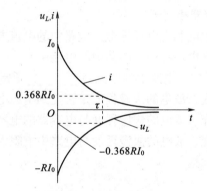

图 7-14　RL 电路放电曲线

表 7-4　放电电流和充电时间的关系

t	0	τ	2τ	3τ	4τ	5τ
I_L/I_S	100%	36.8%	13.5%	5%	1.8%	0.7%

3. RL 降压斩波电路

RL 降压斩波电路可改变直流电压，并应用于 DC-DC 变换器、电力机车、电动汽车、电梯、机器人的伺服电动机、不间断电源（USP）等电气设备中。

斩波器是 RL 电路工作在过渡过程状态的典型应用，它可以将一种数值的直流电压变为另一种数值的直流电压，图 7-15（a）所示为降压斩波器电路，它的输出电压 U_L 低于输入电压 U，其中二极管 VD 具有单向导电性，当电感放电时，为放电电流提供一条通路。

电路的工作原理是：图 7-15（a）中 S 是一个电子开关，当开关闭合时，输入电压 U

加在 *RL* 串联电路两端，电感 *L* 充电，充电电流流过负载电阻 R_L；当开关断开，电感充电停止，放电开始。电流方向不变，放电电流通过二极管 VD 续流，直到下一次开关 S 闭合，充电重新开始。负载电阻 R_L 两端的电压和电流波形如图 7-15（b）所示，改变开关的闭合与断开时间比，可控制 R_L 两端电压的高低。

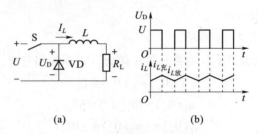

| (a) | (b) |

图 7-15 *RL* 斩波器电路及其输出曲线

想—想做—做

1. 在充电瞬间，电容器相当于_____。

2. 充电过程中，电容器两端的电压由开始逐渐到高，其原因是：_____。

3. 放电过程中，电容器两端的电压由开始逐渐到低，其原因是：_____；充电结束后，电容器相当于_____。

4. 放电和充电过程中，电路中的电流方向是相_____的。

5. 充电过程中，电路中的电流由_____开始逐渐到_____，其原因是：_____。放电过程中，电路中的电流由_____开始逐渐到_____，其原因是：_____。

6. 充、放电的快慢程度是否受到电源电压的影响？

7. 充、放电的快慢程度与电容器的电容大小的关系是：_____。

8. 充、放电的快慢程度与电路中电阻大小的关系是：_____。

工作任务　电容充放电测量

姓名：　　　　　**学号：**　　　　　**班级：**　　　　　**成绩：**

【实施要求】

1. 充电时电容器两端电压的变化为时间函数，画出充电电压曲线图。
2. 放电时电容器两端电压的变化为时间函数，画出放电电压曲线图。
3. 电容器充电电流的变化为时间函数，画出充电电流曲线图。
4. 电容器放电电流的变化为时间函数，画出放电电流曲线图。
5. 测量 RC 电路的时间常数并比较测量值与计算值。

【原理说明】

如图 7-16 所示，接通电源，开关 S 拨向 1 端，电源将通过发光二极管 LED1、电阻器 R_1 对电容器进行充电，左边回路中有电流通过，一段时间后，电容器充电结束，电路中的电流为零。我们看到的现象：发光二极管 LED，突然亮一下然后渐渐熄灭。

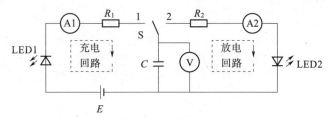

图 7-16　RC 实验电路

开关 S 由 1 端拨向 2 端，已充电的电容器将通过电阻器 R_2、LED2 进行放电，右边回路中有放电电流流过，一段时间后，放电结束，电路中无电流。看到发光二极管 LED2 突然亮一下后渐渐熄灭，电容器具有充电和放电的功能。

【实训内容】

开关 S 打在"1"时处在电容充电阶段，在不同的时间测量电流和电压值并记在表 7-5 中。

开关 S 打在"2"时处在电容放电阶段，在不同的时间测量电流和电压值并记在表 7-5 中。

RC 充电放电实验数据如表 7-5 所示。

表 7-5　RC 充电放电实验数据

测试项目	测试量	1 s	2 s	3 s	4 s	5 s	6 s	7 s	8 s	9 s
电容器充电过程	电压/V									
	电流/mA									
电容器放电过程	电压/V									
	电流/mA									

【实训元器件】

1. 实验板一块，按钮开关 S 一个，电解电容器 C：2 200 μF/50 V，电阻两个：R_1 = 100 Ω、R_2 = 100 Ω，发光二极管两个，直流电源 12 V。

2. 万用表一个，直流电流表两个，直流电压表两个。

【画充电放电曲线】

1. 充电时电容器两端电压的变化为时间函数，画出充电电压曲线图。

2. 放电时电容器两端电压的变化为时间函数，画出放电电压曲线图。

3. 电容器充电电流的变化为时间函数，画出充电电流曲线图。

4. 电容器放电电流的变化为时间函数，画出放电电流曲线图。

5. 测量 RC 电路的时间常数并比较测量值与计算值。

单元测试题

姓名：　　　　　　　**班级：**　　　　　　　**学号：**　　　　　　　**成绩**

一、填空题

1. 暂态是指从一种_____态过渡到另一种_____态所经历的过程。

2. 换路定律指出：在电路发生换路后的一瞬间，_____元件上通过的电流和_____元件上的端电压，都应保持换路前一瞬间的原有值不变。

3. 一阶 RC 电路的时间常数 $\tau=$_____；一阶 RL 电路的时间常数 $\tau=$_____。时间常数 τ 的取值决定于电路的_____和_____。

4. 一阶电路全响应的三要素是指待求响应的_____值、_____值和_____。

二、判断题

1. 换路定律指出：电感两端的电压是不能发生跃变的，只能连续变化。　　　（　　　）

2. 换路定律指出：电容两端的电压是不能发生跃变的，只能连续变化。　　　（　　　）

三、单项选择题

在换路瞬间，下列说法中正确的是（　　　　）。

A. 电感电流不能跃变　　　　　　　　　　B. 电感电压必然跃变

C. 电容电流必然跃变

四、简答题

何谓电路的过渡过程？包含哪些元件的电路存在过渡过程？

五、计算分析题

1. 如图 7-17 所示，电路中的开关 S 原来合在"1"上很久，在 $t=0$ 时 S 合向"2"端，$R_1=4\ \text{k}\Omega$，$R_2=4\ \text{k}\Omega$，$C=5\ \mu\text{F}$。求 $t>0$ 时的时间常数：

（1）$u_C(0)$；（2）$u_C(\infty)$；（3）$u_C(t)$、$i_C(t)$。

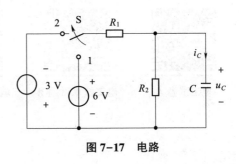

图 7-17　电路

2. 电路如图 7-18 所示，$U_S = 10$ V，$R = 5$ Ω，$C = 2$ F；$t = 0$ 开关 S 闭合，换路前电路已处稳态。求：

（1）初始值 $u_C(0)$；（2）时间常数 τ；（3）$u_C(t)$（$t \geqslant 0$）；（4）$i_C(t)$（$t > 0$）。

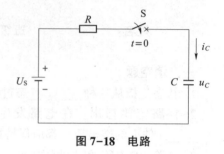

图 7-18　电路

3. 电路如图 7-19 所示，$R_1 = R_2 = 4$ kΩ，$R_3 = 2$ kΩ，$C = \mu$F，电路在开关闭合前已稳定，开关 S 在 $t = 0$ 时闭合，求

（1）时间常数

（2）$u_C(0)$；

（3）$u_C(\infty)$；

（4）$u_C(t)$、$i_C(t)$。

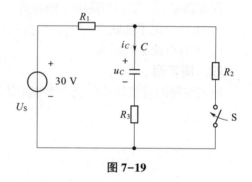

图 7-19

试题库

电工试卷 A

电工技术试题 B

电工统考试卷 C

电工试卷 D

电工试卷 E 卷

参 考 文 献

［1］李贤温. 电工技术及技能训练［M］. 2 版. 北京：电子工业出版社，2011.
［2］曾令琴. 电工电子技术［M］. 3 版. 北京：人民邮电出版社，2012.
［3］李显全. 维修电工［M］. 北京：中国劳动出版社，2006.
［4］杨清德，赵顺红. 低压电工技能直通车［M］. 北京：电子工业出版社，2011.
［5］韩雪涛，韩广兴，吴瑛. 电工线路安装与调试技能 7 日通［M］. 北京：人民邮电出版社，2011.
［6］王倩倩，陈瑜. 电工技术［M］. 西安：西安电子科技大学出版社，2015.